Stadt und Landkreis Kassel

Führer zu archäologischen Denkmälern in Deutschland

Herausgegeben vom
Nordwestdeutschen und dem West- und Süddeutschen
Verband für Altertumsforschung

Band 7

Konrad Theiss Verlag Stuttgart

Stadt und Landkreis Kassel

Bearbeitet vom
Landesamt für Denkmalpflege Hessen
in Verbindung mit den
Staatlichen Kunstsammlungen Kassel

Mit Beiträgen von:
W. Adler · J. Bergmann · H. Broszinski · H. Burmeister
L. Fiedler · F. Follmann · R. Gensen · P. Gercke · K. Grote
W. Halfar · K. Heinemeyer · E. Hendler · D. Hennig
F.-R. Herrmann · E. Herzog · H. Homburg · I. Kappel
U. Leinweber · L. V. Mackensen · E. W. Mick · E. Schmidberger
B. Schnackenburg · K.-H. Wegner · K. Weidemann

Konrad Theiss Verlag Stuttgart

CIP-Kurztitelaufnahme der Deutschen Bibliothek

Stadt und Landkreis Kassel / bearb. vom Landesamt
für Denkmalpflege Hessen in Verbindung mit d.
Staatl. Kunstsammlungen Kassel. Mit Beitr. von W. Adler... – Stuttgart:
Theiss, 1986.
(Führer zu archäologischen Denkmälern in Deutschland; Bd. 7)
ISBN 3-8062-0368-7
NE: Adler, Wolfgang [Mitverf.]; Hessen /
Landesamt für Denkmalpflege; GT

Umschlag: Michael Kasack
Umschlagbild: Der Dörnberg bei Zierenberg von NW (Ch. Siebers, Kassel)

© Konrad Theiss Verlag GmbH, Stuttgart 1986
Alle Rechte vorbehalten
Satz: Hagedornsatz GmbH & Co., Berlin
Druck: Gulde-Druck GmbH, Tübingen
ISBN 3-8062-0368-7
Printed in Germany

Joseph Bergmann

gewidmet
von den Deutschen Verbänden
für Altertumsforschung

VORWORT

Zur gemeinsamen Verbandstagung 1982 in Kassel erschien der Führer: Kassel – Hofgeismar – Melsungen – Fritzlar – Ziegenhain, mit „Einführenden Aufsätzen" zur Vor- und Frühgeschichte Niederhessens, als letzter Band 50 der inzwischen eingestellten Reihe „Führer zu vor- und frühgeschichtlichen Denkmälern". Ergänzend zu ihm treten jetzt die Bände 7 und 8 der neuen Reihe „Führer zu archäologischen Denkmälern in Deutschland", in denen die wichtigsten archäologischen Fundstätten, Denkmäler und Museen im niederhessischen Raum beschrieben sind und durch Exkursionsvorschläge erschlossen werden.

Der vorliegende Band behandelt mit der Stadt und dem Landkreis Kassel (früher Kreise Hofgeismar, Kassel und Wolfhagen) den Nordteil des Gebietes, mit Einschluß einiger randlich gelegener Denkmäler des Landkreises Göttingen (Niedersachsen). Er ist Joseph Bergmann gewidmet, dem langjährigen Leiter (1951–1976) der Abteilung Vor- und Frühgeschichte der Staatlichen Kunstsammlungen Kassel (im Hessischen Landesmuseum Kassel). Sein Verdienst ist nicht nur die Neuordnung der Museumsbestände nach dem Kriege und der Aufbau eines Fundarchivs für den Regierungsbezirk Kassel, durch denkmalpflegerische und Publikationstätigkeit hat er neue Quellen erschlossen und sorgfältig vorgelegt. Seine Beiträge in diesen beiden Exkursionsführern sprechen für sich.

Zu danken haben wir den Autoren, die teilweise kurzfristig ihre Manuskripte zur Verfügung stellten, und besonders auch den Mitarbeitern des Römisch-Germanischen Zentralmuseums in Mainz, die die Hauptlast der redaktionellen Bearbeitung trugen und zusammen mit dem Verlag die Schwierigkeiten, die sich

durch den Übergang auf eine andere Publikationsreihe ergaben,
lösen halfen. Der Archäologischen Gesellschaft in Hessen e. V.
danken wir für eine Druckhilfe.

Fritz-Rudolf Herrmann

INHALT

Vorwort 7

Zeittafel 12

DIE ANFÄNGE DER STADT KASSEL *(K. Heinemeyer)* 13

MUSEEN IN KASSEL

Staatliche Kunstsammlungen Kassel *(E. Herzog)* 31
Antikenabteilung *(P. Gercke)* 35
Graphische Sammlung *(W. Adler)* 38
Neue Galerie *(B. Schnackenburg)* 40
Abteilung Vor- und Frühgeschichte *(Irene Kappel)* 42
Kunsthandwerk und Plastik *(E. Schmidberger)* 49
Astronomisch-Physikalisches Kabinett und Abteilung
    für Technikgeschichte *(L. V. Mackensen)* 52
Volkskunde *(U. Leinweber)* 54
Naturkundemuseum der Stadt Kassel im Ottoneum
    (F. Follmann) 56
Das Deutsche Tapetenmuseum in Kassel *(E. W. Mick)* .. 64
Stadtmuseum *(K.-H. Wegner)* 66
Louis-Spohr-Gedenk- und Forschungsstätte –
    Museum und Archiv *(H. Homburg)* 68
Brüder Grimm-Museum *(D. Hennig)* 69
Gesamthochschulbibliothek und Handschriften-
    ausstellung Kassel *(H. Broszinski)* 71

EXKURSION I:
VOLLMARSHAUSEN – BAD KARLSHAFEN –
    HOFGEISMAR 76

Das Gräberfeld der jüngeren Bronze- und älteren Eisen-
zeit bei Vollmarshausen *(J. Bergmann)* 77
Ein frühlatènezeitliches Gräberfeld bei Vollmarshausen
(J. Bergmann) 89
Grabhügel bei Niestetal-Heiligenrode *(F.-R. Herrmann)* . 93
Zwei Grabhügelgruppen in der Gemeinde Staufenberg
zwischen Kassel und Münden *(K. Grote)* 95
Der Hünengraben. Ein frühmittelalterlicher Burgwall im
Wesertal bei Hemeln *(K. Grote)* 99
Die Wahlsburg bei Wahlsburg-Lippoldsberg *(R. Gensen)* 105
Die Sieburg bei Karlshafen *(Irene Kappel)* 108
Herstelle *(R. Gensen)* 110
Der Ringwall Hahn bei Trendelburg-Deisel *(R. Gensen)* . 114
Der Ringwall auf der Eberschützer Klippe *(R. Gensen)* .. 119
Die Städtischen Sammlungen für Heimatkunde
Hofgeismar *(H. Burmeister)* 122
Ein mittelsteinzeitlicher Siedlungsplatz bei Hombressen
(L. Fiedler) 126
Die Hünscheburg bei Hofgeismar *(R. Gensen)* 127
Die Ringwallanlage auf dem Ahlberg bei Immenhausen-
Mariendorf *(R. Gensen)* 129
Die Burg bei Knickhagen *(Irene Kappel)* 133

EXKURSION II:
LIEBENAU – WOLFHAGEN – ZIERENBERG –
GROSSENRITTE 135
Das Steinkammergrab von Calden *(Irene Kappel)* 136
Der Rosenberg bei Liebenau-Niedermeiser *(R. Gensen)* .. 141
Der Stenderberg bei Liebenau-Ostheim
(L. Fiedler u. *E. Hendler)* 142
Ein frühmittelalterlicher Friedhof bei Liebenau
(F.-R. Herrmann) 145
Grabhügel zwischen Liebenau-Haueda und
Liebenau-Ersen *(F.-R. Herrmann)* 147
Grabhügel im „Wettesinger Wald" bei Breuna
(F.-R. Herrmann) 152

Grabhügel „Im Riesen" bei Breuna (F.-R. Herrmann) 154

Der Burgberg bei Wolfhagen-Niederelsungen (R. Gensen) 155

Der Stromberg bei Volkmarsen-Ehringen (R. Gensen) ... 158

Rodersen und Landsberg (K. Weidemann) 160

Museum Wolfhagen (W. Halfar) 168

Die „Schanze" im Stöckeberg bei Wolfhagen (R. Gensen) 172

Ein bronzezeitliches Hügelgräberfeld im Stadtwald von
  Wolfhagen (J. Bergmann) 173

Das Steinkammergrab von Altendorf (Irene Kappel) 180

Der Heiligenberg bei Altendorf (F.-R. Herrmann) 180

Der Schützeberg bei Wolfhagen (R. Gensen) 182

Wallanlage und Kloster auf dem Burghasunger Berg
  (F.-R. Herrmann) 183

Die Burgen auf dem Gudenberg bei Zierenberg
  (F.-R. Herrmann) 185

Der Burgberg bei Zierenberg-Laar (R. Gensen) 188

Burg Schartenberg bei Zierenberg (F.-R. Herrmann) 193

Helfensteine (Irene Kappel) 196

Dörnberg bei Zierenberg (Irene Kappel) 199

Der Hohlestein bei Ahntal-Weimar (Irene Kappel) 202

Die Igelsburg bei Dörnberg (F.-R. Herrmann) 205

Der Hunrodsberg bei Kassel (Irene Kappel) 207

Der Baunsberg bei Altenritte (Irene Kappel) 210

Der Hirzstein bei Elgershausen (Irene Kappel) 213

Die Schauenburg (Schaumburg) bei Hoof (R. Gensen) ... 215

Der Menhir von Großenritte (Irene Kappel) 219

Der Burgberg bei Großenritte (Irene Kappel) 221

Der Menhir (?) von Guntershausen (Irene Kappel) 223

Ortsregister 225

Bildnachweis 227

ZEITTAFEL ZUR VOR- UND FRÜHGESCHICHTE NIEDERHESSENS

Ungefähre Daten	Zeitabschnitte		Hessen/Süddeutschland	Niederhessen
1500n.Chr.	*Hoch- und Spätmittelalter*			
1000n.Chr.				
900n.Chr.		Ottonische zeit	Ottonen	Konradiner
720n.Chr.		Karolingerzeit	Karolinger	Karolinger
500n.Chr.		Merowingerzeit	Franken	Einbeziehung in das Frankenreich
375n.Chr.	*Frühes Mittelalter*	Völkerwanderungszeit	Alamannen	
175n.Chr.		Jüngere	260 Fall des Limes	Germanen (Chatten u.a.)
Chr.Geb.	*Römische Kaiserzeit*	Ältere	Römerzeit	
450v.Chr.		Jüngere	Latènezeit Stufen A-D (Kelten)	Latènezeit
750v.Chr.	*Eisenzeit*	Ältere	Hallstattzeit Stufen Ha C/D	Ältere Eisenzeit (Hallstattkultur)
1100v.Chr.		Jüngere	Stufe Ha B Urnenfelderzeit Stufe Ha A 2/B	Jüngere Bronzezeit (Urnenfelderkultur)
			Stufe Bz D/Ha A 1	
		Mittlere	Bz C Hügelgräberzeit Stufen Bz B	Ältere Bronzezeit (Hügelgräberkultur)
1700/ 2000v.Chr.	*Bronzezeit*	Frühe	Frühe Bronzezeit Stufe Bz A	
		Spät- bzw. End-	Glockenbecher Schnurkeramik / Einzelgrab-Kultur	Becherkultur
	Kupferzeit	Jung-	(Wartberg, Goldberg III, Horgen) Michelsberg	Wartberg-Gruppe Michelsberg
		Mittel-	Bischheim Rössen Großgartach	Rössener Gruppen
5000v.Chr.	*Jüngsteinzeit (Neolithikum)*	Alt-	Hinkelstein Linearbandkeramik	Bandkeramik
6000v.Chr.	*Mittelsteinzeit (Mesolithikum)*	Jüngere	(Tardenoisien)	Mikrolithische Kultur
8000v.Chr.		Ältere	Beuronien	
10000v.Chr.		Spät- bzw. End-	Federmessergruppe	Federmessergruppe
40000 v.Chr.		Jung-	Magdalénien Gravettien Aurignacien	Klingenkultur
200000 v.Chr.		Mittel-	Micoquien Moustérien	Faustkeilkultur
1Mill.v.Chr.	*Altsteinzeit (Paläolithikum)*	Alt-	Acheuléen Prae-Acheuléen	Grob- und Geröllgerätekultur

DIE ANFÄNGE DER STADT KASSEL

Die heutige Großstadt Kassel, wirtschaftliche und kulturelle
Metropole im Norden Hessens und Sitz einer eigenen Bezirks-
regierung, erstreckt sich vornehmlich über die westliche Hälfte
eines weiten Beckens an der unteren Fulda. Dieses wird an seiner Westseite von dem steil aufragenden Habichtswald markant
begrenzt und im Süden von der Söhre umrahmt, im Osten und
Nordosten folgen die Höhen des Kaufunger Waldes, und von
Norden reichen die Ausläufer des Reinhardswaldes heran.
Während die östlichen Höhenzüge bereits zum osthessischen
Fulda-Werra-Bergland gehören, ist das Becken selbst Teil der
großen Westhessischen Senkenzone; diese zieht in der Fortsetzung des Oberrheingrabens über die Wetterau, das Amönebur-
ger Becken und die Ebene von Fritzlar-Wabern heran und öff-
net sich zwischen Habichtswald und Reinhardswald nach Norden zur unteren Diemel und zur Oberweser. Von Süden nach
Norden vom Unterlauf der Fulda durchflossen und zweigeteilt,
gehört das keineswegs ebene, sondern in seiner Oberflächengestalt stark gewellte Kasseler Becken wegen seiner Bodengüte
und seiner günstigen klimatischen Bedingungen zu den frucht-
barsten Landstrichen Hessens. Zudem nahm es von jeher einen
herausragenden Platz im Verkehr ein. Neben der Schiffahrt auf
der Fulda kreuzen sich hier seit ältester Zeit mehrere große Fern-
verkehrswege von der niederrheinisch-westfälischen zur säch-
sisch-thüringischen Tieflandbucht sowie nach Franken und
Bayern mit solchen von der Oberrheinischen Tiefebene in das
Norddeutsche Tiefland. Diesen Straßen ermöglichten an drei
Stellen im Bereich des Beckens Furten den Übergang über die
Fulda: im Süden bei Niederzwehren/Bergshausen, in der Mitte
bei der Kasseler Altstadt und im Norden bei Wolfsanger/Spie-
kershausen. Während in vor- und frühgeschichtlicher Zeit

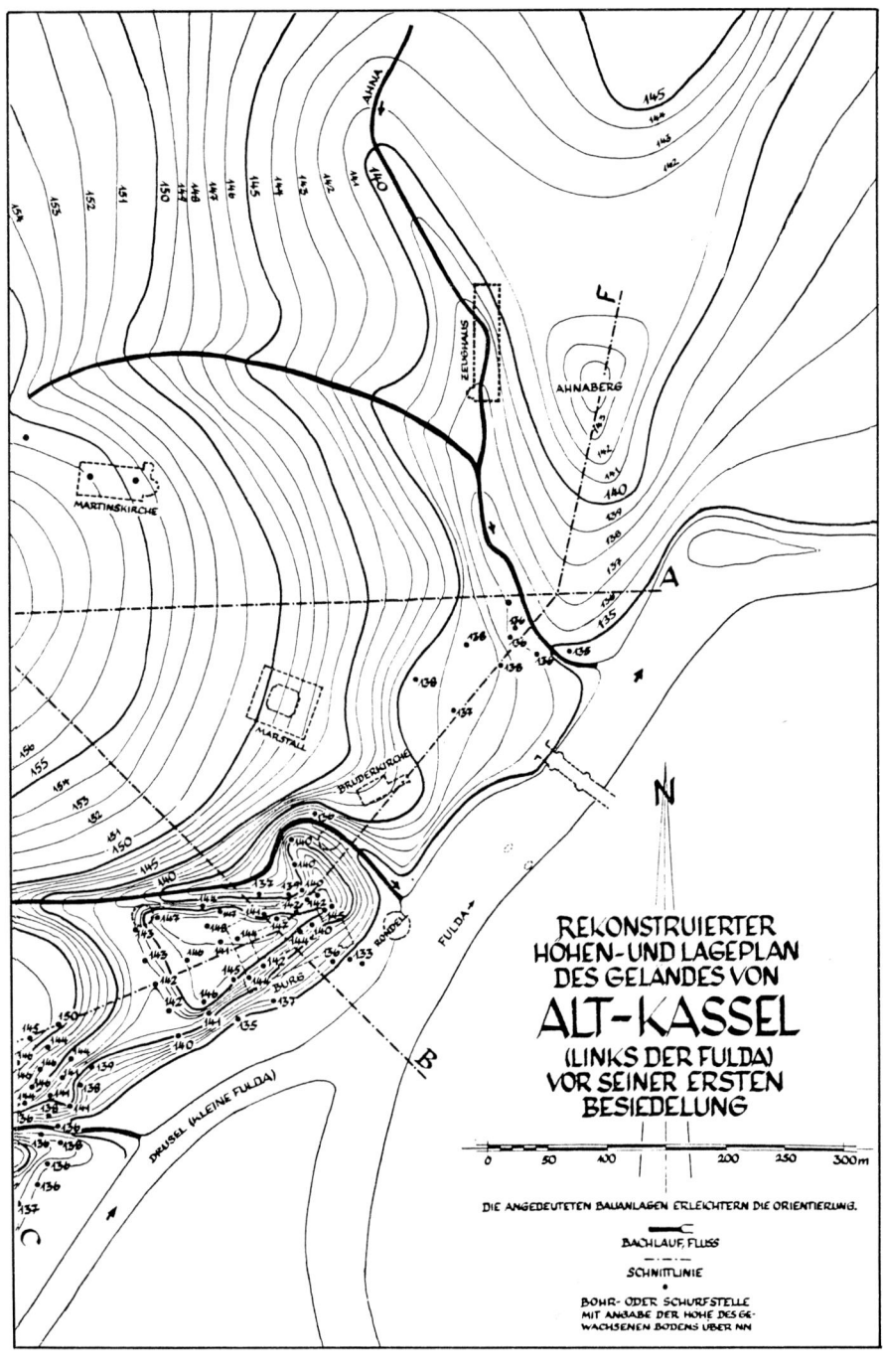

REKONSTRUIERTER
HÖHEN- UND LAGEPLAN
DES GELANDES VON
ALT-KASSEL
(LINKS DER FULDA)
VOR SEINER ERSTEN
BESIEDELUNG

0   50   100   200   250   300m

DIE ANGEDEUTETEN BAUANLAGEN ERLEICHTERN DIE ORIENTIERUNG.

BACHLAUF, FLUSS

SCHNITTLINIE

BOHR- ODER SCHURFSTELLE
MIT ANGABE DER HÖHE DES GE-
WACHSENEN BODENS ÜBER NN

AHNABERG

MARTINSKIRCHE

MARSTALL

ZEUGHAUS

BRÜDERKIRCHE

BURG

FULDA

DRUSEL (KLEINE FULDA)

AHNA

offensichtlich vor allem die südlichen und nördlichen Furten benutzt wurden, verlagerte sich der Verkehr im Laufe des Mittelalters zunehmend auf den Kasseler Übergang, der in der zweiten Hälfte des 13. Jhs. eine feste Brücke erhielt. Insgesamt gesehen, erweist sich das Kasseler Becken hinsichtlich der natürlichen Voraussetzungen und hinsichtlich seiner Verkehrslage in besonderer Weise begünstigt, vergleichbar nur der – freilich noch weit mehr herausgehobenen – Rhein-Main-Ebene am südlichen Ende der großen hessischen Senkenzone.

Während die Fulda oberhalb und unterhalb der Kasseler Altstadt von einer breiten Aue begleitet wird, tritt etwa in der Mitte des ausgedehnten Beckens von Westen her das höhere, hochwasserfreie Gelände unmittelbar an den Fluß heran. Hier, auf dem linken Ufer der Fulda bei der alten Mündung der Ahna, die im Laufe der Jahrhunderte immer weiter nach Norden verlegt wurde, und zugleich bei dem mittleren der drei Fuldaübergänge des Beckens, nahm die spätere Stadt Kassel ihren Ausgang. Ihr Name, in den ältesten überlieferten Formen „C(h)assalla, C(h)assella", ist wahrscheinlich nicht, wie früher meist angenommen, von lat. castellum bzw. castella abgeleitet und als Beleg für die Anlage einer Befestigung oder Siedlung in fränkischer Zeit, besonders durch das fränkische Königtum, zu werten. Der Name Kassel dürfte vielmehr am ehesten als ursprünglicher Gewässername, der dann auf die Siedlung überging, anzusehen sein und demnach zu den ältesten bekannten Ortsnamen der Landschaft gehören.

Die älteste Ortsnamenschicht ist noch mehrfach im Kasseler Becken vertreten, in seinem westlichen Teil mit Zwehren, Wehlheiden, Vellmar, Weimar und Wolfsanger, rechts der Fulda mit Waldau sowie, ganz im Osten in einer eigenen Randbucht, Kaufungen. Nachdem in der ersten großen Ausbaubewe-

◄ Abb. 1 Kassel. Rekonstruktion des Altstadtgeländes vor der ersten Besiedlung mit Burggelände, ursprünglichem Ahnalauf und Ahnaberg (nach W. Pickel u. H. Sander, Ausschnitt).

gung der Gegend, die hier vermutlich noch im 7. Jh. begann und in der zweiten Hälfte des 8. Jhs. zu Ende ging, die zahlreichen Orte mit dem Grundwort -hausen in ihren Namen entstanden waren, hatte das Siedlungsbild des Kasseler Beckens im wesentlichen seinen mittelalterlichen Stand erreicht.

Als politischer Mittelpunkt der Frühzeit tritt das Gebiet des späteren Dorfes (Kirch-)Ditmold hervor, das sich als deutlich sichtbare Anhöhe vom Steilhang des Habichtswaldes nach Osten zur Kasseler Altstadt vorschiebt. Der zuerst im 11. Jh. als „Diethmelle" und „Thiedmali" belegte Name weist mit seiner Bedeutung als „Versammlungsplatz, Gerichtsstätte des Volkes" auf die zentrale Rolle des Platzes hin. Die Gerichtsstätte, noch im 17. und 18. Jh. an dem Flurnamen „Altes Gericht" zu erkennen, lag auf dem – schon zur alten Kasseler Gemarkung gehörenden – Kratzenberg, in der Nähe der Kreuzung der heutigen Queralle/Schenkendorfstraße mit der Kölnischen Straße. In Ditmold wurde zudem die erste Kirche der Kasseler Landschaft errichtet, und zwar zweifellos schon im 8. Jh., vielleicht noch vor der Mitte des Jahrhunderts. Für den Anfang des 11. Jhs. als Taufkirche (ecclesia baptismalis) erstmals in den Quellen genannt, blieb die dem hl. Martin geweihte Kirche, die in deutlicher Spornlage den Platz der heutigen Friedrich-List-Schule zwischen Zentgrafenstraße und Kapellenweg in Kassel-Kirchditmold einnahm, bis in das späte Mittelalter Sitz eines Erzpriesters mit einem ausgedehnten Sprengel weit über das Kasseler Becken hinaus nach Osten bis zur Werra hin.

Die Geschichte des Ortes Kassel selbst wurde bis zum 12. Jh. ausschließlich durch das Königtum bestimmt. Der Königshof, der sich seit dem Beginn des 10. Jhs. in den Quellen nachweisen läßt, bestand sicherlich bereits in fränkisch-karolingischer Zeit. Schon damals wird er für das umliegende Königsgut, das in zahlreichen Orten zumeist neben anderen, nichtköniglichen Besitzungen überliefert oder zu erschließen ist, als Verwaltungsmittelpunkt gedient haben. Seit Beginn des 9. Jhs. wird ebenso der neu geschaffene königliche Forst „Buchonia" zwischen Fulda und Werra, der das Gebiet des späteren Kaufunger Waldes, der

16

Söhre und des Stiftswaldes umfaßte, der Oberaufsicht des Kasseler Königshofes unterstanden haben. Wenn auch, wie erwähnt, der Ortsname nicht als Beweis dienen kann, ist gleichwohl bereits in fränkischer Zeit zum Schutz des Hofes wie auch der Fuldaübergänge außerdem mit einer Befestigung in Kassel zu rechnen. Nicht zuletzt die nahe Grenze des fränkischen Reiches zu den Sachsen, die seit um 700 das Land an der unteren Diemel in Besitz genommen hatten und das gesamte 8. Jh. hindurch die hessischen Gebiete bedrohten, läßt wie in Thüringen so auch im nordöstlichen Hessen mit einiger Wahrscheinlichkeit auf ein fränkisches Verteidigungssystem schließen, das sich auf das Königsgut stützte und neben Großburgen wie der Büraburg bei Fritzlar auch kleinere Befestigungsanlagen umfaßte.

Die Nähe der Sachsengrenze führte in der zweiten Hälfte des 8. Jhs. zur Ansiedlung von Sachsen in der Kasseler Nachbarschaft. Im Verlauf der Sachsenaufstände hatten um 770/780 die beiden Sachsen Amalung und Hiddi ihre Heimat verlassen und zunächst vergeblich versucht, sich in Wolfsanger (an der Fulda unterhalb Kassels) niederzulassen, „wo damals Franken und Sachsen zusammen wohnten". Den Besitz der Rodungen, die sie anschließend im Kaufunger Wald (in silva quae vocatur Bocchonia) angelegt hatten (heute Benterode und Escherode), bestätigte Kaiser Karl der Große 811 und 813 ihren Söhnen Bennit und Asig in zwei bekannten Diplomen. Zugleich sind damit Franken für jene Zeit urkundlich in unmittelbarer Nähe von Kassel bezeugt. Sie sind vermutlich als Königsleute des Kasseler Fiskalbezirks anzusehen; ebenso wird es sich bei den im 12. Jh. auftretenden Märkern von Ditmold um Nachfahren solcher früheren Königsleute gehandelt haben.

In der ersten Hälfte des 10. Jhs. bezeugen drei Aufenthalte des Königs in Kassel eindeutig den Königshof, auch wenn er als solcher nicht in den Quellen genannt wird. König Konrad I. urkundete hier am 18. Februar 913 mit zwei Diplomen für die Reichsabtei Hersfeld und das Kloster Meschede (actum Chassalla bzw. Chassella); dabei handelt es sich zugleich um die ersten Erwähnungen Kassels in der schriftlichen Überlieferung überhaupt. Am 12. Februar 940 ist König Otto I. hier durch ein Diplom bezeugt, das er der bischöflichen Kirche zu Speyer ausstellte, und in der zweiten Jahreshälfte 945 weilte er zusammen mit den Herzögen Hermann von Schwaben und Konrad dem Roten von Lothringen sehr wahrscheinlich erneut in Kassel. Wie sich aus dem königlichen Itinerar ergibt, wurde der Platz bei diesen Königsaufenthalten anscheinend auf dem Wege zwischen dem Rheinland und Sachsen aufgesucht. Nach 945 ist kein Besuch eines mittelalterlichen deutschen Königs mehr in Kassel überliefert.

König Heinrich II. übertrug am 24. Mai 1008 seiner Gemahlin Kunigunde den Hof Kassel (cortem Cassellam dictam), im Hessengau und in der Grafschaft des Grafen Friedrich – ihres Bruders – gelegen, mit sämtlichem Zubehör; wie sich aus dem Wortlaut des Diploms ergibt, handelte es sich um den gesamten Fiskalbezirk, der von dem Haupthof Kassel aus verwaltet wurde. Offensichtlich wurde die Königin dafür entschädigt, daß Heinrich im Vorjahr mit ihrem Einverständnis und mit der Zusicherung vollen Ersatzes in Bamberg, dem Ort ihrer Morgengabe, ein Bistum errichtet hatte. Anschließend begann Heinrich II. sogleich, den neuen Besitz seiner Gemahlin zu einem neuen Zentrum auszugestalten, freilich nicht in Kassel selbst, sondern in dem 10 km ostwärts am Rande der Ebene gelegenen (Ober-)Kaufungen. Hierher verlegte er nach dem zeitgenössischen Bericht Thietmars von Merseburg seinen Hof (curtis) von der Burg (civitas) Kassel. Bereits bei ihrem ersten nachweislichen Besuch an der unteren Fulda im Jahre 1011 weilten Heinrich II. und Kunigunde in Kaufungen, und auch ihre späteren insgesamt fünf Besuche, ebenso wie die drei Kaiser Heinrichs III. und eine wichtige politische Verhandlung zwischen Abgesandten König Heinrichs IV. und seiner Gegner (1081), fanden nicht mehr in Kassel, sondern in Kaufungen statt. Der bisherige Nebenhof im Kasseler Fiskalbezirk, der vor allem wohl der Forstverwaltung gedient hatte, wurde nunmehr zum Haupthof der Villikation und erhielt außerdem die notwendigen Einrichtungen für die Königsbesuche, die Kaufungen in der

Folgezeit die Eigenschaft einer Königspfalz verliehen. Den Höhepunkt dieser Maßnahmen bildete die Gründung des Benediktinerinnenklosters im Kaufunger Königshof, das als Stiftung vor allem der Kaiserin von 1017 bis 1019 dort geschaffen wurde. Sollte schon die Übergabe des Kasseler Fiskalbezirkes der kinderlosen Kunigunde nicht zuletzt als materielle Sicherung für die Zeit nach dem Tode ihres Gemahls dienen, so war das Kloster als neue Heimstatt für sie gedacht, zumal sie selbst den Konvent einrichtete und ihre Nichte Uta (Jutta), die ihr seit langem verbunden war, den Nonnen als erste Äbtissin vorstand. In der Tat trat Kaiserin Kunigunde am ersten Jahrestag des Todes Kaiser Heinrichs II., am 13. Juli 1025, als die neu erbaute Klosterkirche zum hl. Kreuz geweiht wurde, selbst in den Nonnenkonvent ihres Klosters ein und lebte hier bis zu ihrem Tode am 3. März 1033.

Die Verlegung des Mittelpunktes der königlichen Herrschaft an der unteren Fulda von Kassel nach Kaufungen war kein Einzelfall: In denselben Jahren gab Heinrich II. auch die alte Königspfalz Werla auf und begann, das nahe Goslar zu einer neuen Pfalz auszubauen, die dann vor allem Heinrich III. weiter förderte. Hier waren insbesondere wohl wirtschaftliche Gründe maßgebend, denn die vermutlich schon seit Otto dem Großen am nahen Rammelsberg ausgebeuteten Silbervorkommen hatten inzwischen eine solche Bedeutung erlangt, daß Heinrich II. in Goslar einen neuen wirtschaftlichen Mittelpunkt begründete. Dieselbe Absicht ist auch im Falle von Kaufungen zu erkennen. Denn das Kloster erhielt als Ausstattung einerseits teilweise weit entfernte Königshöfe an den Fernstraßen, die den Ort berührten; und andererseits wurden ihm ein dreitägiger Jahrmarkt in Kaufungen sowie in Wolfsanger am jenseitigen Fuldaufer – wo es auch die königliche Pfarrkirche Johannes' des Täufers mit reichem Besitz erhielt – neben einem sonnabendlichen Wochenmarkt ebenfalls ein dreitägiger Jahrmarkt verliehen. Heinrich II. beabsichtigte also, in Kaufungen zugleich ein neues Zentrum für Handel und Verkehr in der Kasseler Landschaft zu errichten. Offenbar schien ihm der – an seinem Ortsnamen erkenntliche – alte Handelsplatz hierfür geeigneter als das bisherige königliche Zentrum Kassel inmitten des Beckens zu sein. Für die ersten Jahrzehnte ist dieser Versuch auch gelungen, denn 1041 gewährte König Heinrich III. dem Kloster auf Bitte seiner Äbtissin einen weiteren Jahrmarkt und einen Wochenmarkt in Kaufungen. Auf die Dauer jedoch, vielleicht noch verstärkt durch die Übergabe des Klosters an die bischöfliche Kirche zu Speyer durch Kaiser Heinrich IV. im Jahre 1086, konnte sich Kaufungen gegenüber Kassel nicht durchsetzen, sondern trat dieser Ort, vermutlich aufgrund seiner letztlich weit günstigeren Lage, wieder hervor. Auch die Rückkehr Kaufungens unter Kaiser Friedrich II. 1213 in den unmittelbaren Besitz des Reiches, dem es nach seiner Umwandlung in ein Kanonissenstift im 13. Jh. weiterhin als „kaiserliches freies Stift" zugehörte, änderte an dieser Entwicklung nichts mehr.

Für Kassel schweigen die Quellen seit dem frühen 11. bis vor die Mitte des 12. Jhs. wiederum vollständig. Inzwischen aber war die weite, besonders begünstigte Beckenlandschaft in den Blick der entstehenden Territorialherrschaften geraten. Als erster ist hier im 12. Jh. der Erzbischof von Mainz anzutreffen. Wahrscheinlich auf seine mittelbare Anregung hin gründeten vor Mitte 1137, vermutlich etwa ab 1133, die „Märker von Ditmold" – ein genossenschaftlicher Verband, den anscheinend Nachfahren ehemaliger Königsleute des alten Kasseler Fiskalbezirkes bildeten – westlich von Ditmold am Steilabfall des Habichtswaldes aus ihrem Vermögen das 1143 zuerst genannte Augustinerchorherrenstift Weißenstein und übereigneten es sogleich Erzbischof Adalbert I. Dieser erhielt damit für seine weitausgreifende Territorialpolitik, mit der er die Grundlagen des künftigen Mainzer Territoriums schuf, auf dem Reiseweg von dem mainzischen Zentrum Fritzlar in Niederhessen zu den Besitzungen des Erzbistums im Oberweser- und Leinegebiet sowie im Eichsfeld einen eigenen Stützpunkt am westlichen Rande des Kasseler Beckens mit seinen wichtigen Fuldaübergängen. 1143 erneuerte Erzbischof Heinrich I. durch die Bekräftigung der mainzischen Eigentumsrechte an Weißenstein die

Ansprüche des Erzstifts in der Kasseler Landschaft noch einmal nachdrücklich. Nachdem das Stift Weißenstein, seit 1184/1193 Augustinerchorfrauenstift, im Zuge der Reformation 1527/1528 aufgehoben war, errichtete an seiner Stelle zunächst 1606–1610 Landgraf Moritz von Hessen ein Jagdschloß; 1786–1798 erbaute dann Landgraf Wilhelm IX. (seit 1803 Kurfürst Wilhelm I.) am Platz des früheren Stiftes das nach ihm benannte Schloß Wilhelmshöhe als Sommerresidenz.

In Kassel waren nach der Verlegung des Fiskalmittelpunktes nach Kaufungen durch Heinrich II. die bisherige königliche Burg und der ehemalige Haupthof, seitdem zweifellos ein Nebenhof des Fiskalbezirkes, zurückgeblieben. Daß auch der Kasseler Hof in den Besitz des Klosters Kaufungen gelangt sei, wie dort im 12. Jh. mit Hilfe einer Urkundenfälschung behauptet und danach bis heute häufig angenommen wurde, läßt sich nicht nachweisen und ist auch nicht eben wahrscheinlich. Burg und Hof Kassel dürften vielmehr auch nach der Gründung des Klosters Kaufungen und der anschließenden allmählichen Auflösung des Königsgutsbezirkes weiterhin in unmittelbarem Besitz des Königtums geblieben sein. Außerdem hatte sich im Anschluß an Burg, Hof und Flußübergang wahrscheinlich bereits eine größere Siedlung entwickelt, die im Laufe, möglicherweise schon seit Beginn des 11. Jhs. auch einen Markt besaß. Mit einer königlichen Kirche ist vielleicht bereits seit dem 10., sicher wohl seit dem 11. Jh. zu rechnen; vor der Mitte des 12. Jhs. erhielt sie für den gesamten Ort die Pfarrrechte.

Als Kassel im Jahre 1152 wieder in der Überlieferung erscheint, befand es sich als königliches Lehen in der Hand der ludowingischen Grafen von Hessen. In seinem Bemühen, die Verbindung zwischen den Schwerpunkten des Reiches im Rhein-Main-Gebiet und dem Reichsgut im Harz durch feste Stützpunkte dauerhaft zu sichern, hatte der erste staufische König Konrad III. offensichtlich bereits damit begonnen, im Gegenzug zu den Mainzer Bestrebungen im Kasseler Becken auf der Grundlage der alten Reichsrechte einen neuen beherrschenden Mittelpunkt an der unteren Fulda aufzubauen. Träger dieser königli-

chen Politik waren die Ludowinger, die seit 1122 die Grafen-
rechte in Hessen mit dem Zentrum Gudensberg bei Fritzlar
besaßen. Sie waren nach dem Tode Kaiser Lothars III. und der
Wahl des Staufers Konrad zum König in einem folgenreichen
politischen Kurswechsel 1139 vom Mainzer Erzbischof auf die
Seite der Staufer übergetreten, auf der sie, ihnen seitdem auch
verwandtschaftlich eng verbunden, für mehr als einhundert
Jahre blieben. So vertraten die Ludowinger vor allem gegenüber
dem Erzbischof von Mainz energisch die königliche Territorialpolitik in dieser Gegend. Zugleich konnten sie in diesem Teil
ihres thüringisch-hessischen Herrschaftsbereiches die Anfänge
einer eigenen Landesherrschaft entwickeln.

Sichtbar werden die Bestrebungen des Königs und der Ludowinger in Kassel, als hier zwischen 1140 und 1148 Graf Heinrich Raspe II. und seine Mutter Hedwig, Witwe Landgraf Lud-
wigs I. von Thüringen, das 1152 erstmals genannte Augustinerchorfrauenstift Ahnaberg gründeten. Mit Einverständnis
König Konrads III. übertrugen sie ihm die königliche Pfarrkirche des Ortes, die spätere Altstädter Pfarrkirche St. Cyriakus,
mit dem Investiturrecht und allen sonstigen Rechten und Einkünften, wie Erzbischof Heinrich I. von Mainz 1152 in seiner
Genehmigungsurkunde als zuständiger Diözesanbischof mitteilt. Außerdem statteten die Gründer das Stift, so weit zu
sehen, ausschließlich mit solchem Grundbesitz aus, über den sie
als königliches Lehen verfügten, vor allem in Kassel mit zwei
offenbar größeren geschlossenen Besitzkomplexen einschließlich des Grund und Bodens des Stiftes selbst. Als König Friedrich I. Barbarossa 1154 diese Güterausstattung genehmigte,
wahrte er seine Rechtsstellung als Lehnsherr nun auch des
neuen Stiftes dadurch, daß er sich und seinen Nachfolgern die
Belehnung mit der Vogtei vorbehielt. Ebenfalls unter Kon-

Abb. 2   Kassel. Plan der Altstadt von 1896 mit Angabe von (jeweils gerastert und halb-
fett beschriftet): landgräfliche Burg, Altstädter Pfarrkirche St. Cyriakus, alter Ahnalauf,
Stift Ahnaberg, Flurname Breul (nach K. Heinemeyer, Königshöfe). – Die ältere Brük-
kenstelle liegt in Verlängerung der Alten Leipziger Straße, rechts der Fulda die Unterneustadt und nordwestl. des Grabens die Freiheit.

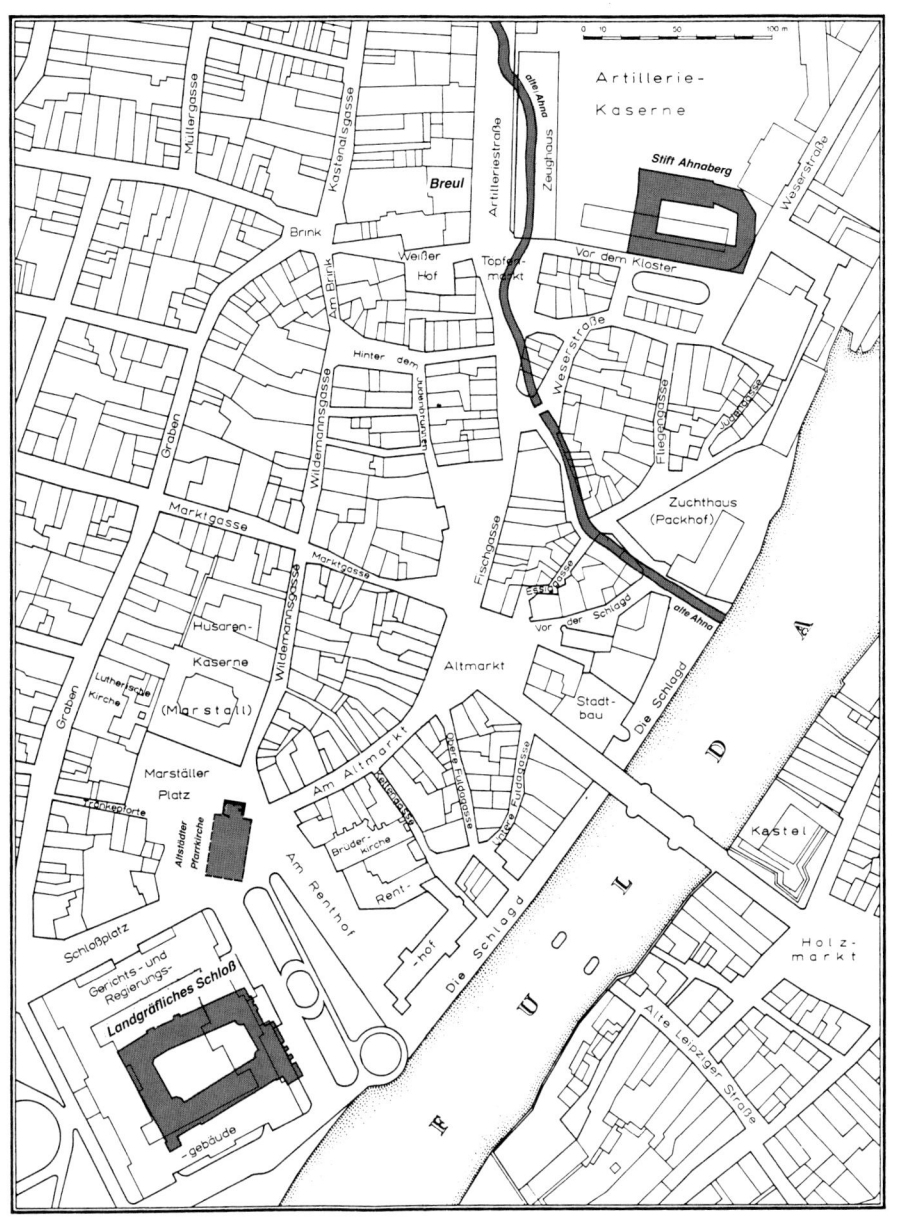

Müllergasse

Kastenalsgasse

Breul

Brink

Am Brink

Artilleriestraße

Zeughaus

alte Ahna

Artillerie-
Kaserne

Stift Ahnaberg

Vor dem Kloster

Weißer
Hof

Topfer-
markt

Weserstraße

Hinter dem

Wildemannsgasse

Graben

Marktgasse

Marktgasse

Wildemannsgasse

Husaren-

Kaserne

Lutherische
Kirche

(Marstall)

Graben

Marställer
Platz

Renkeplatte

Altstädter
Pfarrkirche

Schloßplatz

Gerichts- und
Regierungs-

Landgräfliches Schloß

-gebäude

Am Altmarkt

Am Renthof

Bruder-
Kirche

Rent-

-hof

Fischgasse

Vor der Schlagd

Altmarkt

Obere Fuldagasse

Untere Fuldagasse

Stadt-
bau

Die Schlagd

Die Schlagd

Zuchthaus
(Packhof)

Fliegengasse

Schlossgasse

alte Ahna

Kastel

Holz-
markt

Alte Leipziger Straße

Weserstraße

F U L D A

0   10   50   100 m

23

rad III. bauten die Ludowinger die königliche Befestigung in Kassel neu aus, wie eine spätmittelalterliche Nachricht mitteilt, nach der Graf Heinrich Raspe 1143 „die uhralte burg daselbst erneuert" habe. Dem entspricht, daß seit 1152 landgräfliche Ministeriale genannt werden, bei denen es sich ohne Zweifel um Burgmannen handelte. Auch die Ummauerung des Ortes insgesamt, die von derselben späten Quelle zusammen mit der Erneuerung der Burg für 1143 berichtet wird, dürfte tatsächlich noch vor der Mitte des 12. Jhs. erfolgt sein.

Nur schwer läßt sich im heutigen Stadtbild eine Vorstellung von der ursprünglichen Topographie der Altstadt gewinnen, da vor allem in den letzten Jahrzehnten nach den schweren Zerstörungen des Zweiten Weltkrieges die Straßenführungen und teilweise schon seit Jahrhunderten sogar die Oberflächengestalt erheblich verändert wurden. Am ehesten ist noch der Platz der Burg im Südwesten der Altstadt zu erkennen (Abb. 1.2; vgl. Abb. 5). Sie lag – an der Stelle des heutigen Regierungsgebäudes am Steinweg – erhöht über der Fulda auf dem Sporn eines Bergrückens, der sich entlang der Drusel bis zu ihrer Mündung als Kleine Fulda nach Nordosten vorschiebt und einst auch nach Norden so wie noch heute nach Nordosten und nach Südosten zum Fluß hin steil abbrach. Als letzter Rest der jüngeren Befestigungen des Burggeländes hat sich das sog. Rondell erhalten, eine Bastion aus dem 16. und 17. Jh. Auch wenn für die Lage der zu Anfang des 10. Jhs. bezeugten, vermutlich aber älteren königlichen Burg weder schriftliche noch archäologische Hinweise vorliegen, ist auch sie am wahrscheinlichsten an dieser Stelle zu suchen. Hier beherrschte und schützte sie ebenso wie die nachfolgenden Burgen der Ludowinger und der Landgrafen von Hessen insbesondere den nahen Flußübergang. – In unmittelbarer Nähe nördlich des Burggeländes auf dem heutigen Marställer Platz bzw. auf dem Straßenzug Steinweg-Brüderstraße lag die Altstädter Pfarrkirche St. Cyriakus. Nachdem sie 1526 mitsamt den Fundamenten abgebrochen worden war, konnte sie durch Ausgrabungen in ihrer Lage weitgehend gesichert werden. – Ebenfalls aus dem Stadtbild völlig verschwunden ist sowohl das Stift Ahnaberg als auch die namengebende Anhöhe, auf der es sich einst im Norden der Altstadt erhob. Der Ahnaberg füllte ursprünglich als ein zwar gegenüber dem Burggelände niedrigerer, dennoch klar hervortretender Sporn von Norden her den Winkel zwischen der alten Mündung der Ahna und der Fulda aus. Zwischen dem Zeughaus an der Artilleriestraße, der Zeughausstraße (früher: Vor dem Kloster) und der Weserstraße erstreckte sich das Stiftsgelände. Noch Ende des 15. und Anfang des 16. Jhs. neu errichtet, wurden Kirche und Stiftsgebäude seit 1527 von der landgräflichen Herrschaft genutzt und schließlich 1879 abgebrochen. Hier ist auch am ehesten der alte Königshof zu suchen, dessen Standort gleichfalls nicht überliefert und daher seit langem umstritten ist; auch der Flurname Breul (Brühl), der dicht westlich des früheren Ahnaberges bezeugt ist, spricht dafür. – Zwischen dem Ahnaberg im Norden und dem Burggelände im Südwesten senkt sich das Gelände flacher nach Osten zur Fulda hin. Flankiert vom Königshof auf dem Ahnaberg, in dem die Ludowinger 1140–1148 ihr Augustinerchorfrauenstift gründeten, und von der königlichen Burg, die sie ebenfalls übernahmen und erneuerten, erstreckte sich am linken Ufer der Fulda die Marktsiedlung. Den ursprünglich dreieckigen Marktplatz (Altmarkt) verbanden mehrere Gassen mit dem Flußufer und dem Flußübergang. Die ältere Brückenstelle lag oberhalb der heutigen, erst seit 1794 benutzten, etwa in Höhe der Kettengasse an der Nordostecke des landgräflichen Renthofes und damit noch näher am Burggelände. – Die erste, wahrscheinlich von Graf Heinrich Raspe II. erbaute Mauer umschloß in ihrem westlichen Verlauf die Marktsiedlung von der Burg im Südwesten zwischen der Wildemannsgasse und dem Graben nach Nordosten zur alten Ahna und zum Ahnaberg.

Seit Anfang der vierziger Jahre des 12. Jhs. zeigt sich Kassel unter den Ludowingern bereits auf dem Wege zur Stadt. Der Ort, 1154 als villa bezeichnet, erscheint vor Juni 1189 eindeutig als landgräfliche Stadt (civitas), und ein landgräflicher Schultheiß (villicus) als beamteter Vertreter des Stadtherrn tritt zuerst

Abb. 3   Kassel. Zweites Stadtsiegel, 1242 (nach A. Holtmeyer, Cassel-Stadt). M = 1 : 1.

1180/1181 in den Quellen auf. Ein erstes Stadtrecht gaben die Ludowinger ihrem Gemeinwesen vermutlich ebenfalls bereits im 12. Jh.; 1239 jedenfalls bestätigte Landgraf Hermann II. den Bürgern die Statuten (instituta iuris et gratie), die ihnen von seinen Vorgängern schriftlich verliehen, aber durch Unachtsamkeit verloren gegangen waren. Nachdem die Ratsverfassung erstmals für das nördliche Hessen 1217 in der mainzischen Stadt Fritzlar aufgetreten war, besaß Kassel diese damals neue Form der bürgerlichen Selbstverwaltung bereits 1225, wie die Nennung von Ratmannen (consules) zeigt. Gleichzeitig führte die Stadt ein erstes Siegel, das freilich wie in anderen frühen ludowingischen Städten noch Schultheißen und Bürger gemeinsam als Siegelinhaber nennt – SIGIL[LVM VILLI]CI ET CIVIV(M) DE CASLE – und den Landgrafen als Stadtherrn im Bild zeigt; das zweite, seit 1242 belegte Stadtsiegel erwähnt den Schultheißen nicht mehr – + SIGILLVM CIVIVM CASLE – und hat nun mit Mauer, Tor und Turm das übliche städtische Siegelbild (Abb. 3).

Bereits in der zweiten Hälfte des 13. Jhs. wurde die Stadt erstmalig vergrößert. Vermutlich etwa gleichzeitig mit dem Bau einer neuen Burg – seit 1277 am bisherigen Standort – errichtete Landgraf Heinrich I. von Hessen jenseits der Fulda gleichsam als Brückenkopf eine planmäßig angelegte Neustadt (Abb. 4-5), die 1283 zum ersten Mal genannt wird, die spätere Unterneustadt. In diesem Zusammenhang werden zugleich die beiden Flußufer erstmalig durch eine feste Brücke dauerhaft verbunden worden sein. Eine zweite Neustadt, die „Freiheit", legte Landgraf Heinrich II. seit etwa 1330 westlich der Altstadt an. Ebenfalls planmäßig gegliedert vor allem durch die drei Straßenzüge des Grabens, der Mittelgasse und der Obersten Gasse, griff sie im Südwesten über das Burggelände hinaus und erstreckte sich nach Nordosten bis vor die heutige Bremer Straße. Als Mittelpunkt erhielt die Freiheit anstelle einer ersten, seit 1340/1343 nachweisbaren Kirche die große, vor 1364 begonnene Martinskirche, an der die Landgrafen Heinrich II. und Otto 1364 ein Kollegiatstift gründeten. Seit der Anlage der beiden Neustädte, die zugleich ein Licht auf die günstige wirtschaftliche Entwicklung der Stadt seit dem 13. Jh. wirft, bestand Kassel verfassungsmäßig aus drei getrennten Städten mit jeweils einer eigenen Verwaltung. Dieser für die spätmittelalterliche Landgrafschaft Hessen einmalige Zustand wurde 1376/1378 durch Vereinigung der Teile zu einer auch rechtlich einheitlichen Stadt mit gemeinsamem Rat beendet. Damit hatte die mittelalterliche Stadt Kassel ihre endgültige Gestalt erreicht.

In der Mitte des 12. Jhs. hatte die Herrschaft der Ludowinger in Kassel ganz auf königlicher Belehnung beruht, und noch 1154 hatte König Friedrich I. für die Zukunft seine und seiner Nachfolger Stellung als Lehnsherren gesichert. Gleichwohl lassen sich seitdem keine Ansprüche oder Rechte des Reiches in Kassel mehr feststellen. Kassel galt vielmehr künftig als Platz der ludowingischen Landgrafen von Thüringen und Grafen von Hessen. So konnte mit Recht Landgraf Hermann II. 1239 seine Vorgänger als „Erbauer dieser Stadt" (constructores ville eiusdem) bezeichnen. Zusammen mit Marburg an der oberen Lahn hatten sie Kassel zu einem der wichtigsten Stützpunkte in ihrem hessischen Herrschaftsbereich entwickelt. Diese Rolle behielt

Abb. 4 Kassel. Ansicht von Osten. Kupferstich von Matthäus Merian d.Ä. 1646.

28

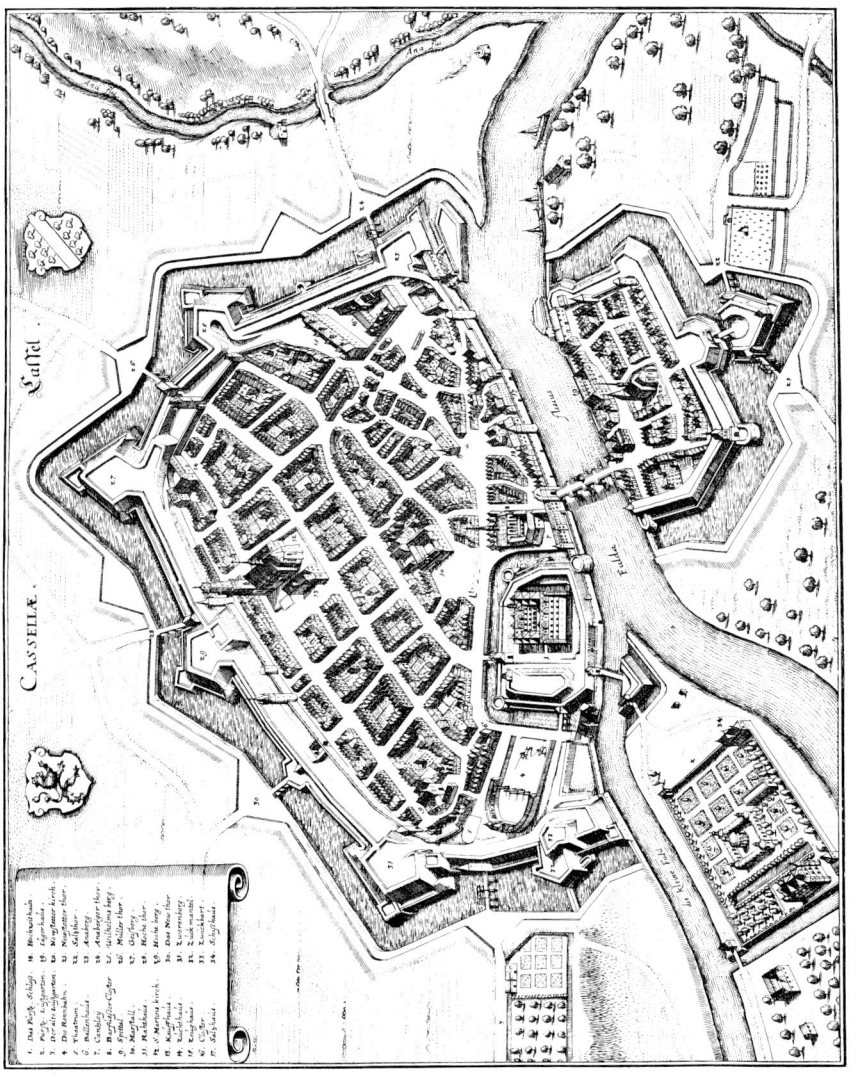

Abb. 5   Kassel aus der Vogelschau. Kupferstich von Matthäus Merian d. Ä. 1646.

29

die Stadt auch nach dem Aussterben der Ludowinger (1247) und dem Übergang Hessens an das Haus Brabant. Auch wenn der erste Landgraf von Hessen, Heinrich I., seit 1277 hier eine neue Burg errichtete, residierte er doch nicht in Kassel, sondern in Marburg, dessen Burg er in der zweiten Hälfte des 13. Jhs. zu einem repräsentativen Fürstensitz ausbaute. Erst in den wiederholten Teilungen der Landgrafschaft Hessen seit Anfang des 14. Jahrhunderts, zuerst 1308, wurde auch Kassel Sitz hessischer Fürsten, und seit der Mitte des 15. Jahrhunderts blieb es bis 1866 Residenz und Hauptstadt der Landgrafen und späteren Kurfürsten von Hessen(-Kassel).

Literatur:
H. Brunner, Geschichte der Residenzstadt Cassel (1913). – W. Classen, Die kirchliche Organisation Althessens im Mittelalter. Schr. des Inst. für geschichtl. Landeskunde von Hessen und Nassau 8 (1929) 173–185, bes. 174 f., 177–180, 185. – W. A. Eckhardt, Kaufungen und Kassel. Pfalz-Kloster-Stadt. In: Festschr. K. A. Eckhardt (Hrsg. O. Perst; 1961) 21–53. – M. Eisenträger u. E. Krug (mit Beitr. von E. E. Stengel), Territorialgeschichte der Kasseler Landschaft. Schr. des Inst. für geschichtl. Landeskunde von Hessen und Nassau 10 (1935). – R. Friderici, Beiträge zur mittelalterlichen Geschichte der Stadt Kassel 1–3. Zeitschr. des Ver. für hessische Gesch. und Landeskunde 65/66, 1954/1955, 43–54; 67, 1956, 98–118; 69, 1958, 33–65. – W. Görich, Zur Entwicklungsgeschichte der Stadt Kassel im Mittelalter. Ebd. 64, 1953, 9–17. – K. Heinemeyer, Königshöfe und Königsgut im Raum Kassel. Veröffentl. des Max-Planck-Inst. für Gesch. 33 (1971). – Ders., Die Gründung der Stadt Münden. Ein Beitrag zur Geschichte des hessisch-sächsischen Grenzgebietes im hohen Mittelalter. Hessisches Jahrb. für Landesgesch. 23, 1973, 141–230, bes. 196–227. – W. Heß, Hessische Städtegründungen der Landgrafen von Thüringen. Beitr. zur hessischen Gesch. 4 (1966) bes. 176–180. – A. Holtmeyer (Bearb.), Die Bau- und Kunstdenkmäler im Regierungsbezirk Cassel. 4: Kreis Cassel-Land. Text und Atlas (1910); 6: Kreis Cassel-Stadt. Text und Atlas (1923). – F. Küch, Siegel und Wappen der Stadt Kassel. Zeitschr. des Ver. für hessische Gesch. und Landeskunde 41, 1908, 242–266, Taf. 1–2, bes. 248–257. – W. Niemeyer, Castellum und Curtis Chassella. Studien über den Ursprung und die Anfänge Kassels. Ebd. 75/76, 1964/1965, 13–59. – W. Pickel u. H. Sander, Versuch einer Deutung der naturgeschichtlichen Grundlagen für die frühe Entwicklung des Platzes Kassel. Ebd. 69, 1958, 19–32. – Ausführliche Quellennachweise und Literaturangaben in den genannten Arbeiten.

K. Heinemeyer

MUSEEN IN KASSEL

Staatliche Kunstsammlungen Kassel

Um 1580 richtete Landgraf Wilhelm IV. von Hessen-Kassel im Marstall eine Kunstkammer ein, die 1696 von Landgraf Carl in das einstige Theater Ottoneum verlegt und 1779 von Friedrich II. mit seinen Sammlungen im neuerbauten Museum Fridericianum, dem ersten öffentlichen Museumsneubau des Kontinents, vereinigt wurde. Dort war auch die bedeutende Antikensammlung ausgestellt, die der Landgraf in Rom erworben hatte. Wilhelm VIII. brachte zwischen 1725–1756 die berühmte Gemäldegalerie zusammen. Sie war im Landgrafen-Palais an der Frankfurter Straße untergebracht. Schwere Verluste mußten die Sammlungen unter der französischen Besetzung 1806–1813 hinnehmen.

Nach dem Übergang Kurhessens an Preußen (1866) wurde für die Gemälde ein neues Galeriegebäude an der Schönen Aussicht nach Plänen von Heinrich v. Dehn-Rotfelser errichtet (1878 eröffnet), das 1943 in Trümmer sank. Die übrigen Bestände erhielten 1913 eine neue Heimstätte im Hessischen Landesmuseum am Brüder-Grimm-Platz, einem Bau des Münchener Architekten Theodor Fischer. Hier war von 1946 bis 1973 auch die Gemäldegalerie provisorisch untergebracht. Völlig zerstört wurde im Zweiten Weltkrieg das Landgrafenmuseum neben dem Bellevue-Schloß, in dem von 1935 bis 1939 die Antikensammlung und das Kunsthandwerk aus landgräflicher Zeit in historischen Räumen höchst reizvoll ausgestellt waren.

1961 beschloß die Hessische Landesregierung den Wiederaufbau von Schloß Wilhelmshöhe für die „Kasseler Galerie" und die Antikenabteilung (eröffnet 1974), 1962 die Wiederherstellung des Galeriegebäudes an der Schönen Aussicht für Malerei und Plastik von 1750 bis zur Gegenwart (Neue Galerie, eröffnet 1976). Im Landesmuseum konnte 1976 das Deutsche Tapetenmuseum seine Neuaufstellung vollenden. Das Astronomisch-Physikalische Kabinett soll 1987 in der Orangerie eine neue Heimstätte finden. Dann wird der Abteilung Vor- und Frühgeschichte das gesamte Erdgeschoß im Landesmuseum zur Verfügung stehen.

Gemäldegalerie Alte Meister

Schloß Wilhelmshöhe – Öffnungszeiten: Dienstag bis Sonntag 10–17 Uhr.

Beim Tode des Landgrafen Carl 1730 waren bereits einige bedeutende Bilder vorhanden, wie Dürers „Elsbeth Tucher", ein Rembrandt, ein Pannini u. a. Der Ausbau zu einer systematischen Sammlung, einer Galerie von europäischem Rang, ist das Verdienst des jüngeren Sohnes Carls, des Landgrafen Wilhelms VIII. Der Schwerpunkt liegt auf den Niederländern. Von Bildnissen Joos van Cleves und Jan Gossaerts, von Werken van Orleys und Jacob Cornelisz' van Oostsanen ist die Entwicklung über das Familienbild Marten van Heemskercks, die Bildnisse des Antonis Mor, das Stilleben Beuckelaers und die Landschaft Mompers zu den großen Meistern des 17. Jhs. hin zu überblicken. Von Frans Hals besitzt die Galerie sieben Bilder, darunter das späte Hauptwerk „Der Mann mit dem Schlapphut" (Abb. 1). Rembrandt ist mit 17 Werken vertreten. Der ganze Reichtum seiner Bildniskunst von dem frühen Selbstbildnis um 1628 über den bewegten Stil der 30er Jahre („Saskia", „Herr in ganzer Figur") bis hin zu der Reife des „Nicolas Bruyningh" und des späten Selbstbildnisses von 1654 kann an hervorragenden Beispielen abgelesen werden. Die beiden reli-

32

Abb. 1   Der Mann mit dem Schlapphut. Gemälde von Frans Hals (1661/66).

giösen Themen, „Die Hl. Familie" und der „Jakobssegen", zäh-
len zu den Hauptwerken des Meisters wie der Sammlung. Seine
seltenen Landschaften sind an zwei Gemälden zu studieren.
Ausgezeichnet vertreten sind die meisten der holländischen
Fachmaler (Steen, Terborch, Metsu, Ostade, Wouwerman, Saen-

redam, de Witte, Adriaen und Willem van de Velde, Salomon und Jacob van Ruisdael, Hondecoeter).

Die flämischen Meister stehen den Holländern kaum nach. Rubens ist an acht, van Dyck an elf Werken zu studieren. Die Jordaens-Sammlung ist die größte außerhalb Belgiens. Von den Spaniern besitzt die Galerie Werke von Murillo und Ribera, von den Franzosen solche von Poussin und Bourdon. Die deutsche Malerei des 17. Jhs. belegen Hauptbilder von Jan Liss und Schönfeld.

Unter den Italienern ist das große Bildnis in ganzer Figur von Tizian der Mittelpunkt. Die Venezianer sind außerdem noch durch Tintoretto, Palma Giovane, Veronese, Sebastiano Ricci, Liberi und Bellucci vertreten, die Bolognesen durch die Carracci, Domenichino und Reni; Neapel durch Preti und Giordano; Rom durch Maratta und Pannini. Wenn die italienische Abteilung auch der niederländischen nachsteht, so bildet sie trotzdem eine der umfassendsten und interessantesten Sammlungen italienischer Barockmalerei der Bundesrepublik.

Nach einigen guten Ankäufen unter Kurfürst Wilhelm II. in den Jahren 1820–30 setzt erst im letzten Viertel des 19. Jhs. die wissenschaftliche Bearbeitung und Vermehrung der Bestände ein. Trotz unzureichender Mittel gelangen Erwerbungen wie Altdorfers „Kreuzigung", Hans Baldung Griens „Herkules und Antäus" und die „Flötenspieler" von Terbrugghen.

Literatur:

W. Adler, E. Herzog, F. Lahusen u. J. M. Lehmann, Alte Meister, Schloß Wilhelmshöhe Kassel. Museum (1981). – E. Herzog, Die Gemäldegalerie der Staatlichen Kunstsammlungen Kassel (1969). – Ders., Holländische Meister des 17. Jahrhunderts (Kasseler Galerie) (2. Aufl. 1977). – Ders. u. J. Lehmann, Unbekannte Schätze der Kasseler Gemäldegalerie. Ausstellungskatalog Kassel (1968). – Kunst in Hessen und am Mittelrhein. Schriften der hessischen Museen. Hrsg. Hess. Landesmus. Darmstadt u. Staatl. Kunstsammlungen Kassel. Heft 1–16, 1962 ff. – F. Lahusen, J. M. Lehmann u. a., Staatliche Kunstsammlungen Kassel. Museumsführer durch alle Abteilungen (4. Aufl. 1985). – J. M. Lehmann, Italienische, französische und spanische Gemälde des 16. bis 18. Jahrhunderts. Gemäldegalerie Alte Meister, Katalog 1 (1980). – H. Vogel, Katalog der Staatlichen Gemäldegalerie zu Kassel (1958). *E. Herzog*

Antikensammlung

Schloß Wilhelmshöhe. – Öffnungszeiten: Dienstag bis Sonntag 10–17 Uhr.

Mit dem Ankauf römischer Antiquitäten 1603 für die Kunstkammer des hessischen Landgrafen Moritz (1592–1627) beginnt
nachweislich das Sammeln und das Interesse an archäologischen Monumenten in Kassel. 1688 brachten hessische Truppen, die im Auftrage Venedigs 1687 an der Besetzung Athens, an
der Beschießung der Akropolis mit der fatalen Sprengung des
Parthenontempels und an der Ausbesserung der Burgbefesti-
gung mitgewirkt hatten, einige Weihreliefs, Inschriften und
Bronzestatuetten aus Griechenland mit und lieferten sie im
Kunsthaus ab. Aus diesem Grundstock entwickelten die Landgrafen im 18. Jh. durch Ankäufe ägyptischer, griechischer, etrus-
kischer und römischer Werke eine Antikensammlung. Sie
wurde 1779 im Museum Fridericianum der Öffentlichkeit
zugänglich gemacht und von der Société des Antiquités
erforscht. Seit 1866 vom Staat übernommen und bescheiden
gefördert, erfuhr sie in den letzten beiden Jahrzehnten dank der
Großzügigkeit privater Stifter und Leihgeber einen entschei-
denden Zuwachs, der dem bedeutenden Kernbestand verpflichtet ist. Bei der Neuaufstellung 1974 im Schloß Wilhelmshöhe
bot sich die Möglichkeit, die Präsentation nach Kulturkreisen
und Sachgruppen archäologisch zu gliedern und mit Informa-
tionen auf Wandtafeln zu erläutern. Sie gibt einen wesentlichen
Einblick in die Kunst und Kultur des Mittelmeerraumes von
der Jungsteinzeit bis in die Spätantike.
Den Kern der Sammlung bilden Weih- und Grabreliefs klassischer Zeit und Marmorkopien griechischer Skulpturen; zu
ihnen gehören Siegerstatuen und Götterbilder, wie die Athena
Lemnia und der Kasseler Apollon (Abb. 1). Römische Ideal-
statuen, Porträts und Sarkophagreliefs lassen Unterschiede und
Gemeinsamkeiten beider Kulturen sichtbar werden. An den
keramischen Erzeugnissen ist die Entwicklung der Töpferei und

Abb. 1 Kasseler Apollon. Römische Marmorkopie nach verlorenem griechischen
Original um 460/450 v. Chr. H. 2 m.

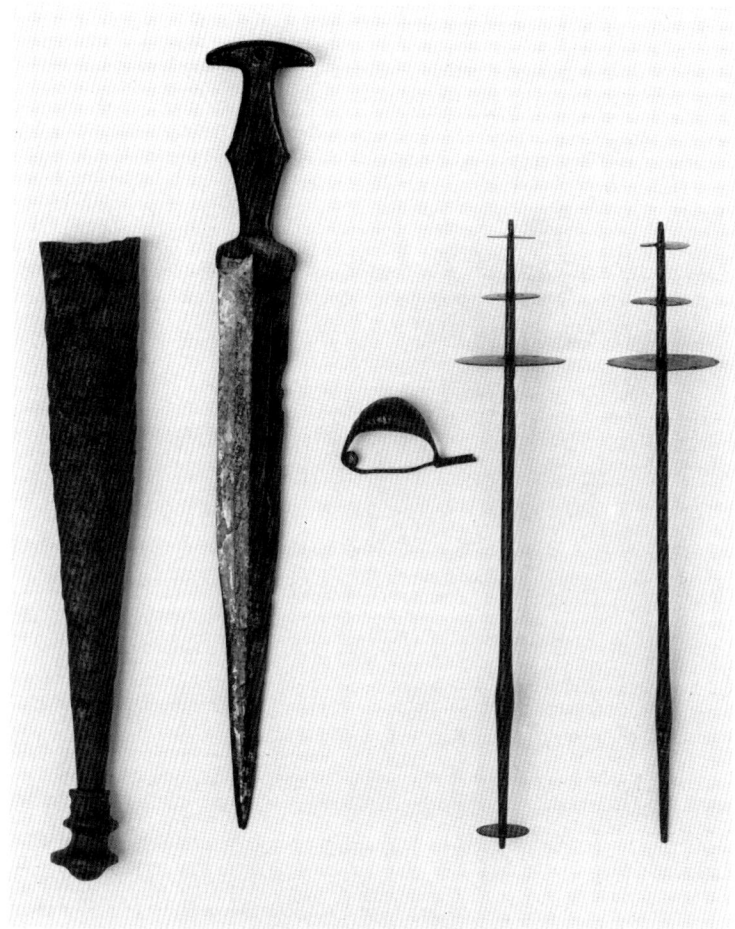

Abb. 2 Kurzschwert mit Eisenscheide, Spindeln und Fibel aus Bronze. Angeblich Grabfunde des 8. Jhs. v. Chr. aus Italien. Lg. d. Dolches 35,5 cm.

der Vasenmalerei in verschiedenen Landschaften und Perioden zu verfolgen. Zur Kenntnis des Kunsthandwerks, der religiösen Vorstellungen und des Alltagslebens im Altertum tragen Gefäße, Geräte, Statuetten, Waffen, Gläser und Schmuck bei (Abb. 2).

Literatur:
E. Berger, Antike Kunstwerke, Neuerwerbungen (1961). – Ders. u. R. Lullies
(Hrsg.), Antike Kunstwerke aus der Sammlung Ludwig I. Frühe Tonsarkophage
und Vasen. Veröff. d. Antikenmus. Basel 4 (1979). – M. Bieber, Die antiken
Skulpturen und Bronzen des königlichen Museum Fridericianum in Cassel
(1915). – P. Gercke, Antiken in Kassel (1975). – Ders., Antiken im Museum Fri-
dericianum. In: Aufklärung und Klassizismus in Hessen-Kassel (1979). – Ders.
(Hrsg.), Funde aus der Antike. Sammlung Paul Dierichs Kassel (1981). – R. Lul-
lies, Corpus Vasorum antiquorum. Kassel 1 (1972); 2 (1975). – E. Schmidt, Der
Kasseler Apollon und seine Repliken. Antike Plastik 5 (1966). – P. Zazoff,
Antike Gemmen in Deutschen Sammlungen 3. Braunschweig, Göttingen, Kas-
sel (1970). – Dazu die Bildhefte ‚Kataloge der Staatlichen Kunstsammlungen
Kassel': Antike Gläser[2] (M. Boosen 1984), Antike Gemmen[2] (U. Höcker 1985),
Ägyptische Kleinkunst (A. Krug 1971), Antike Bronzen (U. Höckmann 1972),
Antike Terrakotten (U. Sinn 1977), Antiker Schmuck (F. Naumann 1980),
Antike Münzen (P. Gercke u. B. Hamborg 1985). – Staatliche Kunstsammlun-
gen Kassel. Museumsführer durch alle Abteilungen (4. Aufl. 1985).

P. Gercke

Graphische Sammlung

Schloß Wilhelmshöhe. – Öffnungszeiten: Montag bis Freitag nach Vereinbarung.

Anders als eine Gemäldesammlung ist eine Sammlung von
Handzeichnungen und Druckgraphik nicht in einer ständigen
Ausstellung zu sehen. Nicht nur die Zahl von 35 000 Blättern
der Kasseler Sammlung würde dies verbieten, auch der Einfluß
des Lichts auf die empfindlichen Objekte schließt fortwäh-
rende Darbietung aus. Teile der Sammlung werden in gelegentlichen, wenige Wochen dauernden Ausstellungen gezeigt, und
interessierten Besuchern werden graphische Blätter, Klebe-
bände mit Kupferstichen und Radierungen sowie moderne illu-
strierte Bücher auf Verlangen vorgelegt.
Die Kasseler Graphische Sammlung geht auf Bestände vor
allem von Porträtstichen und Sammelbänden mit anderer wert-
voller Druckgraphik aus dem Besitz der Landgrafen (Abb. 1)

Abb. 1   Heimkehr der Landleute von der Feldarbeit. Kupferstich von Schelte a Bolswert (um 1640) nach einem Gemälde von P.P. Rubens.

und auf jene Kunstwerke auf Papier zurück, die in der Kasseler Kunstakademie den Studenten als Studienobjekte zur Verfügung standen. In besonders großer Zahl sind Arbeiten der weitverzweigten Künstlerfamilie Tischbein und Zeichnungen von Kasseler Künstlern des 18. und 19. Jhs. vorhanden. Hinzu kommen 4000 Architekturzeichnungen, die sich zum größten Teil auf in Kassel errichtete Bauten und ihre Dekorationen von Architekten und Bildhauern wie Simon Louis du Ry, Christoph Heinrich Jussow, Johann Heinrich Wolff, Johann August Nahl dem Älteren und Johann Christian Ruhl beziehen.
Seit 1962 wurde die alte Sammlung durch systematische Ankäufe um eine moderne Abteilung erweitert, die eine Dokumentation des graphischen Schaffens auch des 20. Jhs. und

unserer Tage bietet. So sind heute neben Holzschnitten und Kupferstichen von Albrecht Dürer, Holzschnitten von Lucas Cranach dem Älteren, druckgraphischen Arbeiten anderer altdeutscher Meister und Radierungen von Rembrandt sowie Arbeiten von Julius Eugen Ruhl, Ludwig Emil Grimm, Johann Martin von Rohden und August Bromeis auch Zeichnungen und Holzschnitte von Ernst Ludwig Kirchner, Lithographien von Max Beckmann und Zeichnungen von Otto Dix sowie Werke von Jean Dubuffet, Bernard Schultze, Fritz Winter, Robert Rauschenberg und A. R. Penck zu sehen.

Literatur:
L. Oehler, Niederländische Zeichnungen des 16. bis 18. Jahrhunderts. Graphische Sammlung, Katalog 1 (1979).

W. Adler

Neue Galerie

Schöne Aussicht 1. – Öffnungszeiten: Dienstag bis Sonntag 10–17 Uhr.

Das Museum, untergebracht im alten, 1871 bis 1877 erbauten Kasseler Galeriegebäude oberhalb der Karlsaue, beherbergt Malerei und Plastik von etwa 1750 bis zur Gegenwart. Den Auftakt bilden ausgewählte Beispiele deutscher Rokokomalerei, denen sich die bedeutenden Sammlungen Kasseler Malerei von Johann Heinrich Tischbein, dem ersten Direktor der Kasseler Akademie, bis zum späten 19. Jh. anschließen. Darüber hinaus besitzt die Neue Galerie schöne Sammlungen deutscher und europäischer Malerei und Plastik des 18. und 19. Jhs. Mit der Künstlerkolonie Willingshausen in der Schwalm wirkte in Hessen bis in unser Jahrhundert hinein eines der wichtigsten Zentren heimatverbundener Malerei, die mit der internationalen Kunstentwicklung eng verbunden war. Aus der Zeit vor und nach der Jahrhundertwende ist die umfangreiche Corinth-Sammlung hervorzuheben, die in der großen Walchenseeland-

Abb. 1 Walchensee, Landschaft mit Kuh. Ölgemälde von Lovis Corinth (1921).

schaft von 1921 gipfelt (Abb. 1). Die Sammlung klassischer Moderne umfaßt charakteristische Bilder des Expressionismus, Surrealismus und der Neuen Sachlichkeit. Bei der Malerei der folgenden Epoche sind die Werkgruppen von Ernst Wilhelm Nay und Fritz Winter besonders beachtenswert.

Empfangen wird der Besucher in der Eingangshalle von der Minimal Art und der Concept Art unserer Zeit, der sich eine besonders vielseitige Sammlung von Werken Joseph Beuys' anschließt. Auch die Malerei der Gegenwart ist mit Gerhard Richter, Georg Baselitz, A.R. Penck und anderen Künstlern in der Oberlichthalle reich vertreten.

41

Literatur:
E. Herzog, Kurhessische Maler 1800–1850 (1967). – Ders., Kurhessische Maler
1850–1900 (1972). – K. Kaiser, Ein Gang durch Kassels Neue Galerie 1 (1976);
2 (1977). – B. Schnackenburg u. W. Bojeseul, Kunst der sechziger Jahre in der
Neuen Galerie Kassel (1982).

B. Schnackenburg

Vor- und Frühgeschichte

Hess. Landesmuseum, Brüder-Grimm-Platz 5. – Öffnungszeiten: Dienstag bis
Sonntag 10–17 Uhr.

Die Anfänge der Sammlungen zur Vor- und Frühgeschichte
Nordhessens in Kassel reichen mindestens in die Zeit des Landgrafen Carl zurück. Im Jahre 1708 ließ er Ausgrabungen auf der
Mader Heide durchführen, bei denen in seinem Beisein vorgeschichtliche Hügelgräber geöffnet wurden. Die Funde, die –
wie wir heute wissen – der Becherkultur und der Hallstattzeit
angehören, wurden Gegenstand einer Marburger Disputations-
schrift des Johannes Österling bzw. Johann Hermann
Schmincke mit dem Titel „Dissertatio historica de urnis sepul-
chralibus et armis lapideis veterum Cattorum" (1714). Die alten
Raritätenkabinette waren seit 1709 in dem von Carl zum
„Kunsthaus" umgebauten Kasseler „Ottoneum" untergebracht
und dem neu gegründeten Collegium Carolinum als Lehr-
sammlung angegliedert.

Für die folgenden Jahrzehnte ist die Gründung einer „Société
des Antiquités de Cassel" (1777) durch Landgraf Friedrich II.
hervorzuheben, in der auch die Erforschung des einheimischen
Altertums gepflegt wurde. Davon zeugt z. B. ein Fundbericht
von Simon Louis du Ry (1777), dem bekannten Architekten des
Museum Fridericianum in Kassel, des ersten Museumsbaus auf
dem europäischen Festland, in dem auch die prähistorische
Sammlung 1779 eine Bleibe fand (Cabinet des Antiquités de
Hesse).

Nach Gründung des Vereins für Hessische Geschichte und Landeskunde im Jahre 1834 wurde dieser vorübergehend Sammelstelle für alle im Lande gemachten Funde.

Als Eduard Pinder 1868 die Leitung des Museum Fridericianum übernahm, erhielt das Museum die Funktion der Zentralsammelstelle zurück; die Sammlungen des Geschichtsvereins aus Marburg und Kassel wurden übernommen. Nun setzte eine verstärkte Erforschung der Vorgeschichte Nordhessens ein. Pinder wie auch sein Nachfolger Johannes Boehlau führten zahlreiche Ausgrabungen durch – dazu gehören beispielsweise umfangreiche Untersuchungen auf der Altenburg bei Niedenstein und auf dem Büraberg bei Fritzlar –, wodurch sich die Sammlungen, die 1913 in das neu erbaute Hessische Landesmuseum am Wilhelmshöher Platz (heute Brüder-Grimm-Platz) umzogen, ganz erheblich vergrößerten. Boehlau war aufgrund des Preußischen Ausgrabungsgesetzes von 1914 zum ersten Denkmalpfleger für Nordhessen ernannt worden, übergab dieses Ehrenamt aber bei seiner Pensionierung im Jahre 1928 an Gero von Merhart, Universität Marburg. Seitdem gingen Museum und Denkmalpflege getrennte Wege. Die Grabungstätigkeit verlagerte sich stark auf die Seite der Denkmalpflege, wobei aber die Funde aus den Grabungen der Denkmalpflege in Nordhessen in der Regel in die Kasseler Sammlung gelangen und deren Hauptzuwachs bilden.

Nach nur begrenzt möglichem Wirken von Hans Möbius (1928–1945 Leiter der Antikenabteilung), Hans Schönberger (1946–1948) und Hermann Müller-Karpe (1948–1949) konnte Joseph Bergmann als langjähriger Leiter der Abteilung Vor- und Frühgeschichte (1951-1976) u. a. die Ausgrabungstätigkeit von Seiten des Museums wieder aufgreifen und vor allem durch eine mehrjährige Ausgrabung eines kompletten Gräberfeldes der jüngeren Bronze- und älteren vorrömischen Eisenzeit bei Vollmarshausen, Kr. Kassel, einen besonders bedeutenden Fundkomplex für die Kasseler Sammlung hinzugewinnen. Im Hinblick auf die geplante Erweiterung der Schausammlung über das gesamte Erdgeschoß ließ er Lackprofile, Nachbildungen von

Grabanlagen u. ä. anfertigen. Außerdem ist es sein Verdienst, die gesamten Bestände chronologisch und geographisch in Karteien erschlossen zu haben, wodurch sie heute für jeden Bearbeiter leicht zugänglich sind.

Zur Geschichte der Sammlung ist noch hinzuzufügen, daß diese leider auch Kriegsverluste zu verzeichnen hat – wenn auch in noch erträglichem Ausmaß. Sie betreffen insbesondere Gräberfelder der Urnenfelder- und Hallstattzeit sowie eisenzeitliche Siedlungen.

Im folgenden seien wichtige Fundkomplexe und Funde der Sammlung in Auswahl genannt. Für die Altsteinzeit ist einmal die in jahrzehntelanger Sammeltätigkeit durch Adolf Luttropp im Ziegenhainer Raum zusammengetragene Sammlung aufzuführen (Alt- und Mittelpaläolithikum, Hauptfundstellen Reutersruh bei Ziegenhain, Rörshain, Lenderscheid); sie wird durch einige Funde aus Grabungen ergänzt. Ein zweiter sehr wichtiger Komplex ist das Material der noch nicht abgeschlossenen Ausgrabungen von Buhlen bei Waldeck (mittelpaläolithische Jagdstation). Ferner sind mittelpaläolithische Lesefunde, meist aus Kieselschiefer, aus dem Raum Kassel – Fritzlar hervorzuheben.

Bandkeramische Siedlungen sind u. a. durch Ausgrabungsfunde von Hofgeismar, Kr. Kassel, Gudensberg und Arnsbach, Schwalm-Eder-Kreis, sowie Bracht, Kr. Marburg-Biedenkopf, repräsentiert. Die jungneolithische Wartberg-Gruppe ist besonders gut in der Sammlung vertreten durch Funde aus Siedlungsgrabungen auf dem Wartberg bei Kirchberg, auf dem Hasenberg bei Lohne, auf dem Güntersberg und dem Bürgel bei Gudensberg (alle Schwalm-Eder-Kreis), wie auch durch die Funde aus den Steinkammergräbern von Züschen, Schwalm-Eder-Kreis (Stein mit eingeritzten Darstellungen von Rindergespannen mit Wagen, auch Kopien der verzierten Wandsteine), Altendorf und Calden, Kr. Kassel, ferner von Lohra, Kr. Marburg-Biedenkopf. Zwei verzierte Steine von Ellenberg, Schwalm-Eder-Kreis, aus dem Jung- oder Endneolithikum sind einmalige Objekte. Glockenbecher gehören zu den Seltenheiten (Abb. 1).

Abb. 1   Glockenbecher von Eschwege, Werra-Meißner-Kreis. H. 17,9 cm.

Von frühen Metallfunden sind besonders eine verzierte Kupfer-axt mit angegossenem Stiel von Niederhone bei Eschwege, fer-ner eine Doppelaxt, die zusammen mit zahlreichen anderen Gegenständen, überwiegend Bronzen der Hügelgräber- und Urnenfelderzeit, aus den Fuldakiesen zwischen Kassel-Waldau und Bergshausen, Kr. Kassel, geborgen wurde, zu nennen. Aus der Hügelgräberbronzezeit sind reiche Funde von Unterbim-bach und Molzbach, Kr. Fulda (Abb. 2), anzuführen. Unter den Brandgräberfeldern der Urnenfelder-/Hallstattzeit steht das bereits erwähnte, komplett ausgegrabene Gräberfeld von Voll-marshausen, Kr. Kassel, mit seinen Funden an erster Stelle (wei-tere wichtige Fundorte: Dillich, Kleinenglis [Abb. 3], Melsun-

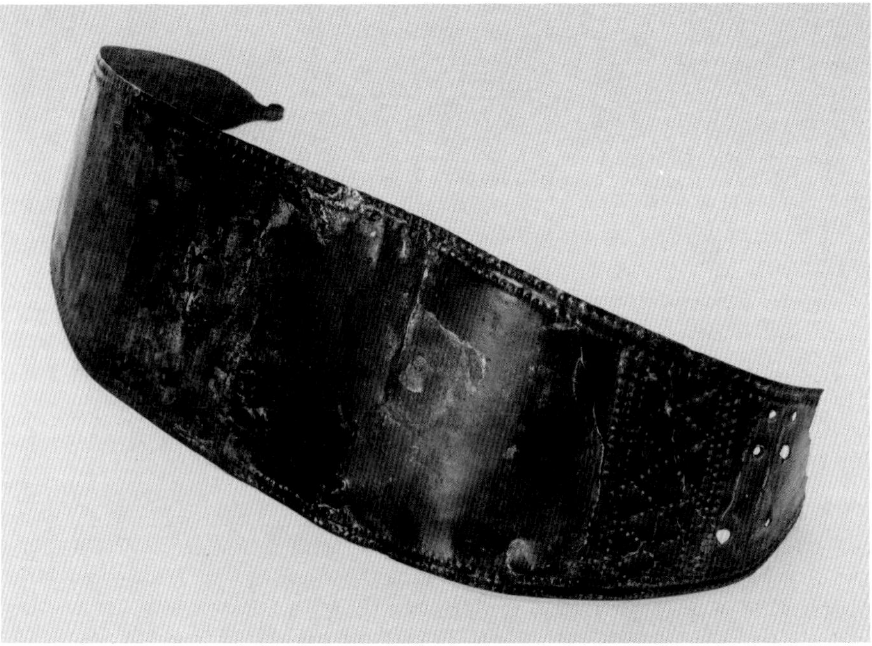

Abb. 2   Gürtelblech aus dem reichen Frauengrab bei Molzbach, Kr. Fulda. Br. 9,6 cm.

Abb. 3   Bügelplattenfibel der jüngeren Bronzezeit von Kleinenglis, Schwalm-Eder-
Kreis. Lg. 9,9 cm.

Abb. 4 Frühlatènezeitliches Gefäß von Oberbimbach, Kr. Fulda. H. 21 cm.

gen und Wolfershausen, alle Schwalm-Eder-Kreis, ferner Weimar, Kr. Kassel; wohl nur Urnenfelderzeit: Oberbimbach, Kr. Fulda, und Schröck, Kr. Marburg-Biedenkopf; wohl nur Hallstattzeit: Staatsforst Melsungen, Schwalm-Eder-Kreis, sowie Unterbimbach und Molzbach, Kr. Fulda). Für die hallstattzeitlichen Skelettgräber thüringischer Art mit Wendelringen ist als wichtiger Fundort Kassel-Wehlheiden zu nennen, für Hallstattsiedlungen Grabungsmaterial von Maden, Schwalm-Eder-Kreis.

Die Frühlatènezeit ist in der Sammlung durch Funde vom Christenberg bei Münchhausen, Kr. Marburg-Biedenkopf, und aus Gräberfeldern von Vollmarshausen und Altenbauna, Kr. Kassel, sowie Oberbimbach, Kr. Fulda (Abb. 4), vertreten, die Spätlatènezeit durch Funde aus den Oppida bzw. Höhensiedlungen auf der Altenburg bei Niedenstein, der Milseburg bei Fulda und der Amöneburg, aus Flachlandsiedlungen von Altenritte, Kr. Kassel, und Wehren, Schwalm-Eder-Kreis (mit Töpfer-

Abb. 5   Keltische Goldmünzen aus Mardorf, Kr. Marburg-Biedenkopf.

öfen), durch Teile von zwei keltischen Gürtelketten aus vermutlichen Brandgräbern von Vollmarshausen, Kr. Kassel, und schließlich durch einen Teil des Schatzfundes keltischer Goldmünzen von Mardorf, Kr. Marburg-Biedenkopf (Abb. 5). Wichtige kaiserzeitliche Funde stammen aus Siedlungsgrabungen von Maden, vor allem aber Geismar, Schwalm-Eder-Kreis, wobei letztere Siedlung bekanntlich durch das ganze erste Jahr-

Abb. 6   Fränkisches Eisenbeschläg des 8. Jhs. von der Büraburg bei Fritzlar, Schwalm-Eder-Kreis. Lg. 7,4 cm.

tausend n. Chr. existierte. Von großer Bedeutung sind ferner die frühmittelalterlichen Funde vom Christenberg (Kesterburg), Kr. Marburg-Biedenkopf, und der Büraburg, Schwalm-Eder-Kreis (Abb. 6), sowie neuerdings Grabfunde mit Goldschmuck u. a. von Kirchberg, Schwalm-Eder-Kreis, ferner früh- und spätmittelalterliche Funde aus den Grabungen in Bad Hersfeld. Darüber hinaus enthält die Kasseler Sammlung auch einige nicht aus Nordhessen stammende Funde, wovon altsteinzeitliche Vergleichsfunde, ein Hortfund der Urnenfelderzeit von Hochstadt, Main-Kinzig-Kreis, oder auch ein reicher frühmittelalterlicher Grabfund aus der Champagne als Beispiele herausgegriffen seien.

Literatur:
H. Müller-Karpe, Niederhessische Urgeschichte. Schr. z. Urgesch. 4 (1951). – H. Möbius, Geschichte und Aufgaben der Vorgeschichtsforschung im ehemaligen Kurhessen. In: W. Schiering (Hrsg.), Studia varia, Aufsätze zur Kunst und Kultur der Antike. Mit Nachträgen (1967) 150 ff. – J. Bergmann, Vor- und Frühgeschichte. In: Staatliche Kunstsammlungen Kassel, Museumsführer durch alle Abteilungen (4. Aufl. 1985). Ders., Urgeschichte – Frühgeschichte im Hessischen Landesmuseum Kassel (1956), (2. Aufl. 1965), (3. Aufl. 1972). – L. Fiedler, Jäger und Sammler der Frühzeit. Alt- und Mittelsteinzeit in Nordhessen, Vor- und Frühgeschichte im Hessischen Landesmuseum in Kassel 1 (1983).

Irene Kappel

Kunsthandwerk und Plastik

Hess. Landesmuseum, Brüder-Grimm-Platz 5. – Öffnungszeiten: Dienstag bis Sonntag 10-17 Uhr.

Mehrere Prunkstücke dieser Abteilung befanden sich schon seit dem Mittelalter in der Schatzkammer des Landgrafen von Hessen. Die berühmte, in Silber gefaßte Seladonschale stammt aus dem Erbgut der sagenhaft reichen Grafen von Katzenelnbogen. Sie ist das früheste, auf dem Kontinent nachweisbare Porzellanerzeugnis Chinas (Fassung um 1435). Aus demselben

Abb. 1 „Katzenelnbogischer Willkomm". Silbervergoldete Prunkkanne aus dem Rheinland oder aus Burgund, um 1435. H. 40,5 cm.

50

Besitz kam die silbervergoldete Schenkkanne, der sogenannte „Katzenelnbogische Willkomm", eine der bedeutendsten profanen Goldschmiedearbeiten des Mittelalters (Rheinland oder Burgund um 1435), an das Land Hessen (Abb. 1).

Die Kunstkammer, deren Entstehen Landgraf Wilhelm IV. (1567–1592) zu danken ist, bietet noch heute ein lebendiges Bild fürstlicher Sammeltätigkeit. Mit ihren Silbergefäßen, Pokalen und Kleinodien ist sie die älteste der Kasseler Sammlungen und Ursprung der übrigen Sammlungen. Die Bernstein-Kollektion gehört zu den besten der Bundesrepublik.

Mit der Eröffnung des Landesmuseums 1913 wurden neue Schwerpunkte geschaffen: mittelalterliche deutsche Plastik (Kauber Madonna um 1410, ein Hauptwerk der mittelrheinischen Plastik des weichen Stils) und Altäre aus Hessen sowie eine umfangreiche Fayencesammlung der hessischen Manufakturen und der umfassendste Bestand an Fuldaer und Kasseler Porzellan. Die bedeutende Glassammlung besteht seit landgräflichen Zeiten. In den letzten 15 Jahren konnten die großen Lükken verringert werden, die die Kriegsschäden hervorriefen – vor allem beim Meißener Porzellan und den Kasseler Silberarbeiten; außerdem waren die Bestände, die mit dem Biedermeier endeten, bis in die Gegenwart hinein zu ergänzen. So entstanden interessante Sammlungen des Historismus und des Jugendstils, in denen kaum einer der großen Namen der Zeit nicht vertreten ist. Umfangreiche Gruppen harren noch der Aufstellung, so die historischen Kostüme, die Renaissance- und Barockplastik, die Münzen, Medaillen und Plaketten, ein Teil der Möbel u. a.

Literatur:
E. Link, Die landgräfliche Kunstkammer Kassel (1974). – E. Kramer, Fuldaer Porzellan (1978). – M. Wienert, Kasseler Porzellan (1980). – Schloß Friedrichstein, Militär- und Jagdabteilung der Staatlichen Kunstsammlungen Kassel. Museumsführer (1982). – Staatliche Kunstsammlungen Kassel. Museumsführer durch alle Abteilungen (4. Aufl. 1985).

E. Schmidberger

Astronomisch-Physikalisches Kabinett und Abteilung für Technikgeschichte

Hess. Landesmuseum, Brüder-Grimm-Platz 5. – Öffnungszeiten: Dienstag bis Sonntag 10–17 Uhr.

Eine einmalige Besonderheit des Museumswesens in Kassel gegenüber anderen, vergleichbaren Städten ist seine vier Jahrhunderte alte Tradition, die exakten Naturwissenschaften und die Technik zu pflegen, welche zu den ältesten Sammelgebieten der Landgrafen von Hessen-Kassel gehören.

Das Astronomisch-Physikalische Kabinett ist der Kern dieser Sammlung, die seit 1976 um eine Abteilung für Technikgeschichte vermehrt wurde, welche auch Großgeräte bewahrt. Hervorgegangen ist das Astronomisch-Physikalische Kabinett aus der ältesten festeingerichteten Sternwarte im neuzeitlichen Europa, die der Astronomen-Landgraf Wilhelm IV., genannt „der Weise", 1560 auf den Altanen des Kasseler Stadtschlosses einrichtete. Er stellte auch Observatoren und Instrumentenmacher an, darunter ab 1579 den berühmten Uhrmacher Jost Bürgi (1552–1632). Von ihm und dem Marburger Mechaniker Eberhard Baldewein haben sich in Kassel besonders kostbare astronomische Uhrwerke, Himmelsgloben, Astrolabien und Meßinstrumente erhalten, darunter der älteste Ganzmetall-Azimutalquadrant der Welt (Nachbildungen in München und Washington). Die Sternwarten-Altane wurde 1979 im Hauptsaal des Landesmuseums rekonstruiert und mit Originalinstrumenten, aber auch funktionsfähigen, benutzbaren Nachbildungen bestückt und ausführlich beschrieben.

In der Zeit der sog. wissenschaftlichen Revolution markieren neue Instrumente wie Meilensteine den Weg der Naturwissenschaften. Aber nicht nur die Instrumente dreier Kasseler Sternwarten, sondern auch die Lehr- und Versuchsapparate des 1709 als Vorform einer technischen Hochschule gegründeten Collegium Carolinum mit einer reichen optischen Sammlung haben sich erhalten.

Abb. 1 Altägyptische Wasseruhr (Auslaufuhr) aus dem Tempel des Reichsgottes Amun zu Karnak in Unterägypten, um 1400 v. Chr., H. 35 cm (Kopie des Originals im Ägyptischen Museum, Kairo). – Nachmessungen an diesem ältesten erhaltenen künstlichen Zeitmesser ergaben eine durchschnittliche Laufabweichung der Wasseruhr von 15 Minuten pro 12 Stunden Laufdauer des Ausrinnens.

Der Uhrensaal hinter der Sternwartenhalle dokumentiert 4000 Jahre Zeitmessung an technisch sowie künstlerisch hervorragenden Objekten, angefangen mit einer originalgetreuen Nachbildung der ältesten erhaltenen ägyptischen Wasseruhr (um 1400 v. Chr.), die 1977 im Sinne einer Art experimenteller Archäologie erstmals in Dauerbetrieb genommen und eingehend nachgerechnet wurde (Abb. 1).

Der Raum Vermessungswesen wird mitgeprägt durch die optisch-feinmechanische Industrie der Stadt Kassel, welche der Hofmechaniker Landgraf Friedrichs II., Johann Christian Breithaupt, 1762 begründete. Instrumentenstiftungen aus ganz Deutschland, insbesondere 1962 von der Hamburger Staatssternwarte Bergedorf und Objekte aus der nordhessischen Industriegeschichte, sowie aus der Kasseler Höheren Gewerbeschule (1832–1888) entwickelten das Astronomisch-Physikalische Kabinett und die Abteilung für Technikgeschichte zu einer bedeutenden europäischen naturwissenschafts- und technikhistorischen Sammlung, die allerdings noch immer zu großen Teilen magaziniert ist. Der seit langem geplante Umzug beider Abteilungen mit einem 10-Meter-Projektionsplanetarium in die Orangerie wird hier Abhilfe schaffen. Dabei sollen auch technik-historische Objekte, wie z. B. der originale Fieseler-Storch Fi-156 C3, das erste in Kassel in Serie gebaute Kurzstart- und Langsamflugzeug der Welt, soweit wie möglich mit ausgestellt werden.

Literatur:
L. v. Mackensen, Neue Ergebnisse zur ägyptischen Zeitmessung, die Inbetriebnahme und Berechnung der ältesten erhaltenen Wasseruhr. Alte Uhren 1, 1978, 13–18. – Ders. mit Beiträgen von H. V. Bertele u. J. H. Leopold, Die erste Sternwarte Europas mit ihren Instrumenten und Uhren. 400 Jahre Jost Bürgi in Kassel (2. Aufl. 1982). – B. Sticker u. P. A. Kirchvogel, Documenta Astronomica (1963).

L. v. Mackensen

Volkskunde

Hess. Landesmuseum, Brüder-Grimm-Platz 5. – Öffnungszeiten: Dienstag bis Sonntag 10–17 Uhr.

Zusammen mit den übrigen landeskundlichen Sammlungen kommt den volkskundlichen Beständen im Hessischen Landesmuseum Kassel die Aufgabe zu, den hessischen Anteil am kulturellen Erbe des deutschen Volkes zu dokumentieren.
Die Schwerpunkte der umfangreichsten und bedeutendsten hessischen Volkskundesammlung liegen dabei auf den Gebie-

54

Abb. 1   Henkelkrug des Johann Wilhelm Wentzel von 1753 aus Oberau bei Altenstadt,
westl. Büdingen (links, H. 18,5 cm) und Krug aus der Wetterau von 1748 (rechts).

ten der Tracht, der Keramik, des ländlichen Mobiliars und des
Hausrates, Handwerks und der Imkerei sowie des Spielzeuges.
Rund 100 vollständige Trachten aus den verschiedenen hessischen Trachtenlandschaften dokumentieren die Entwicklung
der volkstümlichen Kleidung seit der Goethezeit. Von besonderer Bedeutung ist die Sammlung zur Töpferei in Hessen
(Abb. 1), die Bestände vom Mittelalter bis zum Ende des traditionellen Töpferhandwerks in der Gegenwart umfaßt. Mit über
2000 Objekten ist sie die umfangreichste Sammlung dieser Art
in Hessen. In der Sammlung volkstümlichen Mobiliars sind vor

allem die Schwälmer und Madener Brautstühle mit ihrem reichen Schmuck sehenswert. Die Bestände zur Dokumentation des hessischen Handwerks enthalten u. a. umfangreiche Sammlungen verschiedenster Korbformen sowie Arbeitsgeräte und Erzeugnisse zahlreicher holz- und metallverarbeitender Berufe. Ofenplatten des 16. bis 19. Jhs., Spanschachteln, Spielzeug sowie Hausrat und Arbeitsgeräte der städtischen und ländlichen Hauswirtschaft und landwirtschaftliches Gerät ermöglichen einen Einblick in die Alltagswelt der hessischen Bevölkerung bis zum Aufkommen industrieller Erzeugnisse in der Gegenwart.

Die reichen Bestände der Abteilung Volkskunde sind leider seit Jahren zur Gänze magaziniert. Es bleibt nur zu hoffen, daß sie in absehbarer Zeit wieder in einem ihrer Bedeutung entsprechenden Rahmen gezeigt werden können.

Literatur:

A. Gandert, Tragkörbe in Hessen 1 (1963). – U. Leinweber, Töpferei des Reinhardswaldes vom 12. bis zum 20. Jahrhundert (1982). – Ders., Wieviel Gunst für Volkes Kunst? Die Misere der Volkskundesammlungen des Landes Hessen. In: Aus hessischen Museen 2 (1982). – J. Naumann, Meisterwerke hessischer Töpferkunst. Wanfrieder Irdenware um 1600 (1974). – Ders., Hessische Töpferei zwischen Spessart, Rhön und Vogelsberg (1975). – Ders., Haubenschachteln (1977).

U. Leinweber

Naturkundemuseum der Stadt Kassel im Ottoneum

Steinweg 2. – Öffnungszeiten: Dienstag bis Freitag 10–16.30 Uhr; Samstag, Sonntag 10–13 Uhr.

Das Kasseler „Haus der Natur" verdient in zweierlei Hinsicht besondere Beachtung: Einerseits handelt es sich um das älteste hessische und eines der ersten mitteleuropäischen naturwissenschaftlichen Dokumentationszentren, andererseits ist es in

Abb. 1   Das Ottoneum, der älteste Theaterbau Deutschlands (1603-1606), jetzt Naturkundemuseum.

einem einmaligen Baudenkmal, dem ältesten feststehenden
deutschen Theatergebäude untergebracht (Abb. 1). Den Grundstock der erdkundlichen und lebenskundlichen Sammlungen
legten die aufgeklärten hessischen Landgrafen Wilhelm der
Weise (1567–1592) und Moritz der Gelehrte (1592–1627). Das
„Naturalienkabinett" befand sich ursprünglich als Bestandteil
der landgräflichen „Kunstkammer" im Stadtschloß über der
Fulda und nach 1580 im neuerbauten Kasseler Marstall. Im
Jahre 1696 gelangten die Sammlungen dann in das zum
„Kunsthaus" umgebaute Ottoneum. Dieses wurde 1603–1606
unter Landgraf Moritz eigens für Theateraufführungen errich-
tet – ein absolutes Novum im Deutschland jener Tage. (Der
Name soll an Moritz' früh verstorbenen Lieblingssohn Otto
[1594–1617] erinnern.) Doch schon mit Beginn des Dreißig-

57

jährigen Krieges mußte dieser fast tausend Besucher fassende Musentempel seine Pforten wieder schließen und wurde zunächst zum Gießhaus, dann zur Soldatenkirche „umfunktioniert". Unter Landgraf Karl (1670–1730) erfolgte der Umbau zum Museumsgebäude, dessen Charakter bis auf eine Kuppel (Observatorium) im Schnittpunkt der Dachfirste bis heute erhalten blieb.

Die beträchtlich angeschwollenen Kunst- und Naturaliensammlungen wurden 1779 in das unter Landgraf Friedrich II. erbaute Museum Fridericianum überführt, wo sie erstmals auch allgemein zugänglich waren. Das Ottoneum diente inzwischen anderen Aufgaben, z. B. als Studentenwohnheim, Kadettenanstalt, Steueramt, Schwurgericht, Katasteramt. Seit 1866 wehte der Preußenadler über Kassel, und 1883 kamen die Naturobjekte, nunmehr von den Kunstgegenständen getrennt, wieder in das Ottoneum zurück, bald bereichert durch die biologischen und geologischen Sammlungsbestände des Kasseler Vereins für Naturkunde (1884) sowie der Höheren Gewerbeschule (1888). Im Jahre 1929 ging das „Preußische Naturalienmuseum" schließlich in den Besitz der Stadt Kassel über, die es als „Naturkundemuseum" weiterführte, bis es in einer Bombennacht des Zweiten Weltkriegs 1943 durch Spreng- und Brandbomben schwer beschädigt wurde und über die Hälfte seiner Sammlungsschätze einbüßte. Von 1949 bis 1954 erfolgte der Wiederaufbau des historischen Museumsgebäudes im wesentlichen nach den Plänen des 17. Jhs., so daß es wieder seiner ursprünglichen Bestimmung übergeben werden konnte. Inzwischen entwickelte sich das Ottoneum mehr und mehr zur Heimstätte der zahlreichen örtlichen naturwissenschaftlichen Vereinigungen, und 1972 gründeten Kasseler Bürger zur Förderung seiner ständig wachsenden, immer vielschichtigeren Bildungs- und Forschungsaufgaben die „Gesellschaft der Freunde des Naturkundemuseums im Ottoneum zu Kassel", jetzt „Philippi-Gesellschaft zur Förderung der Naturwissenschaften".

Heute dient das Kasseler Naturkundemuseum als Schaumuseum und Bildungszentrum der Erdwissenschaften und

58

Lebenswissenschaften einerseits, sowie als Forschungsmuseum und Dokumentationszentrum für den Naturraum Nordhessen andererseits. Unter Berücksichtigung der Mikrofossilien und Mikroorganismen beträgt der Gesamtbestand derzeit annähernd 3 Millionen Naturobjekte, von denen freilich nur ein sehr geringer Teil gezeigt werden kann. In drei Stockwerken stehen dazu gegen 2000 m² Ausstellungsfläche zur Verfügung. Die jährliche Besucherzahl überstieg 1972 erstmals die 100 000-Grenze. Naturgemäß umfaßt das Ottoneum drei wissenschaftliche Abteilungen: Erdkunde (Geologie), Pflanzenkunde (Phytologie) und Tierkunde (Zoologie). Angeschlossen sind eine Handbibliothek mit rund 30 000 Schriften und ein Bildarchiv mit etwa 100 000 Dokumenten. Über die Forschungsarbeiten unterrichtet eine naturwissenschaftliche Zeitschrift, „Philippia – Abhandlungen und Berichte aus dem Naturkundemuseum im Ottoneum zu Kassel", die dem verdienten deutsch-chilenischen Naturforscher Rudolph Amandus Philippi (1808–1904), u. a. Kasseler Stadtrat, Direktor des Kasseler Polytechnikums und Mitbegründer des Kasseler Vereins für Naturkunde, gewidmet ist.

In den beiden unteren Stockwerken findet der Besucher die zoologische Schausammlung, die vornehmlich einen Überblick über die wichtigsten heimischen und fremdländischen Tiergruppen und ihre Verwandtschaftsbeziehungen geben soll. Daß sich besonders unter den Säugetieren zahlreiche Jagdtrophäen verbergen, ist historisch bedingt. Dazu gehört auch das älteste erhalten gebliebene zoologische Schaustück, ein ungewöhnlich geformtes überschweres Gehörn eines 1588 im Landkreis erlegten Rehbocks. Von ungleich größerem wissenschaftlichem „Gewicht" ist jedoch der sogenannte „Goethe-Elefant", jenes erste jemals in Deutschland präparierte Elefantenskelett, an dem der berühmte Dichterphilosoph seine vergleichend-morphologischen Untersuchungen über den Zwischenkieferknochen anstellte (Abb. 2). Von den zahlreichen Belegsammlungen der Zoologischen Abteilung können hier nur einige besonders bemerkenswerte herausgegriffen werden, z.B. die

Abb. 2 Der „Goethe-Elefant", erstes in Deutschland präpariertes Elefantenskelett (1780), an welchem Goethe vergleichend-osteologische Untersuchungen anstellte.

Kaufmannsche Säugersammlung, die Matzkosche Vogelsammlung, die Ochs'sche Eiersammlung, die Leiningersche Hautflüglersammlung, die Eisenachsche Käfersammlung, die Linacksche Kleinschmetterlingssammlung, die Reuhlsche Großschmetterlingssammlung. Lehrzwecken dienen die in die zoologischen Schauräume eingegliederten Aquarien und Terrarien mit ständig wechselndem Tierbestand, die sich großer Beliebtheit erfreuen.

Die geologische Schauabteilung im Mittelgeschoß informiert über den Aufbau der Erdkruste und die Entwicklung der sie bevölkernden Lebewesen unter besonderer Berücksichtigung des nordhessischen Naturraums. Nach modernen Gesichtspunkten sind bisher der Mineralien- und der Sauriersaal gestaltet. Der historisch interessierte Besucher findet hier u. a. das älteste natürliche geologische Profil aus Hessen (Schichtenfolge des Richelsdorfer Gebirges: 1783; Abb. 3) oder die bekannte Leonhardsche Gesteinssammlung (1800–1832), Grundlage verschiedener zeitgenössischer Lehrbücher. Von den sehr wertvollen Forschungssammlungen der Geologischen Abteilung seien

Abb. 3   Ältestes natürliches geologisches Schauprofil Hessens: Schichtenfolge des Richelsdorfer Gebirges (1783).

wiederum nur einige stellvertretend aufgeführt, z. B. die Mildesche Saurierfährtensammlung, die Bussesche Muschelkalksammlung, die Kuster-Wendenburgsche Kleinschneckensammlung, die Rösingsche Armfüßersammlung, die Schulzsche Kammerlingssammlung, die Jacobshagensche Eiszeitsammlung. Umfangreiche Depotsammlungen bergen darüber hinaus Vergleichsmaterial aus allen Erdperioden.

Im Gegensatz zu anderen Naturmuseen wurde im Ottoneum die Pflanzenkunde stets besonders gepflegt. So nimmt es nicht wunder, daß z. B. in Kassel die älteste systematische Pflanzensammlung Deutschlands (Herbar Ratzenberger: 1556–1592; Abb. 4) und die seinerzeit bedeutendste Holzsammlung überhaupt (Schildbachsche Xylothek: 1771–1799) verwahrt werden. Hinzu kommen Forschungssammlungen von Weltrang, u. a. die Krasskesche Kieselalgensammlung, die Follmannsche Flechtensammlung, die Grimmesche Moossammlung, die Schulzsche Gallen- und Minensammlung. Ein Nordhessenherbar dient als „Datenbank" für die Florenkartierung in diesem Naturraum. Die botanische Schausammlung, welche nicht nur die Entwicklungsgeschichte des Pflanzenreichs, sondern auch die Bedeutung der Pflanzendecke im Naturhaushalt veranschaulichen soll, befindet sich im Obergeschoß. Gesonderte Schaubereiche sind der Getreideentstehung, den Arzneipflanzen, den Holzgewächsen sowie den Großpilzen gewidmet.

Literatur:

K.-J. Euler, Aus der Geschichte der Naturwissenschaften in Kassel. Prisma 76, 1976, 44–56 (11); 44–60 (12). – G. Follmann, Alte und neue Pflanzensammlungen des Naturkundemuseums im Ottoneum zu Kassel. Aus hess. Museen 1, 1975, 49–54. – Ders., Kassel. Naturkundemuseum der Stadt Kassel im Ottoneum. In: Museen in Hessen (Hrsg. Hessischer Museumsverband e. V. Kassel; 2. Aufl. 1979) 279–283. – H. Hartleb, Deutschlands erster Theaterbau (1936). – E. Kuster-Wendenburg u. S. Riedel, Schule im Museum (1978). – A. Lenz, Führer durch das Naturalienmuseum zu Kassel (1886). – V. Lucan, Naturkundliche Chronik des Raumes Kassel. Vogelk. Mitt. Kassel 2, 1978, 18–36.

G. Follmann

Abb. 4   Probeblatt aus der ältesten Pflanzensammlung Deutschlands: Herbar Ratzenberger (1556-1592).

Das Deutsche Tapetenmuseum in Kassel

Brüder-Grimm-Platz 5. – Öffnungszeiten: Dienstag bis Freitag 10–17 Uhr, Samstag, Sonntag und an Feiertagen 10–13 Uhr.

Zur Vielfalt der kulturhistorischen Einrichtungen in Kassel trägt seit dem Jahr 1923 auch das bis heute privat betriebene Tapetenmuseum bei. Finanziert wird es ausschließlich aus Mitgliedsbeiträgen und Spenden eines schon 1920 gegründeten Trägervereins, dem Tapetenhersteller und -händler angehören und dem kürzlich auch die Stadt Kassel beigetreten ist. Nirgendwo sonst existiert eine Sammlung, die sich ausschließlich mit historischen Papiertapeten befaßt, cirka 10 000 komplette oder fragmentierte Dekors aus den letzten 300 Jahren zusammengebracht hat und 600 davon in einer reichen Schauausstellung präsentiert. In 20 kontrastvollen Räumen wird Tapete als Lebenshintergrund und historisches Dokument erlebbar.

Das Tapetenmuseum hütet fast nur Raritäten, vielfach Unika aus einst zahlenstarken Auflagen. In kaum einem anderen Bereich ist es so schwierig, festzuhalten, was einmal existierte, weil allenthalben Tapete auf Wänden zerstört, weggeworfen oder zumindest überklebt wird. Ihr eigener Imitations-Charakter in Vortäuschung wertvollerer Wandbekleidungen oder Ausmalungen ist der Erhaltung von Nachteil. Papiertapeten sind Surrogate in Massenherstellung. Schon die frühesten (bald nach 1750) sind Farbholzschnitte, wobei nicht scharfer Umriß oder gar Schraffuren, sondern flächiger Tonplattendruck beabsichtigt war. Für jede Druckfarbe benötigte man einen separaten hölzernen Model. Puzzleartig wurden dann diese Modeln auf Papierbahnen abgeklatscht, die bis cirka 1830 noch keineswegs endlos geschöpft werden konnten, sondern aus diversen Einzel-Papierbögen gestückt werden mußten. Erst die Mechanisierung ermöglichte „endlos" rotierende Walzen und den heute gebräuchlichen engen Rapport in der Wiederkehr immer des gleichen Druckbildes. Deshalb sind auch die frühen Höchstleistungen längst wieder außer Gebrauch: die ohne Wiederkehr

64

Abb. 1   Raum mit floralen Tapeten aus 130 Jahren.

ins Panorama verbreiterten Landschaftstapeten, mit oder ohne Figuren, ferne Länder vorstellend, Literarisches illustrierend oder Zeitgeschehen darstellend. Das Museum zeigt 15 verschiedene Bildtapeten von bis zu 16 m Breite, wie auch illusionistische Deckentapeten, Friese, Bordüren und Sockel aus bedrucktem Papier, aber auch Stilgeschichte anhand der verschiedenartigsten Ornamentsysteme und Nationalcharaktere, florale Muster vom Naturalismus bis ins Abstrakte (Abb. 1), sogenannte Struktur-Oberflächen, reliefiert und zuweilen mit Wollstaub beklebt, bzw. mit dünner Metallbeschichtung. Schließlich werden auch „Buntpapiere" (Vorsatz bei Buchbindereien) als Tapete im Kleinen gesammelt, firmengeschichtliche Dokumente und Veröffentlichungen.

Literatur:

H. Olligs (Hrsg.), Tapeten, ihre Geschichte bis zur Gegenwart (1970). – E. W. Mick, Hauptwerke des Deutschen Tapetenmuseums in Kassel (1981).

E. W. Mick

Stadtmuseum

Städtisches Kulturhaus, Ständeplatz 16. – Öffnungszeiten: Dienstag bis Freitag 10–17 Uhr, Samstag und Sonntag 10–13 Uhr.

Das Stadtmuseum ist Kassels jüngstes Museum. Seit seiner Gründung 1979 wurden umfangreiche und sehenswerte Sammlungen zur Sozial- und Kulturgeschichte der Stadt Kassel aufgebaut, die wegen Raummangels bisher der Öffentlichkeit nur zum Teil zugänglich gemacht werden konnten. Die Einrichtung eines eigenen Museumsbaus ist geplant; bis zu seiner Fertigstellung sollen Ausstellungen zu Einzelthemen der Stadtgeschichte gezeigt werden.

Die Funktion, die Kassel über 700 Jahre lang als Hauptstadt Hessens – ab 1866 Hessen-Nassaus – hatte, haben Selbstverständnis und Selbstdarstellung der spezifisch städtischen Kräfte gegenüber den fürstlich-staatlichen zurücktreten lassen. Im Stadtmuseum begegnen nun die Einwohner Kassels ihrer Geschichte und können aktiv am Aufbau der Bestände, ihrer Präsentation und Interpretation mitarbeiten.

Für Sammlung und Ausstellung ergeben sich dabei drei Schwerpunkte:

1. Die Entwicklung des Kasseler Stadtraumes und des Stadtbildes: Kassel leidet nach Zerstörung und Wiederaufbau darunter, daß seine Identität nicht mehr oder doch nur sehr schwach am Stadtbild ablesbar ist. Besondere Bedeutung erhält hier das untergegangene Stadtbild (Abb. 1) in seiner kunsthistorischen Entwicklung und seiner Abhängigkeit von den geistigen, wirtschaftlichen und sozialen Kräften der Stadt.

66

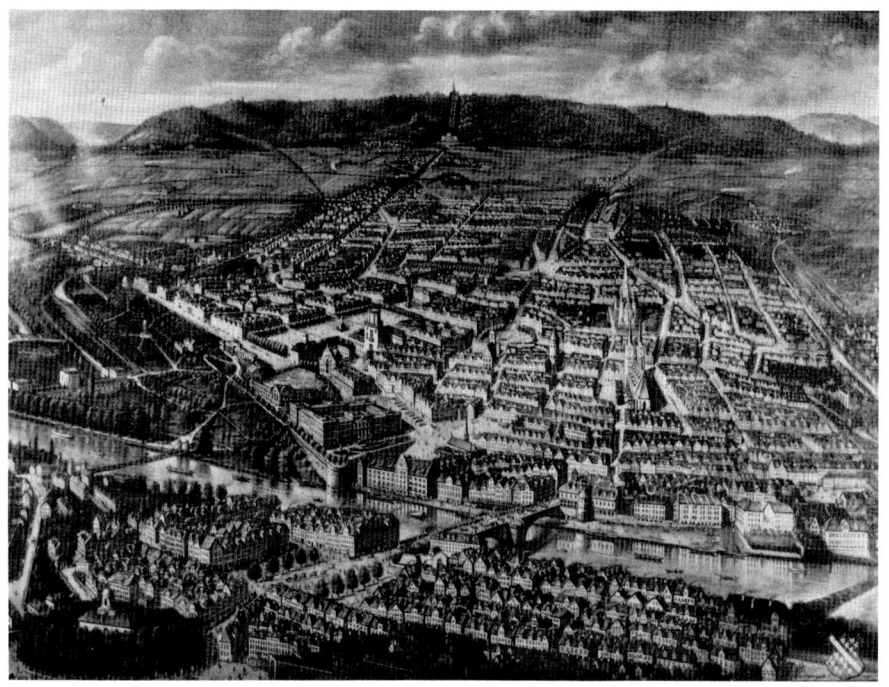

Abb. 1   Ansicht der Stadt Kassel. Gemälde von Wilhelm Lüttebrandt (1898).

2. Die Wohn- und Arbeitswelt der Kasseler Bevölkerung in ihrer geschichtlichen Entwicklung.
3. Die Darstellung der gesellschaftlichen Gruppen, Einzelpersönlichkeiten, besonderen Ereignisse und Probleme der Stadtgeschichte.
Große Bedeutung hat in den letzten Jahren die Stadtarchäologie erlangt. Das Stadtmuseum führte 1980 eine Grabung durch, die Verlauf und technische Ausrüstung der Wasserleitung im Stadtteil Wolfsanger erforschte. Eine Ausgrabung 1981/82 beiderseits der mittelalterlichen Stadtmauer an der Obersten Gasse gibt Aufschluß über die Kasseler Stadtbefestigung vom 14. bis 18. Jh. und überraschte durch besonders reichhaltige Keramikfunde der frühen Neuzeit.

Information und Besichtigung der Bestände auf Anfrage (Tel.: 787-4078).

K.-H. Wegner

Louis Spohr-Gedenk- und Forschungsstätte
– Museum und Archiv –

Schöne Aussicht 2, Schloß Bellevue. – Öffnungszeiten: Freitag 15–17 Uhr und nach Vereinbarung.

Louis Spohr war nicht nur ein bewunderter Geiger, Dirigent und geschätzter Komponist der frühen Romantik, auch seine Bedeutung als Begründer der letzten großen deutschen Geigerschule – in der Musikforschung „Kasseler Schule" genannt – ist unbestritten. Die Gedenk- und Forschungsstätte sammelt deshalb als einziges Institut der Welt alles über Geiger, Geigen und Geigenbauer sowie alle Kompositionen für die Violine (ausgenommen Tanz- und Unterhaltungsmusik).

Das Institut entstand aus dem seit 1954 aufgebauten Archiv der Internationalen Louis Spohr Gesellschaft. Der Museumsteil ist in vier Räumen des barocken Palais Bellevue untergebracht. Dort wird neben dem Leben und Schaffen Spohrs auch die bis nach Rußland, Skandinavien, Süditalien und Amerika reichende Breitenwirkung der sog. „Kasseler Schule" sowie die gesamte Entwicklung des Violinspiels und des Geigenbaus von den Anfängen bis zur Gegenwart dokumentiert. Zu sehen sind einige historisch wertvolle Musikinstrumente, beispielsweise der Streicher-Flügel Spohrs, auf dem neben vielen anderen Meyerbeer, Moscheles, Mendelssohn-Bartholdy, Clara Schumann und Franz Liszt musiziert haben; Ziertaktstöcke aus dem vorigen Jahrhundert, Biedermeiermöbel aus Spohrs Besitz, Skulpturen – als wertvollstes Stück ein David d'Angers zugeschriebenes Wachsrelief Niccolo Paganinis –, über 100 bildnerische Darstellungen von Musizierenden, Musikstätten, Musikern – hauptsächlich namhaften Geigern –, Dichtern und

Mäzenaten. Ferner sind ausgestellt autographe Partituren, Kompositionsskizzen, Briefe, Korrekturexemplare, Erstdrucke von Violinkompositionen und -schulen, Programmheften, Einlaßkarten, Visitenkarten, persönliche Erinnerungsstücke an berühmte Geiger, Modelle und bibliophile Schriften zur Geschichte des Geigenbaus.

In den Magazin- und Arbeitsräumen werden über 5000 Titel, Autographen, Notenerstdrucke, Bücher, Akten, Porträts, Graphikblätter, Fotos, Programme, Zeitungsausschnitte sowie 15 000 Mikrofilmaufnahmen von schwer zugänglichen Originalhandschriften und Tonträger verwahrt. Seit kurzem ist hier auch das von dem Familienforscher und Verleger Oswald Spohr aufgebaute „Spohr'sche genealogische Archiv" benutzbar, eine Sammlung von mehreren tausend Dokumenten über die Großfamilie Spohr, zu der neben Künstlern und Wissenschaftlern u. a. auch Otto v. Bismarck gehörte.

H. Homburg

Brüder Grimm-Museum

Schöne Aussicht 2, Palais Bellevue; Verwaltung und Archiv: Brüder-Grimm-Platz 4 A. – Öffnungszeiten: Ausstellung Montag bis Freitag 10–17 Uhr; Samstag, Sonntag 10–13 Uhr. Verwaltung und Archiv Montag bis Freitag 10–16 Uhr.

In der Zeit von 1798 bis 1829 war Kassel Wohnsitz der Brüder Jacob und Wilhelm Grimm. Obwohl sie in Hanau geboren waren und in Steinau ihre Kindheit verbrachten, ist Kassel ihre eigentliche Heimat geworden. Sie gingen in dieser Stadt zur Schule und arbeiteten viele Jahre als Hofbibliothekare an der Landesbibliothek. Hier entstanden ihre ersten wissenschaftlichen Arbeiten, die heute noch Grundlagen unserer Sprachforschung und Grammatik sind.

Auch das Deutsche Wörterbuch, das erst 1961 abgeschlossen werden konnte, wurde von Jacob und Wilhelm Grimm begonnen. Sie widmeten sich im Laufe ihres Lebens unermüdlich der

Erforschung deutscher Volksdichtung, vor allen Dingen aber der Gestaltung der Kinder- und Hausmärchen. Mit der Hilfe u. a. von Catharina Dorothea Viehmann – der berühmten „Märchenfrau" – sammelten sie im Laufe der Jahre mehr als 200 Märchen, deren erste Ausgabe bereits 1812 in Berlin erschien. 1959 gründeten die Brüder Grimm-Gesellschaft und die Stadt Kassel das Brüder Grimm-Museum. Seit 1972 befindet es sich im Palais Bellevue, einem kleinen Schloßbau des 18. Jhs. Zu den Museumsbeständen gehören Stücke aus der bedeutenden Kasseler Grimm-Sammlung, eine Schenkung Nora Hassenpflugs, der Urenkelin Lotte Grimms, und zahlreiche Neuerwerbungen der letzten Zeit.

In einer ständigen Ausstellung sieht man viele liebenswerte Erinnerungsstücke aus dem Leben der Brüder und ihrer Familienangehörigen. In Briefen, Handschriften und Erstausgaben läßt sich das Wirken der Brüder auf den Gebieten der Sprachforschung und Literaturwissenschaft verfolgen.

Faszinierend und von großem ästhetischem Reiz sind die zahlreichen Märchenillustrationen und die Übersetzungen der verschiedenen Völker. Hier erkennt man, welche Verbreitung diese Märchen auf der ganzen Welt fanden.

Auch der künstlerische Nachlaß des „Malerbruders" Ludwig Emil Grimm befindet sich im Besitz des Museums. Er arbeitete lange Zeit in Kassel als Künstler und Akademieprofessor und hielt das Leben seiner Brüder in Bildern, Aquarellen und Zeichnungen fest.

Durch intensive Zusammenarbeit mit der Murhardschen und Landesbibliothek entwickelte sich das Brüder Grimm-Museum zu einer internationalen Forschungsstätte, der einzigen, die sich ausschließlich dem Leben und Wirken der Brüder Grimm widmet.

Die umfangreiche Handbibliothek und das Archiv des Museums sind nach vorheriger Vereinbarung auch der Öffentlichkeit zugänglich.

Literatur:

L. Denecke, Jacob Grimm und sein Bruder Wilhelm (1971). – D. Hennig, Brüder Grimm-Museum Kassel. Katalog der Ausstellung im Palais Bellevue. Kasseler Quellen und Studien 4 (1973). – A. Stommen, Kleiner Führer durch das Brüder Grimm-Museum in Kassel. Schriften der Brüder Grimm-Gesellschaft e. V. 2 (1981).

D. Hennig

Gesamthochschulbibliothek- und Handschriftenausstellung Kassel

Landesbibliothek und Murhardsche Bibliothek der Stadt Kassel, Brüder-Grimm-Platz 4 A. Handschriftenausstellung im Bibliotheksgebäude. – Öffnungszeiten: Montag bis Freitag 14–18 Uhr.

In der Handschriftensammlung der alten Landesbibliothek – jetzt Teil der Gesamthochschul-Bibliothek – werden rund 5000 Handschriften verwahrt. Nur der geringste Teil davon war zur Zeit der Gründung der Bibliothek 1580 schon in Kassel. Dieser Grundstock, die Privatbibliothek des Landgrafen Wilhelm IV. von Hessen-Kassel (1532–1592) sowie Bücher aus säkularisierten Klöstern Hessens, wurden zunächst im neuen Kanzleigebäude im Renthof aufgestellt. Wilhelms Nachfolger bereicherten die Bibliothek je nach Interessengebieten und Zeitläuften: Moritz der Gelehrte (1572–1632) ist ein hervorragendes Beispiel dafür, daß man nach einer gewissen Zeit mangelndes politisches Geschick eines Mannes gern vergißt, wenn er nur Dinge schuf, die der Freude der Nachwelt dienen. Er erweiterte den Buchbestand um eine der bedeutendsten Alchemica-Sammlungen Deutschlands und um eine Notensammlung mit außerordentlich wertvollen Stücken. Zudem hat er das Verdienst, Heinrich Schütz entdeckt und für einige Zeit an den Kasseler Hof gezogen zu haben.
Aus dem berühmten Fuldaer Bonifatius-Kloster gelangten dann im Dreißigjährigen Krieg jene Kodizes in insularer und karolingischer Schrift nach Kassel, derentwegen die Stadt heute in Fachkreisen so hohes Ansehen genießt; darunter u. a. das Hilde-

brandlied und die Kasseler Glossen. 1686 kamen durch Erbschaft aus Heidelberg 5300 Bände nach Kassel – die sog. ‚Jüngere Palatina' im Gegensatz zur älteren, die jetzt im Vatikan liegt –, darunter der textgeschichtlich bedeutsame ‚Kasseler Totentanz' (um 1450) und das inzwischen faksimilierte reizvolle ‚Vogel-, Fisch- und Thierbuch' Leonhard Baldners aus Straßburg. Nicht zu vergessen die umfangreichste, älteste und philologisch korrekteste lexikalische Zusammenstellung der ‚Tironischen Noten', einer auf die Antike zurückgehenden Kurzschrift (Handschrift, Nordfrankreich um 800). Der Stenographenbund Gabelsberger, der in Kassel 1982 sein 100jähriges Bestehen feierte, fühlte sich 1914 verpflichtet, bedeutende Gelder für eine aufwendige Faksimilierung zur Verfügung zu stellen.

1804 wurden im Zuge der Säkularisierung Mainzischer Klöster auf jetzt hessischem Territorium u. a. rund 200 Handschriften aus dem Kollegiatstift St. Peter in Fritzlar nach Kassel überführt. Es sind dies meist liturgische, juristische und medizinische Kodizes aus dem 12.–16. Jh., darunter Prachtmissalia mit schönen Stifterbildern.

1941 verbrannte die Landesbibliothek – damals im Fridericianum, wo sie sich seit 1913 befand – fast völlig, nur die Handschriften wurden, wenn auch stark beschädigt, gerettet. Auch an Auslagerungsorten erlitt die Bibliothek Verluste. Nach langen Irrfahrten kehrten der Hildebrandlied-Kodex (Abb. 1), der Kasseler ‚Willehalm' (die kunsthistorisch bedeutendste Handschrift eines Wolfram-Epos überhaupt) und der Kasseler Cicero (De inventione rhetorica, Fulda, 11. Jh.) zurück. Wertvolle andere Kodizes werden noch schmerzlich vermißt.

Die Ausstellung soll an ausgesuchten Objekten exemplarisch auf die Entstehung einer solchen Handschriftensammlung verweisen, aber auch Anschauungsmaterial zur Schrift- und Geistesgeschichte des Mittelalters darbieten. Vitrinen und Wandbilder zeigen Beispiele aus Liturgie und Theologie, der deutschen, lateinischen und italienischen Literatur (genannt sei der fein ausgemalte Petrarca-Kodex aus dem 15. Jh.), den artes libe-

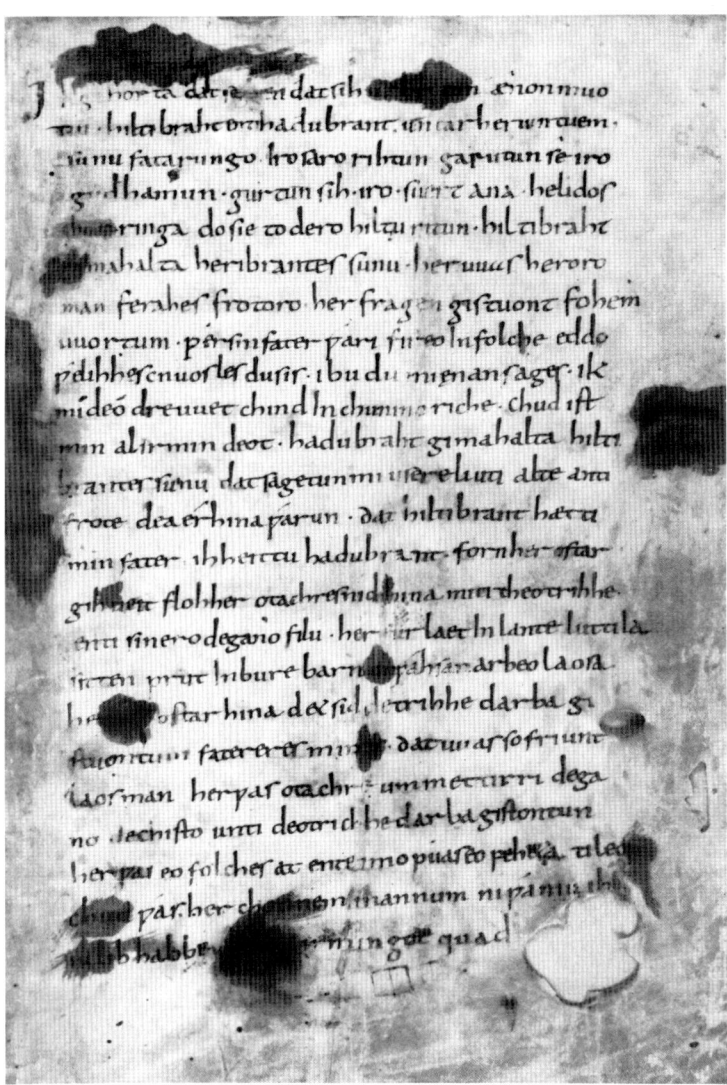

Abb. 1   Hildebrandlied, 1. Hälfte des 9. Jhs.

rales und artes mechanicae. Ein prächtig und intim zugleich aus-
gemaltes Brevier (Frankreich, um 1400), ein Autograph des Kir-
chenschriftstellers Otloh von St. Emmeram (11. Jh.), ein bezau-
berndes Cantatorium aus dem Besitz der Kaiserin Kunigunde,
die 1039 im benachbarten Kloster Kaufungen starb, vermitteln
einen Eindruck davon, daß wir auch die Menschen hinter den
Objekten sehen müssen, um den rechten Zugang zu finden.
Die Naturwissenschaften sind vertreten durch das Astronomi-
cum Caesareum des Peter Apian (Ingolstadt 1540), Wilhelms IV.
Handexemplar und sein eigenhändiges Sternenverzeichnis von
1593; da sind der kleine und ungemein exakte Portulanatlas des
Baptista Agnese, 1542, der Pseudo-Apuleius und Pseudo-Anto-
nius Musa, ein Pflanzenbuch aus dem 9. Jh. mit eindrucksvollen
Darstellungen der Fürsten der Medizin aus Mythologie und
Geschichte, der geheimnisvolle ‚Splendor Solis‘ von 1584 mit
symbolträchtigen Darstellungen aus der Alchemie, die älteste
griechische alchemistische Handschrift in Deutschland mit
einer magischen Eintragung des englischen Alchemisten John
Dee, die Goethe wohl bei einem seiner Kasseler Besuche gesehen und die ihn zu seinem vertrackten ‚Hexen-Einmaleins‘ im
Faust I veranlaßt hat.
Nicht zu vergessen die älteste Handschrift des ‚Reinhart Fuchs‘
(um 1200), die wie so manches zu Akteneinbänden zweckent-
fremdet worden war, so aber wenigstens überlebte. Dazu Band 1
der 42-zeiligen Gutenberg-Bibel (Mainz, 1455/56), ein prächti-
ger Band, der erst vor einigen Jahren auf dem Dachboden des
Pfarrhauses in Immenhausen bei Kassel entdeckt und von der
Kirchengemeinde Immenhausen der Bibliothek als Leihgabe
zur Verfügung gestellt wurde.
Im Vorraum wird zur Zeit anhand ausgesucht kostbarer Noten-
beispiele ein Eindruck vom regen Kasseler Musikleben des 16.
bis 18. Jhs. vermittelt.

Literatur:
W. Hopf (Hrsg.), Die Landesbibliothek Kassel 1580–1930. Teil 2: G. Struck, Handschriftenschätze der Landesbibliothek Kassel (1930). – M. Kremer (Bearb.), Manuscripta iuridica. Die Handschriften der Murhardschen Bibliothek der Stadt Kassel und Landesbibliothek 2 (1969). – H. Broszinski (Bearb.), Manuscripta medica. Die Handschriften der Murhardschen Bibliothek der Stadt Kassel und Landesbibliothek 3, 1 (1976). – Ex Bibliotheca Cassellana. 400 Jahre Landesbibliothek (1980). – H. Broszinski, Die Handschriften-Ausstellung der Gesamthochschul-Bibliothek – Landesbibliothek und Murhardsche Bibliothek der Stadt Kassel. In: Aus hessischen Museen 3 (1983) 89 ff. – Ders., Kasseler Handschriftenschätze (1985).

H. Broszinski

EXKURSION I:
VOLLMARSHAUSEN – BAD KARLSHAFEN –
HOFGEISMAR

Das Gräberfeld der jüngeren Bronze- und älteren Eisenzeit bei Vollmarshausen

Zufahrt: Von Kassel die B 7 bis Niederkaufungen. Von hier Landstraße in Richtung Vollmarshausen. Etwa 1 km vor Ortsbeginn dem rechts abbiegenden Feldweg folgen, der um den Sandhügel herum in das Gelände des Gräberfeldes führt.

Das Gräberfeld liegt im östlichen Kasseler Becken, im Talkopf einer kleinen Quersenke, die von Südwesten her in den Lindenberg, eine Erhebung, die von den bewaldeten Höhen der Söhre in das Kasseler Becken vorspringt, einschneidet. Der genauere Fundplatz heißt „Auf dem Sandhügel", und in ihm wurde das Gräberfeld angelegt. Der Friedhof zieht sich in Form eines unregelmäßig länglichen Dreiecks von Südwesten nach Nordosten, bei einer maximalen Breite von etwa 100 m und einer Länge von etwa 220 m. Die Südwest- und die Südostseite verlaufen einigermaßen gerade, weil hier schwerere Böden der Belegung wohl Einhalt geboten, während die Nordwestseite, so wie das ganze Gräberfeld im leichten Sandboden gelegen, mehrere Ausbuchtungen aufweist. Die Südwestseite wird dazu vom „Breiten Weg" begrenzt, einem im Gelände erhaltenen Teilstück eines alten Höhenweges, der von der im südlichen Kasseler Becken gelegenen Fuldafurt bei Bergshausen über den Lindenberg und die bewaldeten Anhöhen zwischen Fulda und Werra nach Thüringen zog. Er ist der Vorgänger der Leipziger Straße, die von Kassel herkommend, auf der nördlichen Seite des Lindenberges im Tal des Lossebaches verläuft (Abb. 1).
Das Gräberfeld wurde in den Jahren 1961–1964 vollständig ausgegraben und erbrachte 252 Brandgräber, dazu 45 meist grubenartige Kultstellen und zahlreiche, der gleichen Fundart angehörige Scherbenfundstellen; schließlich noch nach den Beigaben zu bestimmende Überreste von zwei Skelettgräbern aus der Endzeit des Gräberfeldes. Geringfügige Zerstörungen aus früherer Zeit lassen eine Gesamtzahl von ehemals 280 Brandgräbern denkbar erscheinen. Das Gräberfeld dürfte zu

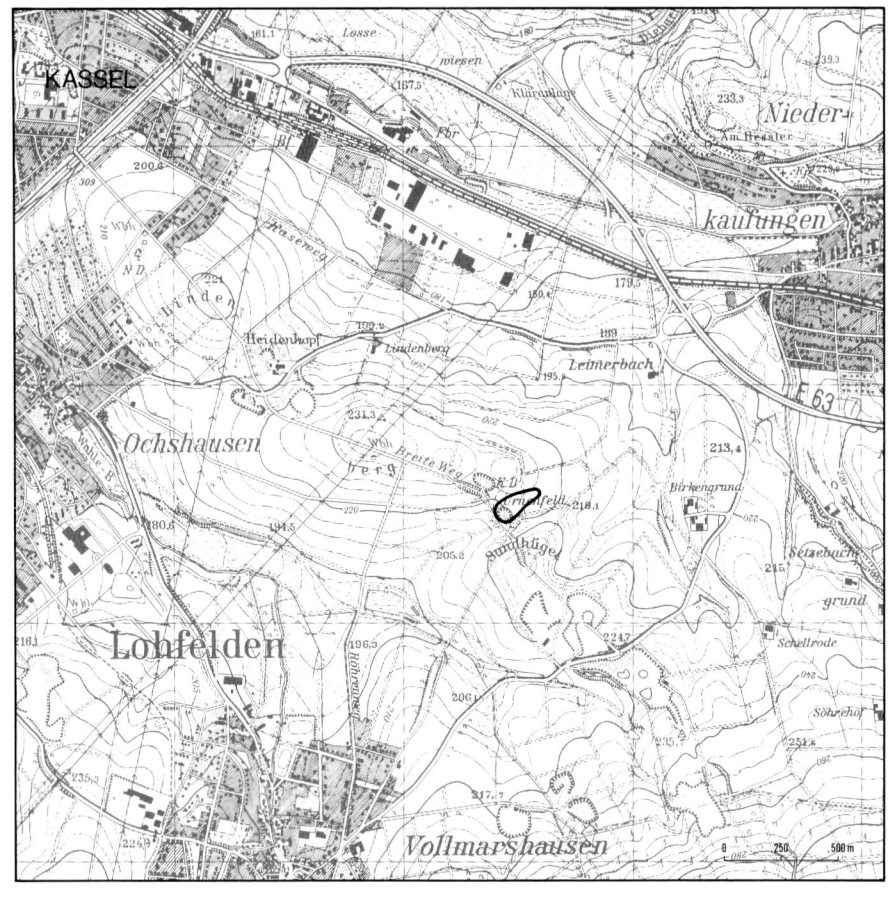

Abb. 1   Lage des Gräberfeldes am „Breiten Weg" in Vollmarshausen.

den wenigen völlig ergrabenen Nekropolen dieses Zeitraumes
in Mitteleuropa gehören.

Der Ausgrabung im Gelände schloß sich eine „Zweitausgra-
bung" aller en bloc transportierbaren Gräber in den Werkstät-
ten und Labors der Vor- und Frühgeschichtlichen Abteilung des
Hessischen Landesmuseums Kassel an, die von 1965—1970

dauerte. Dabei wurde auch eine chemische Untersuchung von Bodenproben vorgenommen, die aus Beigefäßen, Urnen, Grabgruben und anderen Fundstellen entnommen waren, sowie eine anthropologische Bestimmung der Leichenbrände durchgeführt. Waren auch schon früher einzelne Gräber aus anderen Epochen in den Museen zusätzlich und mit Erfolg untersucht worden, so stellt eine solche Werkstatt- und Laboruntersuchung eines ganzen Gräberfeldes ein Novum dar. Die dabei erreichte Quellenvermehrung und der dadurch ermöglichte Fortschritt in der Erkenntnis wiegen die aufgewandten Mühen auf und lassen uns hoffen, daß unser Beispiel Schule machen möchte. Das ganze Unternehmen wurde durch Beihilfen der Deutschen Forschungsgemeinschaft finanziell getragen.

Das Gräberfeld beginnt mit der Stufe Hallstatt A 2 und endet in der Stufe Hallstatt D (etwa von 1100 v. Chr. bis in das 6. Jh. v. Chr.). Eine solche lange Kontinuität dürften, entgegen früheren, forschungsgeschichtlich begründeten Auffassungen, vermutlich alle oder zum mindesten die meisten der Brandflachgräberfelder Niederhessens besessen haben. Auf unserem Friedhof wurde mehr oder weniger gleichzeitig auf sechs Grabfeldbezirken bestattet, die einzelnen Familien zuzuordnen sind, die jeweils in einem Grabfeld bestatteten. Nach ihrer Lage sind die Bezirke mit West, Nord I, Nord II, Süd, Ost I und Ost II bezeichnet. Der Gründerfamilie West (bei der sich auch eine Art „Gründergrab" fand) folgten nach etwa 1—2 Generationen die Familien der Bezirke Nord I und II, Süd und Ost I, während die Familie des Bezirks Ost II erst innerhalb der Stufe Hallstatt B begann, ihren Friedhofsplatz zu belegen (Abb. 2). Die Belegung des Gräberfeldes läßt sich gliedern in eine „Frühzeit" (Stufen Hallstatt A 2 und B 1), eine „Mittelzeit" (Stufe Hallstatt B 2/3) und eine „Spätzeit" (Stufe Hallstadt C und D). Die Belegung der Bezirke Nord I, Nord II und Süd endete zu Beginn oder während der Stufe Hallstatt C, während die Bezirke West, Ost I und Ost II ihren Abschluß erst in der Stufe Hallstatt D fanden.

Am zahlreichsten auf dem Bezirk West, daneben aber auch auf den Bezirken Nord I und II, Süd und Ost I, waren Grabformen

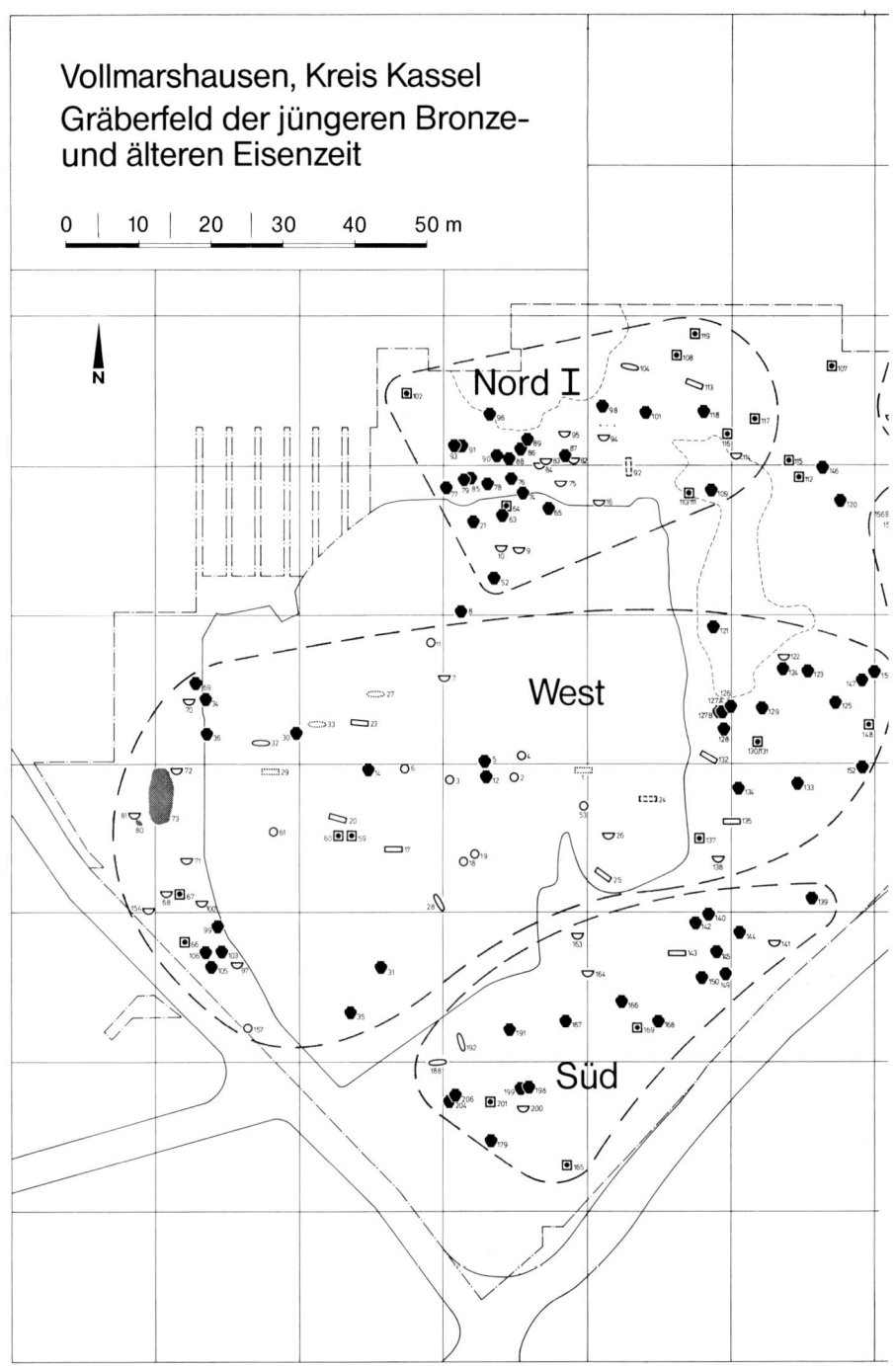

Vollmarshausen, Kreis Kassel
Gräberfeld der jüngeren Bronze-
und älteren Eisenzeit

0 | 10 | 20 | 30 | 40 | 50 m

N

Nord I

West

Süd

Abb. 2 Plan des Gräberfeldes Vollmarshausen (Anschluß auf gegenüberliegender Seite).

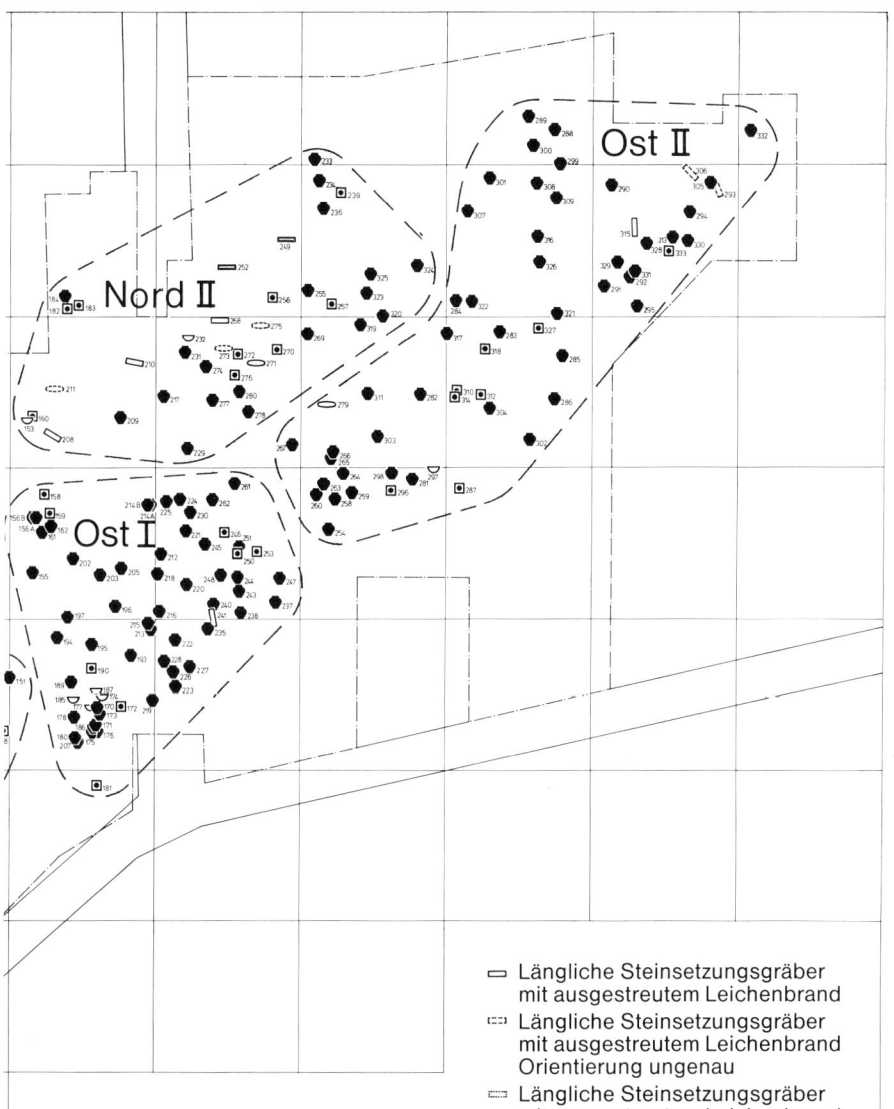

Verbrannte Baumsärge
mit ausgestreutem Leichenbrand

▽ Rundliche Grabgruben
mit ausgestreutem Leichenbrand

● Urnengräber

▣ Kultstellen

○ Zerstörte Fundstellen
(Gräber oder Kultstellen)

Verbrennungsplatz

Längliche Steinsetzungsgräber
mit ausgestreutem Leichenbrand

Längliche Steinsetzungsgräber
mit ausgestreutem Leichenbrand
Orientierung ungenau

Längliche Steinsetzungsgräber
mit ausgestreutem Leichenbrand
Orientierung unbekannt

Längliche Grabgruben mit
ausgestreutem Leichenbrand

Längliche Grabgruben mit
ausgestreutem Leichenbrand
Orientierung ungenau

Längliche Grabgruben mit
ausgestreutem Leichenbrand
Orientierung unbekannt

nachzuweisen, die wir als Traditionen aus der Hügelgräberbronzezeit auffassen. Es handelt sich um dreiviertelmannslange Steinsetzungen (Abb. 3) sowie gleich lange Grabgruben ohne Steinumrandung, in denen der Leichenbrand länglich ausgestreut war. Teilweise herrscht hier auch noch die in der vorangegangenen Kulturstufe übliche Ausstattung mit Bronzen, besonders in dem Gründerbezirk West. Aus diesen und anderen Gründen sind wir der Meinung, daß sich bei uns die jüngere Bronzezeit durch einen Kulturwandel aus der Hügelgräber-

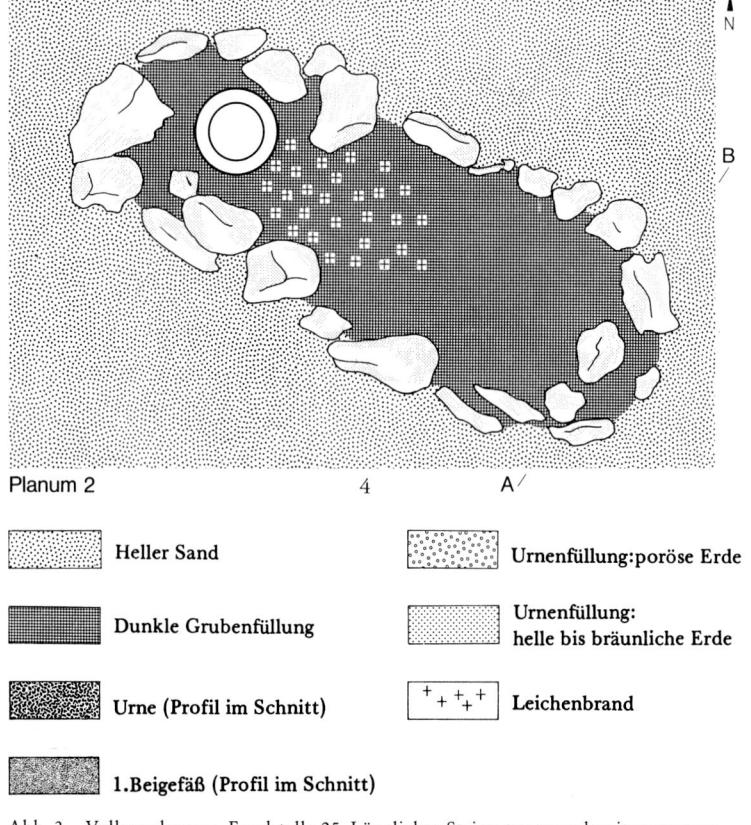

| Planum 2 | 4 | A |

Heller Sand	Urnenfüllung:poröse Erde
Dunkle Grubenfüllung	Urnenfüllung: helle bis bräunliche Erde
Urne (Profil im Schnitt)	Leichenbrand
1.Beigefäß (Profil im Schnitt)	

Abb. 3   Vollmarshausen, Fundstelle 25. Längliches Steinsetzungsgrab mit ausgestreutem Leichenbrand. M = 1 : 20.

bronzezeit entwickelte. Die genannten Grabformen erscheinen eigentümlicherweise auch noch ganz gelegentlich in der Mittel- und Spätzeit des Friedhofs (doch, wie dann üblich, ohne Bronzen), dabei auch in Ost II, was als „Traditionalismen" bezeichnet sei, worunter die als notwendig empfundene Bewahrung gewisser Traditionen zu verstehen ist. Eine weitere Grabform, die rundliche Grabgrube mit ausgestreutem Leichenbrand, gehört zwar auch zu großen Teilen der Frühzeit an, doch könnte man sie im gewissen Sinne als eine Übergangsform zum Urnengrab deuten.

Das Urnengrab erscheint in den Bezirken erst ganz am Ende der Stufe Hallstatt A 2 bzw. am Übergang zur Stufe Hallstatt B 1. Während die Bronzen jetzt allgemein aus den Gräbern verschwinden, läßt sich eine von der Zahl her kleinere Gruppe von Urnengräbern feststellen, die mit oft nur bruchstückhaften Bronzen ausgestattet war. Diese der Stufe Hallstatt B angehörige Gruppe war auffälligerweise fast gänzlich feminin bestimmt, im Gegensatz zu der mit ganzen Bronzen ausgestatteten Gruppe der Frühzeit in traditionellen Grabformen, bei der das maskuline Element vorherrschte.

Kann man das Urnengrab als Signum einer – nach dem Ende einer gewissen Übergangszeit – nun konsolidierten „neuen Zeit" auffassen, so läßt sich, neben dieser äußeren Grabform, auch ein eng damit verbundener neuer Totenkult nachweisen. Nur einige frühe Urnen waren noch frei von ihm oder zeigten Übergangserscheinungen, wie sie sich auch noch an einigen späten Urnen wiederholten und dann wieder „Traditionalismus" zeigten, der offenbar als notwendig empfunden wurde. Abgesehen von diesen Ausnahmeerscheinungen aber wurde der neue Totenkult bei wohl fast allen Urnengräbern angewandt.

Dieser Kult bezog sich individuell auf das einzelne Urnengrab und wurde wohl von den Familienangehörigen des Verstorbenen ausgeführt, wenn auch möglicherweise unter Teilnahme der ganzen Gemeinschaft. Bei diesem Kult wurde einige Zeit nach der Bestattung und wohl zu bestimmten Terminen das Grab wieder geöffnet, um dem Verstorbenen Opfer darzubrin-

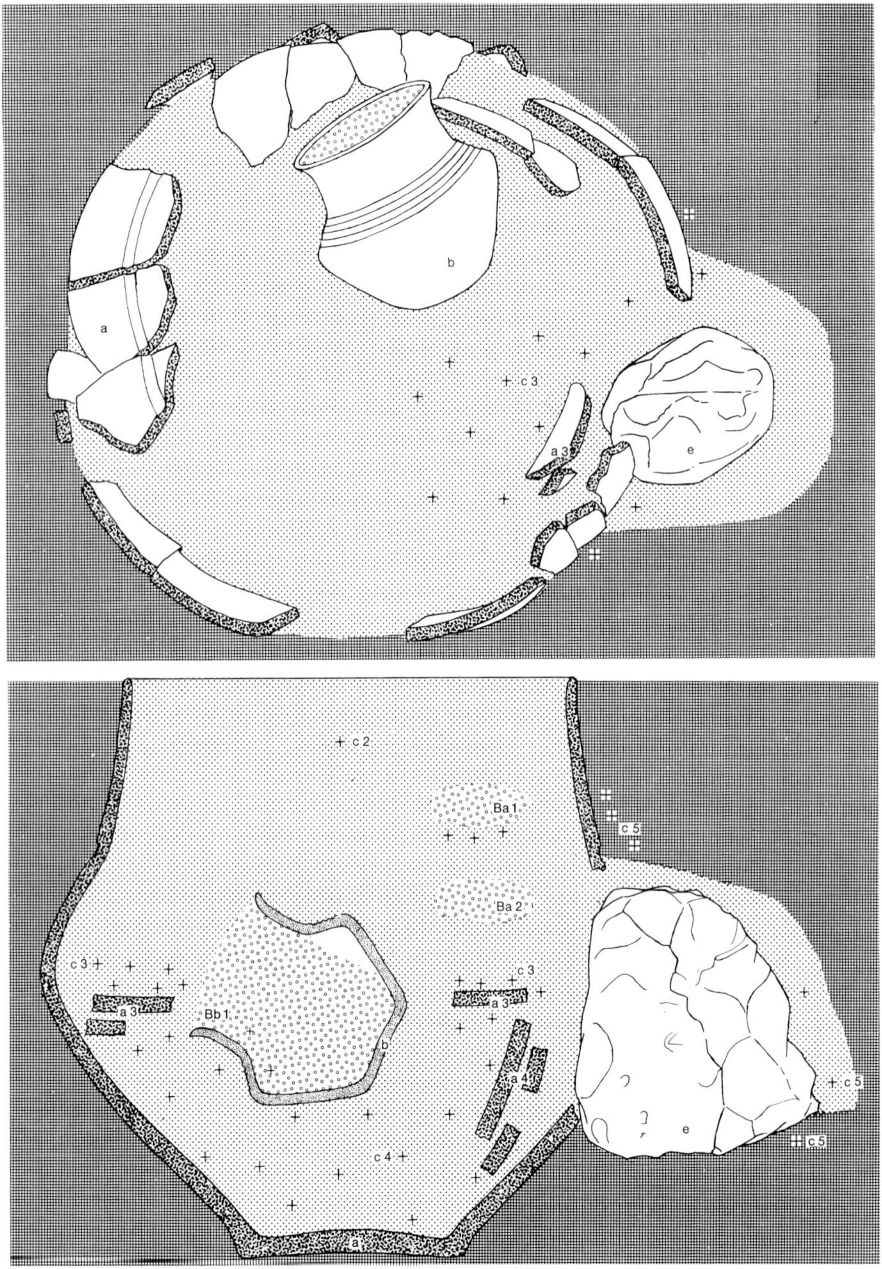

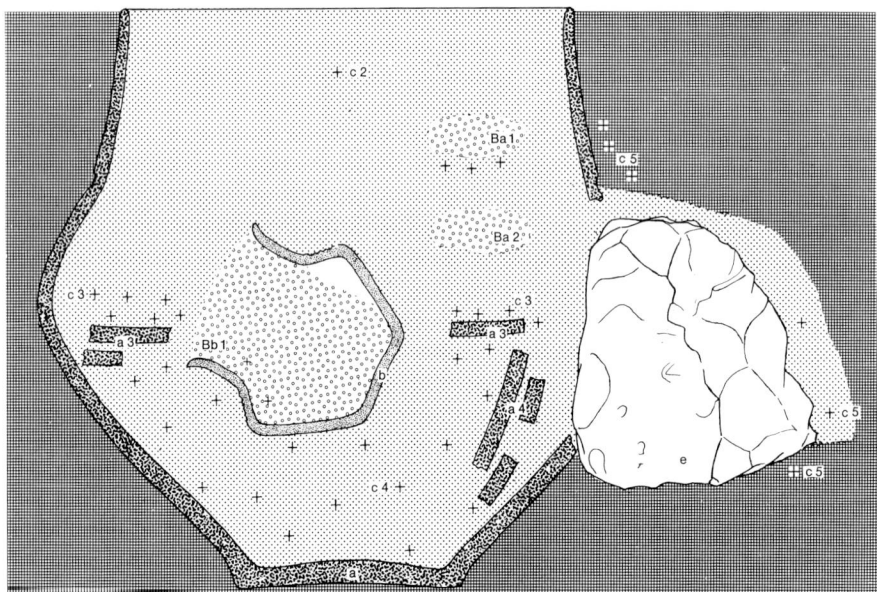

Abb. 4   Vollmarshausen, Fundstelle 328. Planum (oben) und Schnitt (unten) des Urnengrabes. – a Urne. – a3–a4 Zur Urne gehörige Scherben. b Beigefäß. c2–c5 Leichenbrand. Ba1–Ba2 Bodenproben aus Urne a. Bb1 Bodenprobe aus Beigefäß b. e Verschlußstein (vgl. Legende zu Abb. 3). M = 1:4.

gen, wobei zu wiederholten Malen festzustellen war, daß dies auch mehrfach geschah. Bei dieser Opferhandlung wurde seitlich in die Urnen eine Öffnung geschlagen und in den Beigefäßen Lebensmittelopfer untergebracht (Abb. 4). Dies wurde durch die chemische Untersuchung bewiesen, wobei in den unteren Bereichen einer Reihe von Beigefäßen dunkle und sogar manchmal streifige Füllungen bereits makroskopisch zu erkennen waren. Natürlich konnte durch die chemische Untersuchung nicht die nähere Art der Lebensmittelgaben festgestellt werden, doch deuten bestimmte Befunde (waagerechte streifige Füllungen in schräg stehenden Beigefäßen) auf die Verwendung von flüssigen oder breiartigen Nahrungsmitteln. Ein gleiches Ergebnis erbrachte die chemische Untersuchung von lose in den Urnen vorkommenden harten und eigentümlich porösen Erdklumpen. Es müssen also auch lose Opfergaben neben den Beigefäßfüllungen gespendet worden sein. An diese Gaben einschließlich der Beigefäßfüllungen waren sehr oft einzelne Teile des Leichenbrandes dicht herangezogen worden bzw. mit ihnen vermischt worden, ein deutliches Zeichen für die Absicht der Opfernden, den Toten zu nähren. Dies ist sicherlich eine Erscheinung, die von erheblicher religionsgeschichtlicher Bedeutung ist. Gelegentlich waren die eingeschlagenen Löcher an den Urnen wieder mit Scherben oder Steinen türartig verstellt (Abb. 4). Dies verstärkte die bereits vorher entstandene Auffassung, daß solche Lochurnen ein Urbild der Hausurnen darstellten, denn bei vielen Vertretern dieser Gruppe ist eigentlich nur die Tür als ein hausähnliches Element ausgeführt. Gleichzeitig konnte auch der wohl mindestens dreiviertel Jahrhundert alte Streit beendet werden, bei dem es darum ging, was die Hausurnen denn eigentlich darstellten. Ihrer Funktion nach konnten sie nur dasselbe sein wie unsere Lochurnen: Grabgefäße mit seitlichen Öffnungen, durch die hindurch man dem Toten Opfergaben darbrachte, wobei die Tür bei den Hausurnen von Anfang an bereits vorhanden war (von der Möglichkeit zusätzlicher Bedeutungen der Hausurnen wird noch zu sprechen sein). Die ältesten Urnen mit seitlichen Öffnungen auf unserem Friedhof gehören in die Zeitspanne Hallstatt A 2–B 1, während die ältesten Hausurnen Europas, nämlich in Latium (Italien), erst in die Stufe Hallstatt B 1 gehören.

Damit scheint uns bewiesen, daß der hier entdeckte Totenkult rituell mit der vorhin geschilderten Übung begann. Dieser Totenritus muß aber viel weiter verbreitet gewesen sein. Er wurde anderswo (verständlicherweise) einfach nicht bemerkt und die Urnen wurden soweit wie möglich zu ganzen Gefäßen ergänzt, wobei die ursprünglichen Befunde völlig verwischt wurden. Es ist durchaus möglich, daß dieser Kult in Gebieten, in denen die Urne als Grabbehälter noch früher als bei uns verwandt wurde, auch früher begann. Diese also sehr wahrscheinlich weit verbreiteten und damit viele Gebiete miteinander verbindenden älteren Totenrituale erklären damit auch das bis dahin als rätselhaft angesehene regionale Vorkommen der Hausurnen, die hauptsächlich – in zeitlichem Nacheinander – in Rom, Latium, Etrurien, Südschweden und Mitteldeutschland verbreitet sind. Der Ausgangspunkt der besonderen Form der Hausurnen dürfte demnach Latium gewesen sein. Die Tatsache, daß die Hausurnen nur in bestimmten Räumen vorkommen und dazu auf den jeweiligen Nekropolen nur in der Minderzahl vorhanden sind, ist vermutlich mit besonderen Entwicklungen dieser Gebiete verbunden, auf die hier nicht näher eingegangen werden soll.

Die Entdeckung dieser und anderer Befunde hatte in einer auf die einzelnen Grabfeldbezirke bezogenen Betrachtung erstaunliche Ergebnisse. Offenbar in ihrem Gesamtverhalten zu Dingen des Totenkults als Grabfeld- und zugehöriger Siedlungsgemeinschaft einig, zeigten die einzelnen Familien auffallende Sonderheiten. Nur als Beispiel sei hier aufgeführt, daß Decksteine im Durchschnitt aller Bezirke und damit des ganzen Gräberfeldes bei 40 % der Urnengräber verwendet wurden, in Bezirk Ost I allein aber bei 80 %, während im Bezirk Nord I, außer einem einzigen Grab, überhaupt keine Decksteine verwandt wurden. Diese Sonderhaltungen der einzelnen Familien bestätigten in wünschenswerter Weise eben deren wirkliche

Existenz, für die sich bislang die mehr oder weniger gute räumliche Trennung der Grabfeldbezirke und deren zeitliches Nebeneinander ins Feld führen ließen.

Nur kurz sei noch auf die Bedeutung der Kultstellen eingegangen. Bei ihnen handelt es sich einmal um 45 meist grubenartige Anlagen mit zerbrochenem Geschirr, dazu Holzkohlen als Überreste von Feuergebrauch. Diese Kultstellen liegen zwischen den Gräbern, ohne daß auch nur ein einziges Grab von ihnen gestört wurde. Die Gräber müssen also die ganze Belegungszeit hindurch bekannt gewesen sein, und das heißt auch wohl, daß sie oberirdisch mit inzwischen verschwundenen Kennzeichen versehen waren. Die Datierung der meist grubenartigen Kultstellen ergab, daß sie zu einem Drittel in die späte Urnenfelderzeit (Ha B 2/3) und zu zwei Dritteln in die Hallstattzeit (Ha C und D) gehören.

Neben diesen Anlagen gab es noch Scherbenfundstellen in höherer Lage, die ursprünglich vielleicht in flacheren Gruben untergebracht waren. Sie scheinen gleichfalls Kultstellen darzustellen, die deren Gesamtzahl auf das Zwei- bis Dreifache erhöhen. Ihrer Datierung nach gehört die zweite Gruppe zu mehr als dreiviertel in die Spätzeit des Gräberfeldes, während der Rest sich auf die Mittelzeit und die Frühlatènezeit verteilt, in welch letzterer Epoche unser Gräberfeld bereits zu Ende gegangen war (s. folgenden Beitrag).

War schon die Zeitstellung der Kultstellen auffällig, so war es ganz erstaunlich, daß viele, wenn nicht die meisten von ihnen, die näher datiert werden konnten, neben viel älteren Gräbern, so auch dem „Gründergrab", angelegt worden waren, von denen sie öfters durch mehrere Zeitstufen bzw. mehrere Jahrhunderte oder viele Generationen getrennt waren. Dahinter ist offenbar ein Ahnenkult anzunehmen, der in einem bestimmten Ausmaß in der mittleren Periode, dann um ein Mehrfaches stärker in der späten Periode ausgeübt wurde, und der vermutlich von der ganzen hier wohnenden und bestattenden Gemeinschaft getragen war.

Die genannten Zeiten sind Umbruchzeiten in Mitteleuropa. In

der ersten bekommt die Urnenfelderkultur in Süddeutschland, bis nach Südhessen hinauf, ein wesentlich anderes Gesicht, für das zahlreich niedergelegte Horte und die Anlage vieler befestigter Höhensiedlungen deutliche Kennzeichen sind. Nordhessen wird von solchen Wandlungen weniger berührt: neben relativ wenigen Hortfunden fehlen hier die Höhenbefestigungen. Der Zusammenhalt unserer Gemeinschaft und ihre schon vorher konsolidierte Kultur bleiben erhalten.

Die zweite Unruhezeit stellt die Begründung der Hallstattkultur in Süddeutschland und weiteren Räumen dar. Jetzt erscheinen im Lande „hallstättische" Neugründungen, die in anzahlmäßig bislang zwar nur wenig bekannt gewordenen neuen Hügelgräberfeldern sichtbar werden, die Einflüssen aus dem östlichen Süddeutschland zu verdanken sind. Auf diesen Friedhöfen sind Hügel ganz verschiedener Größenordnung festzustellen, die auf eine stärkere soziale Gliederung deuten. In der neuen Sozialordnung, einer neuen materiellen Kultur, darunter vor allem Besitz von Eisen, scheint der Angelpunkt zu liegen, der die Gegensätzlichkeiten zwischen den alten, zahlenmäßig wohl noch immer stärkeren Gemeinschaften und den neuen, dabei offenbar progressiveren und deshalb stärker zukunftsorientierten Gemeinschaften ausmachte.

Diesmal kam die hier ansässige Gemeinschaft weniger unbeschadet davon. Ein deutliches Zeichen ist darin zu sehen, daß zu Beginn oder innerhalb der Stufe Hallstatt C die Belegung der Bezirke Nord I, Nord II und Süd aufhört. Will man das nicht allgemein als „Schwächung" ansehen, so scheint der Gedanke, daß hier Familien aus ihrem alten Verband ausschieden und sich neuen Gemeinschaften anschlossen, nicht ohne weiteres von der Hand zu weisen zu sein. Vergleiche solcher Vorgänge gibt es aus der Frühgeschichte und der Ethnologie zahlreich, wobei Neugründungen oft nur von kleinen, vielleicht von auswärts gekommenen Kerngruppen initiiert wurden, während die größere Personenzahl sich aus zu diesen gestoßenen Einheimischen zusammensetzte.

Der Rest der Gemeinschaft, darunter die Gründerfamilie West,

konnte ihre Existenz bis in die Stufe Hallstatt D hinein fortset-
zen. In dieser Spätzeit befanden sich nach Aussagen von Überresten zweier Skelettgräber thüringischer Art noch einige Perso-
nen in der Gemeinschaft, die sicherlich besondere Funktionen
gehabt haben müssen.

Der Zerfall der hier behandelten und offenbar auch aller anderen Gemeinschaften in Niederhessen, die in Flachgräbern auf
Grabfeldern bestatteten, war gegenüber dem Vordringen jener
Gruppen, die oben als stärker zukunftsorientiert bezeichnet
wurden, offenbar nicht aufzuhalten. Das langdauernde Bestehen unserer Gemeinschaft über 500 Jahre hindurch bleibt
jedoch dennoch erstaunlich. Daß diese lange Dauer jedoch
nicht gleichmäßig und einförmig verlief, sondern von lebhaften
Entwicklungen bestimmt war, erscheint lebensechter und korri-
giert vielleicht die allgemeine Ansicht von einem meist gleichmäßig dahinziehenden Lebensfluß vorgeschichtlicher Gemeinschaften.

Literatur:
J. Bergmann, Ein Brandgräberfeld der jüngeren Bronzezeit von Vollmarshausen im Ldkr. Kassel. In: Ausgrabungen in Deutschland. Monographien d.
RGZM 1,1 (1975) 134 ff. – Ders., Ein Gräberfeld der jüngeren Bronze- und älteren Eisenzeit bei Vollmarshausen, Kr. Kassel. Kasseler Beitr. z. Vor- und Frühgesch. 5 (1982) mit weiterer Literatur.

J. Bergmann

Ein frühlatènezeitliches Gräberfeld bei Vollmarshausen

Das ebenfalls am „Breiten Weg", etwa 100 m nordwestlich des
Friedhofes der jüngeren Bronze- und älteren Eisenzeit entfernt
gelegene frühlatènezeitliche Gräberfeld bei Vollmarshausen,
Ldkr. Kassel (Abb. 1, 2) konnte von uns nur noch zu Teilen
geborgen werden. Ein größerer und rasch in seiner Arbeit fort-
schreitender Sandgrubenbetrieb hatte das Gelände bald zerstört. Nur wenige Gräber konnten deshalb in situ genauer untersucht werden. Danach handelt es sich im wesentlichen um ein

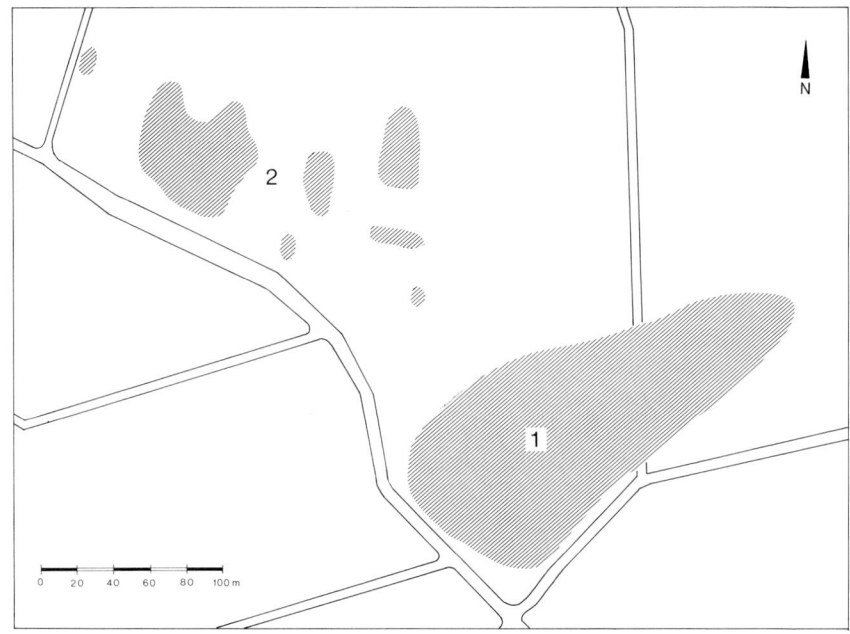

Abb. 1   Lage der Gräberfelder aus der jüngeren Bronze- und älteren Eisenzeit (1) und
aus der Frühlatènezeit (2) am „Breiten Weg" in Vollmarshausen.

Brandgräberfeld mit Urnengräbern und rundlichen Grabgruben mit ausgestreutem Leichenbrand. Letzte Überreste weiterer
Gräber lassen eine Schätzung von rund 100 Gräbern zu, eine
Anzahl, die noch zu verdoppeln ist, weil höchstens die Hälfte
des Geländes überhaupt beobachtet werden konnte. Wenn es
sich auch vorzüglich um ein Brandgräberfeld handeln dürfte,
läßt sich aus Überresten von zwei Grabstellen eine Körperbe-
stattung und eine Teilkörperbestattung nachweisen. Ob auch
auf diesem jüngeren Friedhof sekundärer Opferkult an den einzelnen Gräbern geübt wurde, läßt sich weder positiv noch nega-
tiv beantworten. Gewisse Beobachtungen ergeben jedoch
schwache Hinweise darauf, daß Kultstellen vorhanden waren.
Bei Einzeichnung der beobachteten Flächen in den Übersichts-

90

plan ergibt sich eine Ausdehnung des Friedhofs, die nicht wesentlich kleiner gewesen sein könnte als die des älteren Grä- berfeldes (Abb. 1, 2). Nach der Zeitstellung der Funde wurde der Friedhof in den Stufen Latène A und B, vielleicht auch noch bis in die Stufe C hinein belegt, was einem Zeitraum von vielleicht 300 Jahren entsprochen haben könnte. Bei der geschätzten Anzahl der Gräber könnte demnach auch die Größe der Fried- hofsgemeinschaft der des älteren Gräberfeldes gleichen. Die offenbar bewußt ausgesuchte Nähe zu dieser Nekropole, dazu die Tatsache (s. den Beitrag über das ältere Gräberfeld), daß von der jüngeren hier bestattenden Gemeinschaft an zwei Stellen des älteren Friedhofs Opfer im Rahmen des Ahnenkultes vor- genommen wurden, lassen es uns als möglich erscheinen, daß auch die jüngere Gemeinschaft sich durch einen, wenn auch einschneidenden und dabei wohl die Struktur verändernden Kulturwandel aus der Gemeinschaft der Beleger des älteren Friedhofs entwickelt hatte.

Wenn die außerordentlich eingeschränkte Untersuchungsmög- lichkeit dieses Gräberfeldes uns auch keine Beobachtungen schenkte, die nähere Rückschlüsse auf die Struktur der hier bestattenden Gemeinschaft erlaubten, so zeigt die materielle Ausrüstung nur ganz ausschnitthaft ein völlig verändertes kul- turelles Gesicht gegenüber den vorhergegangenen Zeiten.

Das Bild der Keramik wird durch einen hohen Anteil an strich- verzierter Ware bestimmt, die von bedeutend besserer Machart als ältere Keramik ist und dazu eine Verzierungsart aus vielfälti- gen Mustern trägt, die wohl sämtlich ursprünglich weiß inkru- stiert waren (Abb. 2). In einigen Beispielen ist auch die Brau- bacher Keramik belegt; weiterhin eine meist gröbere Tonware mit einfachem Kamm- oder Besenstrichmuster. Schließlich kamen auch zwei mit schwarzer und roter Bemalung versehene Gefäße zutage, von denen das eine noch späthallstattzeitliche Züge auf- weist. Man muß damit rechnen, daß bei einer Gesamtausgra- bung auch dieses Friedhofs noch weiteres, derartig zu datieren- des Material zutage gekommen wäre und die beiden Gräberfel- der dadurch zeitlich noch mehr aneinanderrücken würden.

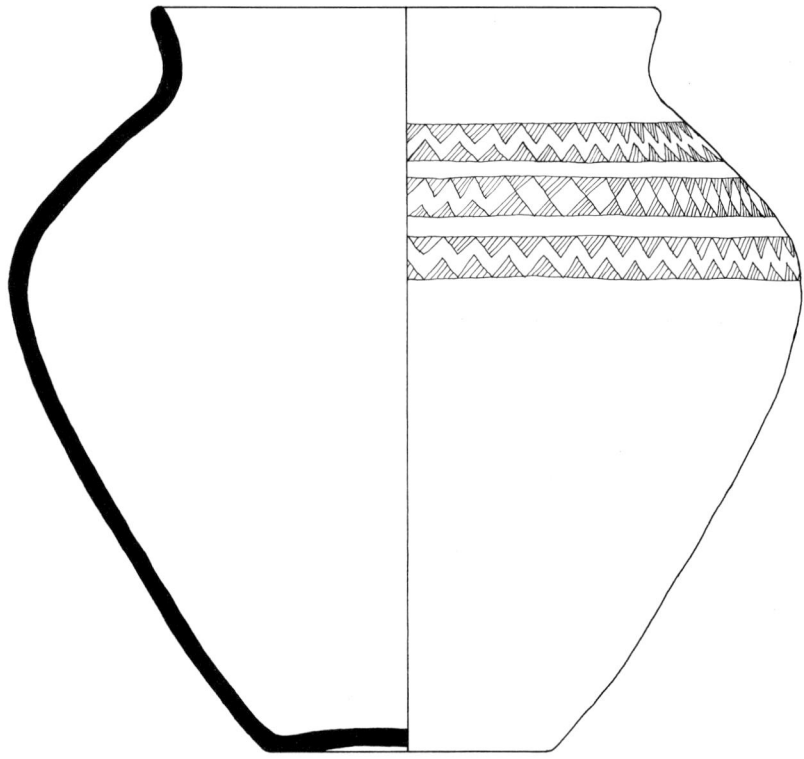

Abb. 2   Urne mit Strichverzierung aus Fundstelle 10 des frühlatènezeitlichen Gräberfeldes am „Breiten Weg" in Vollmarshausen. – Landesmus. Kassel. M = 1 : 3.

Hinsichtlich der Verbreitung der strichverzierten Keramik, in
dem Gebiet, das von Thüringen bis in den Marburger Raum
reicht, liegt unser Fundplatz ungefähr in der Mitte. Trotz einer
kulturellen Gleichheit, die eine solche Verbreitung suggeriert,
muß auf Gegensätzlichkeiten hingewiesen werden; Gegensätzlichkeiten, wie wir sie in der Hallstattzeit in Niederhessen zwischen den Flachgräberfeldern einerseits und den neu aufgetrete-
nen Hügelgräberfeldern andererseits sahen (s. den Beitrag über
das ältere Gräberfeld). Neben unserem frühlatènezeitlichen
Flachgräberfeld wurde nämlich bereits im westlichen Teil des

Kasseler Beckens, im Ortsteil Altenbauna der Stadtgemeinde Baunatal (im „Lohwäldchen", heute überbaut vom VW-Werk), ein gleichfalls frühlatènezeitlicher Friedhof untersucht, der jedoch aus Hügelgräbern mit Brandschüttungsgräbern bestand. Hinzu kommt, daß dort, verglichen mit unserem Gräberfeld, insgesamt wohl nur ein Zehntel an Toten bestattet war, also: länger andauernde Belegungszeit hier, nur relativ kurze dagegen dort.

Ohne an dieser Stelle weitere Überlegungen anzustellen, vermittelt solches bereits den Eindruck, daß die „kulturelle Doppelgleisigkeit" der Hallstattzeit in Niederhessen, vielleicht auch noch darüber hinausgehender Gebiete, auch in der Frühlatènezeit fortbesteht.

Literatur:

J. Bergmann, Ein Gräberfeld der jüngeren Bronze- und älteren Eisenzeit bei Vollmarshausen, Kr. Kassel. Kasseler Beitr. z. Vor- und Frühgesch. 5 (1982) 440 ff.

J. Bergmann

Grabhügel bei Niestetal-Heiligenrode

Zufahrt: Gegenüber der Einmündung der Landstraße Niederkaufungen – Windhausen in die Straße Heiligenrode – Nieste auf dem Weg nach Nordosten zu 200 m entferntem Parkplatz am Waldrand. Von dort ist die Hauptgruppe der Hügel leicht zu erreichen.

Die insgesamt etwa 20 Grabhügel liegen in lockerer Streuung am südlichen und westlichen Abhang des Mühlenberges (Abb. 1). Eine kleine Gruppe von drei flachen Hügeln befindet sich auf dem westlichsten Ausläufer in Spornlage zwischen der Nieste und einem tiefen Bachriß, zwei Hügel liegen nahe beieinander am sanften Nordwesthang, die größte Gruppe erstreckt sich über ein Gebiet von rund 400 x 500 m an der flachen Südwestabdachung.

Obwohl die Hügel teilweise in älterer Zeit angegraben oder

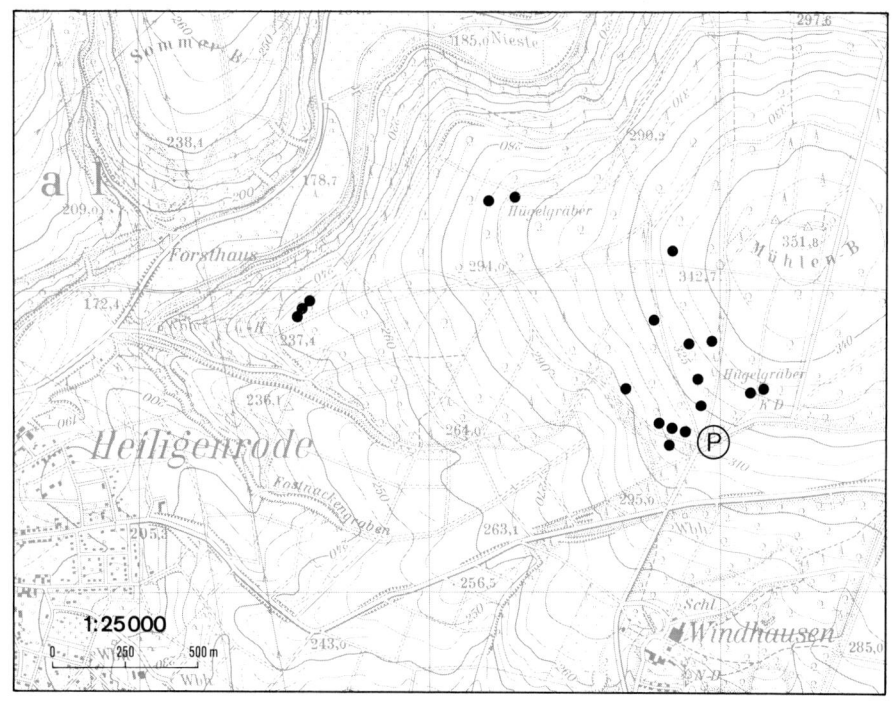

Abb. 1   Grabhügel im Staatsforst Kaufungen bei Heiligenrode. M = 1 : 25 000.

sogar tief ausgekesselt sind, wurden Funde aus ihnen nicht
bekannt. Ihre Zeitstellung dürfte von der Bronzezeit mit einigen recht großen Hügeln bis in die Eisenzeit mit einer
Anzahl sehr verflachter, kaum mehr kenntlicher Hügel reichen.

Literatur:

I. Kappel, Vor- und frühgeschichtliche Geländedenkmäler des Stadt- und
Landkreises Kassel. Jahrbuch '78 Landkreis Kassel (1977) 27.

F.-R. Herrmann

94

Zwei Grabhügelgruppen in der Gemeinde Staufenberg zwischen Kassel und Münden

Auf den Randhöhen östlich des Unterlaufes der Fulda zwischen Kassel und Münden, schon im Landkreis Göttingen, befinden sich zwei Grabhügelgruppen. Die kleinere Gruppe in den Gemarkungen der Staufenberger Ortsteile Spiekershausen und Landwehrhagen besteht nach derzeitiger Kenntnis aus mindestens sechs Hügeln, die nördlich benachbart liegende Gruppe in den Gemarkungen von Speele (Gde. Staufenberg) und Münden ist mit nach derzeitiger sicherer Kenntnis von mindestens neunzehn Grabhügeln zahlenmäßig und flächenmäßig deutlich größer. Erste Beschreibungen der Hügel wurden am Ende des 19. Jahrhunderts publiziert. Grabungen durch Medizinalrat Dr. Schwarzkopf (Kassel) zwischen 1880 und 1893 mit zeitgenössischer, wissenschaftlich völlig unzureichender Methodik und fehlender Dokumentation erbrachten zwar einige erste Funde, führten aber zu Störungen und Zerstörungen mehrerer Grabhügel. Genauere Kenntnisse über Anzahl und Lage der Gräber, aber auch über inneren Aufbau und Befunde mit Datierungsmöglichkeiten, verdanken wir den Aktivitäten, auch Grabungen, des 1979 verstorbenen F. B. Jünemann, früherer Bodendenkmalpfleger des Kreises Münden.

Die Grabhügelgruppe zwischen Landwehrhagen und Spiekershausen (Abb. 1)

Zufahrt: Von Landwehrhagen auf der Straße Richtung Kragenhof, ca. 1,5 km, dann beiderseits der Straße auf Wald- bzw. Feldwegen in die angrenzenden Waldgebiete des Hopfenberges.

Auf dem Hopfenberg (282 m ü. NN), nordöstlich von Spiekershausen, liegen verstreut im Bergkuppenbereich, aber auch am südlichen Abhang, sechs Grabhügel. Weitere verdächtige Bodenerhebungen im Umkreis dürften diese Anzahl auf mindestens siebzehn vermehren. Eine unbestimmbare Anzahl von

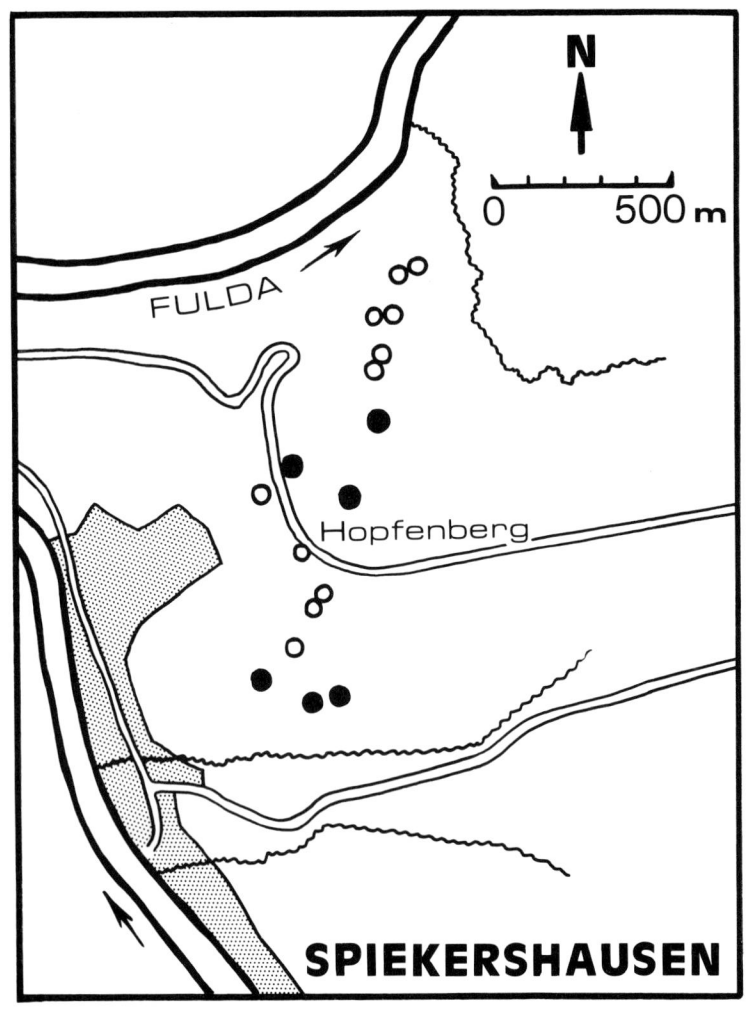

Abb. 1 Grabhügel auf dem Hopfenberg bei Spiekershausen, Gde. Staufenberg.
Schwarze Punkte: sichere Grabhügel, offene Kreise: noch ungesicherte Gräber.

Gräbern ist in Rodungsflächen zwischen den Waldgebieten durch Überackerung zerstört. Ihre Größen schwanken zwischen 4 m und 16 m Durchmesser, die Höhen im heutigen Zustand zwischen 20 cm und 2 m. Aufgebaut sind die Hügel im wesentlichen aus einer zentralen Steinblockpackung, einer Überdeckung mit einem Erdmantel und einer Hügelfußbegrenzung durch einen Steinkreis.

Durch Dr. Schwarzkopf (Kassel) wurden am Ende des letzten Jahrhunderts die Gräber Landwehrhagen 2 und 4 sowie Spiekershausen 1 und 2 geöffnet. Hügel Landwehrhagen 4 erbrachte die Beigabenreste einer älterbronzezeitlichen Frauenbestattung (Doppelradnadel, „Reste von Frauenschmuck" aus Bronze), ebenso die Hügel Spiekershausen 1 (drei Armreifen, Bruchstücke einer Armspirale, Reste von „Frauenschmuck", dazu wohl Reste späterer, eisenzeitlicher Nachbestattungen) und Spiekershausen 2 („Frauenschmuck aus Bronze, zerbrochen"). Die neueren Untersuchungen durch F. B. Jünemann von 1954 und 1958 an den Hügeln Landwehrhagen 1 sowie Spiekershausen 1 und 2 ergaben vor allem Konstruktionsbefunde in Form der Steinkreisumfassung und zentraler Steinblockpackung mit darunterliegender undeutlicher Steinsetzung als Totenlager. Die so bislang bekannt gewordenen Funde und Befunde zur Hügelkonstruktion lassen die Gräber an die im angrenzenden Nordhessen bekannten Gräbervorkommen der südwestdeutschen Hügelgräberbronzezeit (osthessische Gruppe) anschließen.

Die Grabhügelgruppe bei Speele (Abb. 2)

Zufahrt: Von Lutterberg nach ca. 1,7 km auf der Straße Richtung Speele rechts zum Gut Wißmannshof abzweigen oder weiterfahren bis zum Parkplatz an der Straße. Im Waldgebiet unmittelbar nördlich des Gutes und des Parkplatzes locker gestreutes Grabhügelfeld.

Nördlich und nordwestlich des Gutes Wißmannshof liegen im Waldgebiet auf der Hochfläche (zwischen 220 m und 320 m ü. NN) über dem östlichen Rande des Fuldatales nach derzeiti-

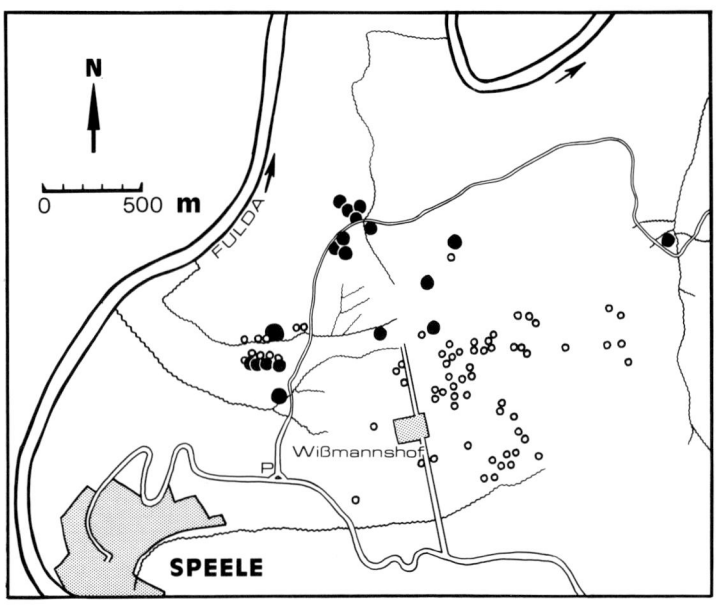

Abb. 2   Grabhügel bei Speele, Gde. Staufenberg. Schwarze Punkte: sichere Grabhügel, offene Kreise: ungesicherte bzw. im Luftbild erkennbare, überackerte Hügel.

ger Kenntnis 19 Grabhügel in großflächiger Streuung. Diese Zahl wäre durch eine Untersuchung diverser unscheinbarer Kleinhügel dazwischen noch erheblich zu vermehren. Außerdem zeigt das gerodete Ackergebiet rings um das Gut Wißmannshof im Luftbild viele deutliche Punktverfärbungen ehemaliger, überackerter Hügel. Insgesamt ist die Geländeprospektion dieser Hügelgruppe, was auch für die andere Gruppe bei Spiekershausen gilt, noch nicht abgeschlossen, der ursprüngliche bzw. noch vorhandene Gräberbestand dürfte sich zukünftig stark vermehren. Erkennbar ist bereits eine Gesamtzahl von über 80 Gräbern.

Die Größe der Einzelhügel ist durchweg vergleichbar mit den Ausmaßen bei der südlich benachbarten Spiekershäuser Gruppe, sie schwankt zwischen 5 m und 11 m Durchmesser bei Höhen zwischen 0,20 m bis 1 m. Lediglich ein Grab erreicht die

Dimension von 20 m Durchmesser und 1,50 m Höhe. Grabungsergebnisse liegen noch nicht vor, so daß hinsichtlich der kulturellen und zeitlichen Stellung des Gräberfeldes nur unter Vorbehalt die ältere Bronzezeit in Frage kommt. Altfunde wie z. B. ein „polierter Steinhammer" und ein „Meißel von Grünstein", die im 19. Jh. bei Urbarmachung von Gelände im Umkreis des Gutes Wißmannshof zutage kamen, könnten als Beigaben zerstörter Grabhügel (besonders östlich des Gutes) diesen mutmaßlichen Zeitansatz stützen.

Literatur:

F. Holste, Die Bronzezeit in Süd- und Westdeutschland. Handb. d. Urgesch. Deutschlands 1 (1953) bes. 76–81. – F. B. Jünemann, Urgeschichtliche Bodendenkmalpflege im Kreise Münden 1954, Bild 7. – Ders., ebd. 1958, 4–7. – Ders., ebd. 1960, Bild 13. – W. Lotze, Geschichte der Stadt Münden (2. Aufl. 1909) 316 f. – Mittheilungen an die Mitglieder d. Ver. f. hess. Gesch. u. Landeskde. 1880, H. 4, 1. – Ebd. 1897, 56. – J. H. Müller u. J. Reimers (Hrsg.), Vor- und frühgeschichtliche Alterthümer der Provinz Hannover (1893) 55 f. – O. Uenze, Hirten und Salzsieder (Bronzezeit). Vorgeschichte von Nordhessen, Teil 3 (1960) bes. 151–164.

K. Grote

Der Hünengraben
Ein frühmittelalterlicher Burgwall im Wesertal bei Hemeln

Zufahrt: Von Hemeln rechtsseitige Wesertalstraße Richtung Bursfelde, nach ca. 1,5 km rechts Parkplatz (hier mittelalterlicher Kreuzstein); von hier zu Fuß auf ausgeschildertem Weg Anstieg zur Ruine der Bramburg (halbe Hanghöhe) sowie zum Hünengraben (auf Hochfläche).

Auf der Windwarte, einem nasenartig nach Westen gegen das Wesertal vorgeschobenen Teil des Bramwaldes, befinden sich die Überreste einer der ausdehnungsmäßig größten ur- und frühgeschichtlichen Befestigungsanlagen des südniedersächsisch-nordhessischen Berglands (Abb. 1). Mit seinen dreiseitig durch Steilhänge von Natur aus geschützten Flanken ist der

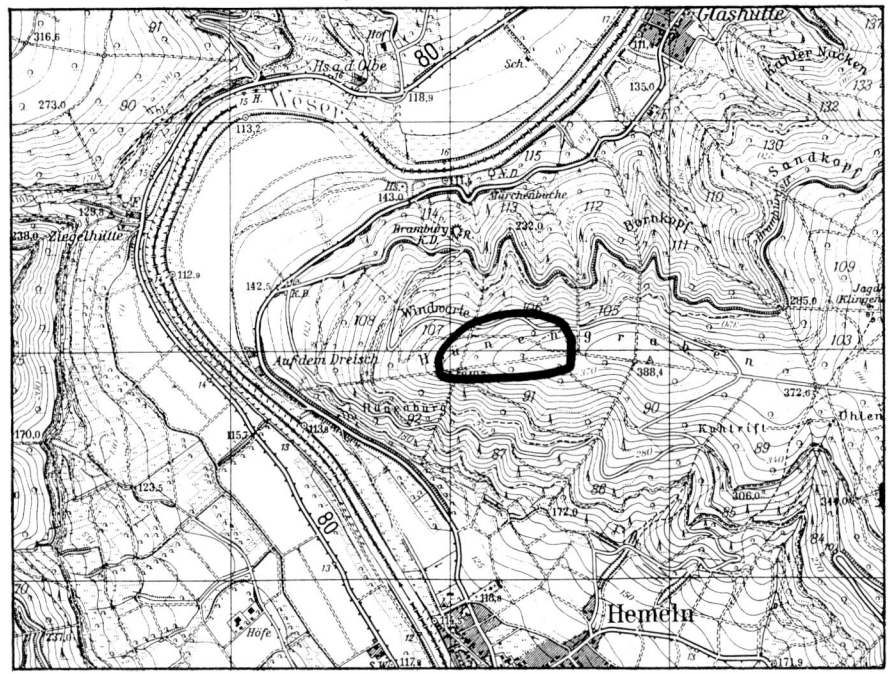

Abb. 1 Hünengraben bei Hemeln, Kr. Göttingen. Grundkarte: Ausschnitt aus der
Topographischen Karte 1:25 000 Blatt 4423 Oedelsheim.

Bergsporn ideal geeignet für die Anlage einer großräumigen
Befestigung. Er überragt – bei einer Höhenlage der Hochfläche
von 310 bis 380 m NN – das umlaufende Wesertal um rund 200
bis 270 m. Die als Hünenburg oder Hünengraben bekannte
Burgwallanlage wurde in der Fachliteratur kurz vor der Jahrhundertwende erwähnt und näher beschrieben. Von den früheren
Befestigungswerken (Abb. 2) ist am besten die östliche, rund
140 m lange Wall- und Grabenlinie erhalten, die die gefährdete
Ostflanke zur Bramwaldhochfläche abriegelte. Die weniger
gefährdeten Nord- und Südflanken längs der Steilhänge der
rund 440 m langen Burg waren nur durch flachere Erdwälle bzw.
terrassierte Geländekanten markiert. Die Lage eines Tores ist

100

noch unbekannt. Das Innengelände der im Umriß annähernd birnenförmigen Burg zeigt keine oberflächlich erkennbaren Besiedlungsrelikte. Es fällt von Ost nach West kontinuierlich um insgesamt rund 40 m ab. Die große geschützte Innenfläche sowie die fehlenden Hinweise auf eine dauerhafte Innenbesiedlung machen deutlich, daß es sich nicht um einen befestigten Wohnplatz (Höhensiedlung) oder Adelssitz gehandelt hat, sondern um eine Fluchtburg für die Bevölkerung der Umgebung, d. h. wohl hauptsächlich aus dem Hemelner Talkessel.

Lange war das Alter der Burganlage unbekannt. C. Schuchhardt sah in ihr eine der „Volksburgen" der vorkarolingischen, d. h. sächsischen Zeit und vermutete eine Funktion als sächsische Sicherungsanlage gegen die fränkische Eroberung. Anhaltspunkte zur Datierung ergaben zwei Probegrabungen, vor allem aber ein Zufallsfund – ein Sammelfund aus Eisenwaffen und

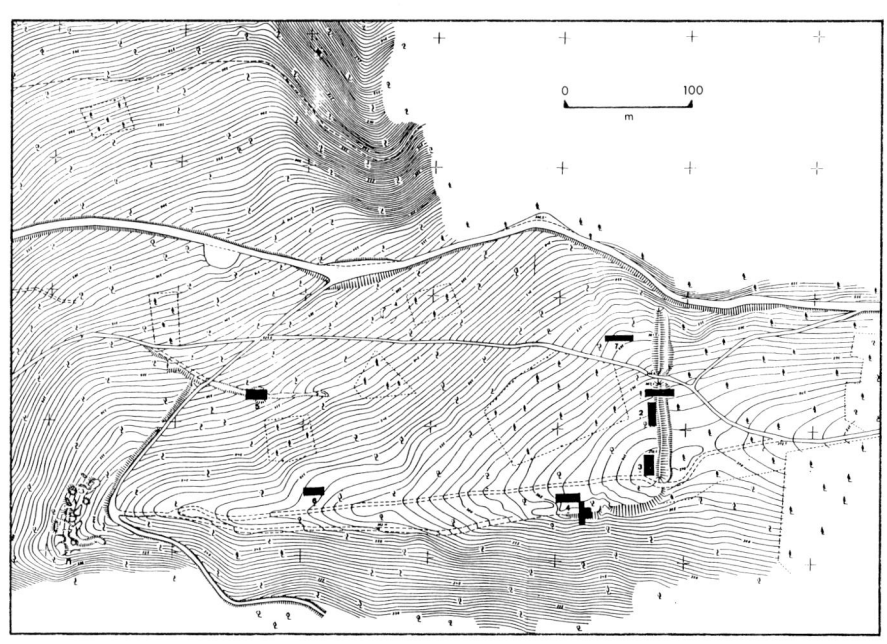

Abb. 2 Hünengraben bei Hemeln, Kr. Göttingen, mit Grabungsschnitten (nach H.-G. Peters).

101

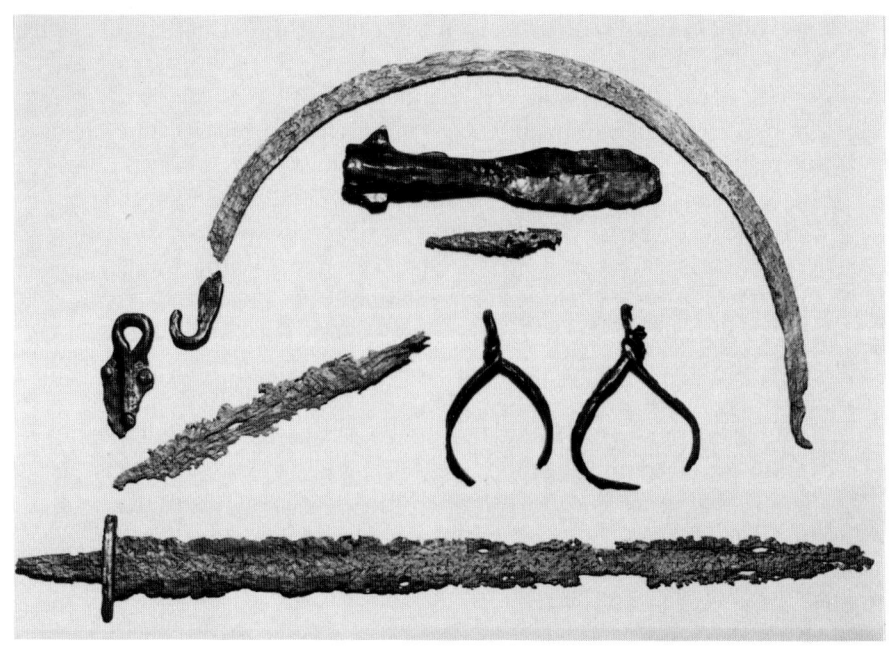

Abb. 3   Fränkische Kriegerausrüstung vom Hünengraben bei Hemeln (ohne die Reste des eisernen Kessels). – M = ca. 1 : 7.

-geräten –, der 1950 bei Erdarbeiten am östlichen Wall, dem Hauptwall entdeckt und durch H. Jankuhn näher untersucht und beschrieben wurde (Abb. 3). Es handelt sich um: ein 80,5 cm langes damasziertes Eisenschwert (Spatha) mit Griffangel und verzierter silbertauschierter Parierstange (Abb. 4), eine noch 29 cm lange Flügellanzenspitze mit achteckiger Schafttülle, ein einschneidiges Kurzschwert (Skramasax) bzw. Messer mit Griffangel (Länge noch 32 cm), zwei unverzierte Steigbügel, Reste eines großen Eisenkessels mit Bügelhenkel sowie verschiedene Kleinteile (Lanzenschuh u. a.). Die Zusammensetzung des Fundes entspricht am ehesten der Grabbeigabenaus-

Abb. 4   Hünengraben bei Hemeln. Die verzierte, silbertauschierte Parierstange der ▶
Spatha. – M = 1 : 1.

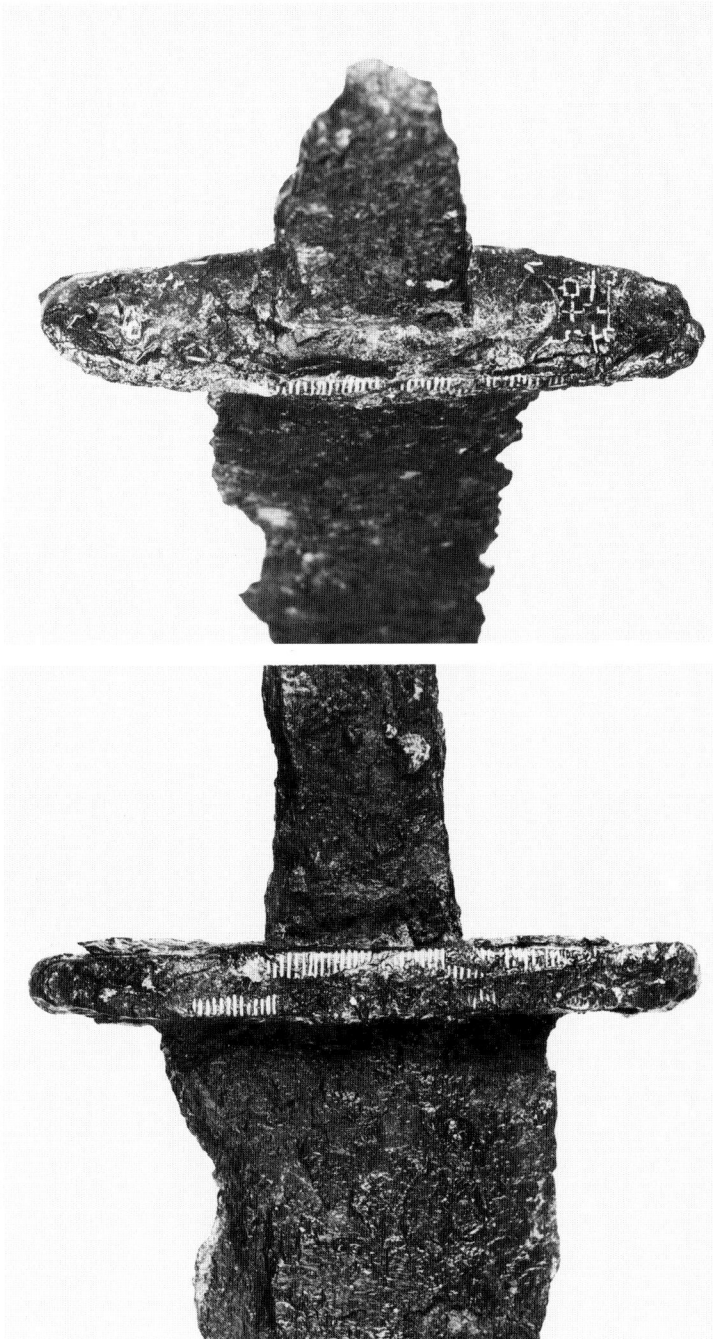

stattung eines vornehmen, berittenen Kriegers. Die typologisch erschließbare Zeitstellung der Einzelstücke ergibt eine Datierung in die Jahrzehnte vor 800 n. Chr. Es handelt sich damit offensichtlich um die Ausrüstung eines fränkisch-karolingischen Kriegers, wobei gewisse Beziehungen zum süddeutschen, alamannisch-fränkischen Raum nicht zu verkennen sind. Die erwähnten zwei Probegrabungen (Abb. 2) bemühten sich um die Klärung des Aufbaus des Hauptwalles im Osten sowie des langen Südwalles. 1958 zeigten die Untersuchungen von F. B. Jünemann und dem Mündener Urgeschichtsverein, daß im Südwall eine rund 1,8 m dicke massive Trockenmauer mit ihrem Versturz enthalten ist. 1966 legte Dr. H.-G. Peters, Hannover, einen Profilschnitt durch den Ostwall mit vorgelagertem Graben. Hier enthielt der Wall im Kern keine Massivmauer, sondern zeigte die verstürzte Struktur einer sogenannten Holz-Erde-Mauer mit Bruchsteinversteifung. Außen davor verlief ein ursprünglich rund 2 m tiefer und 5 m breiter Spitzgraben. Trockenmauer sowie Holz-Erde-Wallkonstruktion mit Spitzgraben als frühmittelalterliche Befestigungselemente machen zusammen mit dem vorgenannten Waffenfund deutlich, daß es sich um eine zumindest in karolingischer Zeit genutzte Burganlage handelt. Dafür spricht auch die Lage mitten im karolingischen Reichsforst Bramwald, für dessen Schutz sie vermutlich mitbestimmt war. Naheliegend ist auch ein Bezug zum karolingischen Reichsbesitz (evtl. Königshof?) in Hemeln, der im 9. Jahrhundert urkundlich erwähnt wird. Ob die Burg tatsächlich eine Rolle in den jahrzehntelangen kriegerischen Auseinandersetzungen zwischen Franken und Sachsen vor 800 gespielt hat, ist unbekannt.

Literatur:

H. Jankuhn, Ein Fund des frühen Mittelalters vom Bramwald, Kr. Münden. Göttinger Jahrb. 6, 1958, 57—65. – F. B. Jünemann, Zur Hünenburg bei Hemeln. Urgeschichtl. Bodendenkmalpflege im Kreise Münden 8, 1958, 19—21. – H.-G. Peters, Ur- und frühgeschichtliche Befestigungen zwischen Oberweser und Leine. Neue Ausgr. u. Forsch. in Niedersachsen 5, 1970, 63—183; bes. 112—115. – C. Schuchhardt, Atlas vorgeschichtlicher Befestigungen in

Niedersachsen, H. IV, Bl. XXVI, S. 34, Nr. 147, 1894. – B. Uhl, Die Befestigung der Werra/Weser-Linie von Hedemünden bis Bursfelde im frühen Mittelalter. Zeitschr. Hist. Ver. Niedersachsen 1900, 282–315.

K. Grote

Die Wahlsburg bei Wahlsburg-Lippoldsberg

Zugang: Von der Straße Lippoldsberg—Vernawahlshausen zweigt etwa 1,3 km hinter dem Ortsende von Lippoldsberg und noch etwa 0,7 km hinter der Zufahrt zum Rehabilitationszentrum ein Forstweg schräg nach Osten ab. Er führt bergauf im Bogen um die Kuppe der Wahlsburg herum und trifft, dann nach Süden verlaufend, auf eine Waldstraße. Unmittelbar davor führt ein unbefestigter Weg im spitzen Winkel rechts nach Norden zurück. Man folgt ihm und erreicht nach knapp 200 m die Ostseite der Wahlsburg.

Zwischen der Weser und dem Tal der Schwülme liegt der Kiffing genannte Waldbezirk. Auf einem nach Nordnordwesten zum Tal der Schwülme vorspringenden Bergsporn des Buntsandsteinmassivs liegt noch im nördlichsten Zipfel der Gemarkung Oedelsheim, Gde. Oberweser, die Befestigungsanlage der Wahlsburg (Abb. 1).

Sie besteht aus einer den Bergsporn einnehmenden ovalen Hauptburg mit einer nach Südwesten zum Plateau anschließenden halbkreisförmigen Vorburg. Die Gesamtgröße der Anlage beträgt gut 0,9 ha, die der Hauptburg etwa 0,52 ha.

Im Osten und im Norden ist die Befestigung der Hauptburg lediglich als Terrasse ausgebildet. Diese geht auf der Nordwestseite in einen immer stärker werdenden Erdwall über, der in einem Bogen nach Südosten und schließlich weiter nach Osten führt. Auf der Westseite beginnend, ist dem Hauptwall im Süden zur Vorburg hin ein Graben vorgelagert. Der Wall ist im Süden einmal unterbrochen. Da jedoch der Graben durchläuft, ist an dieser Stelle kein altes Tor anzunehmen. Dieses befindet sich offensichtlich in der Südostecke der Hauptburg, da hier Wall und Graben vor Erreichen der östlichen Terrassenbefestigung des Kernwerks enden und einen alten Tordurchlaß frei lassen.

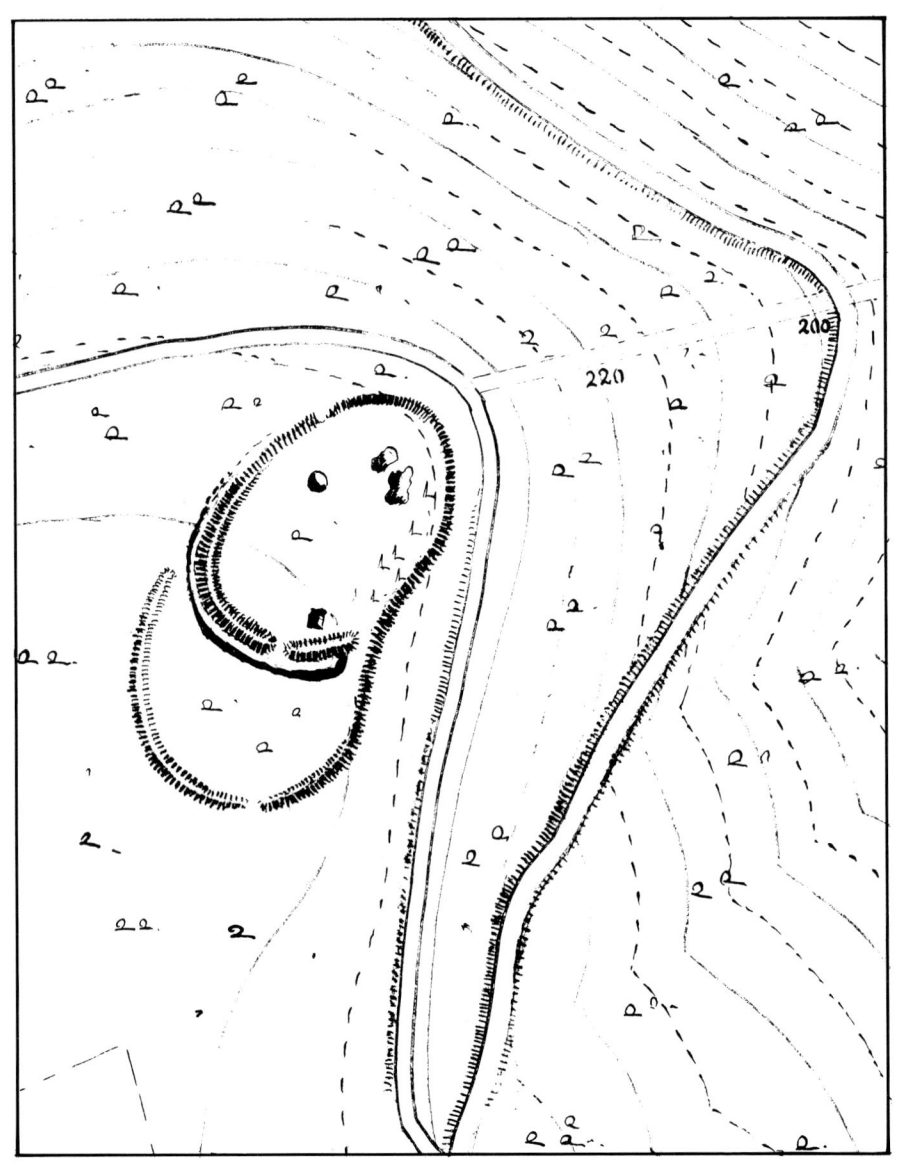

Abb. 1   Plan der Wahlsburg (Aufnahme W. Lange 1909, Ausschnitt). – M = 1:2500.

Die auf der Ostseite als Terrasse ausgebildete Befestigungslinie der Hauptburg setzt sich auf dieser Seite nach Süden als Vorburgbefestigung fort und verläuft als halbkreisförmiger Wall nach Westen und schließlich nach Norden, um hier kurz vor dem Anschluß an den Graben der Hauptburg zu enden. Ein Tordurchlaß zur Vorburg ist wohl bei der Wallunterbrechung ganz im Süden anzunehmen.

Der Wall der Hauptburg ist auf der Südseite, wo das dem Graben entnommene Material zum Wallaufbau gedient haben wird, recht stark ausgeprägt, während der Vorburgwall schwächer angelegt ist. Im Wallkörper sind bei Bodenaufschlüssen vor allem an der Frontseite etliche Steine sichtbar. Ob die Wälle von Haupt- und Vorburg ursprünglich eine Frontmauer besaßen, ist ohne Ausgrabungen nicht zu entscheiden. Nach Parallelbefunden in fast gleichartigen Anlagen ist dies aber zumindest für die Hauptburg anzunehmen. Dabei kann es sich auch um eine trocken gesetzte Blendmauer handeln.

Im Südteil der Hauptburg befindet sich gleich hinter dem Wall eine Eintiefung, die zu einem Steinkeller, bzw. einem steinernen Grubenhaus gehört haben wird. Drei weitere ganz ähnliche Gruben liegen im Nordteil, die – auch nach einem leidlich erkennbaren gesetzten Mauerstück – ebenfalls zu eingetieften Steingebäuden gehören müssen. Damit ist für das Kernwerk eine Innenbesiedlung nachzuweisen.

Auch wenn von der Wahlsburg bisher kein datierendes Fundmaterial bekannt ist, so kann man die Anlage zweifellos in den Kreis der frühmittelalterlichen Befestigungen einreihen. Ihre beste und nahe gelegene Parallele hat sie in der Wallanlage auf dem Hahn bei Trendelburg—Deisel.

Literatur:

H. Dänner, Zur Vorgeschichte des Landes zwischen Diemel und Weser. In: Handbuch des Heimatbundes für Kurhessen, Waldeck und Oberhessen 3. Kreis Hofgeismar (1966) 24. – U. Dahmlos, Archäologische Funde des 4.-9. Jahrhunderts in Hessen. Untersuchungen und Materialien zur Verfassungs- und Landesgeschichte 7 (1979) 126. – R. Gensen, Althessens Frühzeit. Frühgeschichtliche Fundstätten in Nordhessen. Führer hess. Vor- u. Frühgesch. 1

(1979) 97. – C.-W. Lange, Hessen in vor- und frühgeschichtlicher Zeit. In: C. Heßler, Hessische Landes- und Volkskunde (1908) 297. – O. Uenze, Wahlsburg. In: Handb. hist. Stätten Deutschlands 4. Hessen (3. Auf. 1976) 444.

R. Gensen

Die Sieburg bei Karlshafen

Zufahrt: Am bequemsten erreichbar sind die Wallanlagen der Sieburg von der Straße aus, die von der B 80 (aus Richtung Gewissenruh) beim Wirtshaus „Waldesruh" abzweigt und über die Höhe nach Helmarshausen führt. An der höchsten Stelle der Straße befindet sich ein Parkplatz, von dem aus man sich in nördliche Richtung wendet (siehe Plan).

Bei keiner der Ringwallanlagen Nordhessens wird durch natürliche und künstliche Befestigung ein solch großes Areal umschlossen wie bei der Sieburg (Abb. 1). Es handelt sich um eine nahezu ebene Hochfläche, die fast ringsum mehr oder weniger steil zur Weser und Diemel hin abfällt, die hier in die einen großen Bogen beschreibende Weser mündet. Nur nach Süden zu hat die Hochfläche Verbindung zu dem umliegenden Land. Hier befinden sich zwei Abschnittswälle und -gräben. Der innere, 550 m lange Wall verläuft in annähernd westöstlicher Richtung von einem Steilhang zum anderen. Er ist streckenweise nur schwach zu sehen und liegt außerdem zum Teil in schwer durchdringlichem Dickicht. Am Ostende scheint er nur aus Steinen zu bestehen (ursprünglich Mauer?). Eine deutliche 4 m breite Lücke im Wall könnte hier möglicherweise als Tor zu deuten sein. Der Innenraum hat die erstaunliche Größe von mehr als 1 km². Sehr viel stärker ausgebildet ist der äußere Wall, der aber nur 250 m lang ist, als sei er nicht fertiggestellt worden. Funde liegen von der Sieburg noch nicht vor. Eine genauere Datierung ist also nicht möglich. Man möchte vermuten, daß der äußere Wall bereits frühgeschichtlich ist.

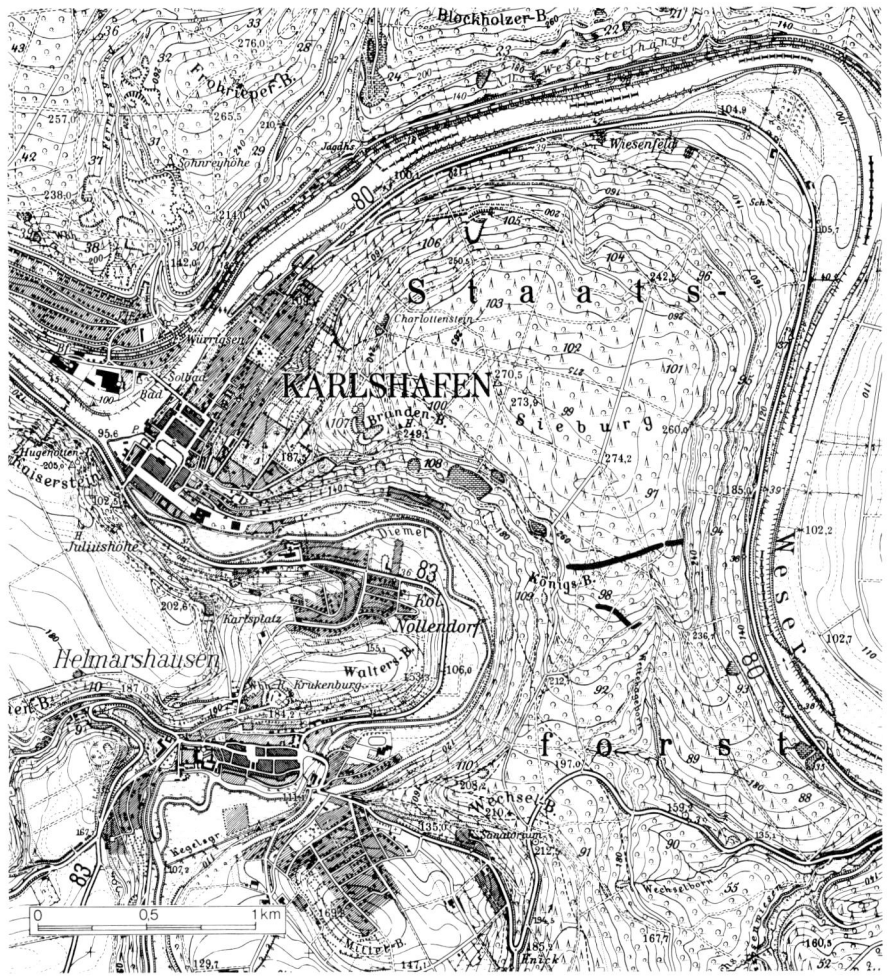

Abb. 1   Die Lage der Sieburg mit Bad Karlshafen und der Krukenburg.

Literatur:

A. v. Oppermann u. C. Schuchhardt, Atlas vorgeschichtlicher Befestigungen in Niedersachsen (1888–1916) 63 f. Taf. 50. – O. Uenze. In: Handb. hist. Stätten Deutschlands 4. Hessen (3. Aufl. 1976) 415.

Irene Kappel

109

Herstelle

Zufahrt: Zum Burgbereich von Herstelle gelangt man, wenn man von Bad Karlshafen der Bundesstraße 83 folgend, nach Durchfahren des heutigen Ortes Herstelle am Ortsausgang, gegenüber dem Gutshof Kemperfeld, nach Südosten abbiegt und der ausgeschilderten Straße zur Benediktinerinnenabtei vom Hl. Kreuz folgt. Dort befindet sich vor der Abteibuchhandlung ein Parkplatz. Folgt man von dort der Klostermauer nach Nordwesten, so erreicht man nach 100 m das Gelände der ehemaligen Burg.

Für das Jahr 797 berichten die Reichsannalen, daß Karl der Große Mitte November mit seinem Heer nach Sachsen zieht und an der Weser ein „castrum" genanntes Lager aufschlägt, um dort zu überwintern und sowohl Weihnachten als auch Ostern zu feiern. Während dieses langen Aufenthalts sind seine Söhne Ludwig und Pippin bei ihm. Ersteren entläßt er von hier aus als Begleitung für den in Aachen zu ihm gestoßenen Sarazenen Abdellah, den zweiten entsendet er nach Italien. Weiterhin bringen Gesandte der Awaren reiche Geschenke nach Herstelle, ebenso ein Gesandter des Königs Alfons von Galicien und Asturien namens Froia, der ein Zelt von wunderbarer Schönheit überreicht. Karl selbst beschäftigt sich in diesen Monaten mit der Ordnung und Neugliederung Sachsens.

Der Platz erhält den Namen Heristelli, bzw. Haristalli, wobei offensichtlich der Name nach dem Stammsitz der Karolinger, dem heutigen Herstal an der Maas ausgewählt worden ist.

Eine solch aufwendige Hofhaltung Karls ist sonst außer für Paderborn und vielleicht auch Lippspringe für keinen Platz im Sachsenland nachzuweisen. Auch die Sammlung des Heeres in Herstelle, von wo aus er zunächst weserabwärts nach Minden zieht, wird entsprechende Versorgungseinrichtungen erfordert haben.

Es ist als sicher anzunehmen, daß der Platz eine entsprechend große Befestigung besaß und daß sich im Innern steinerne beheizbare Gebäude und eine Kapelle oder Kirche befanden. Leider ist das Gelände der Burg und des östlich anschließenden Klosters durch mittelalterliche und neuzeitliche Überbauungen und Umwandlungen so stark gestört, daß sich diese Spuren nicht erhalten haben. Von der topographischen Situation her kann der Platz des „Castrums" nur im Bereich der seit dem späten Mittelalter bezeugten und zu Anfang des vergangenen Jahrhunderts umgestalteten Burg und der östlich anschließenden Klostergebäude gelegen haben. Das Gelände fällt hier nach Norden zur Weser steil ab, auch wenn dieser Hang durch Sprengungen für die die Weser begleitende Bremer Straße noch verändert worden ist. Nach Westen bietet der tiefe Taleinschnitt eines am Gut Kemperfeld vorbeifließenden Baches einen natürlichen Schutz. Im Osten muß dieser Platz durch eine entsprechende Befestigung gegen das zunächst noch ansteigende Gelände etwa dort abgesichert gewesen sein, wo jetzt die kleine vom heutigen Ort kommende steil bergauf führende Straße östlich am Kloster vorbei nach Südosten als Hohlweg bergauf führt. Auch die sanfte Geländeneigung nach Süden erforderte sicher eine künstliche Befestigung.

Zwar vermochte der Frankenkönig mit seinem anwesenden Heer sicher in kurzer Zeit eine Befestigung zu errichten, doch erscheint es unwahrscheinlich, daß Karl erst ab Mitte November mit dem Bau seines für etliche Monate besetzten Winterquartiers begonnen hat. Entweder hat er den Platz einer eingenommenen, vormals sächsischen Befestigung benutzt und ausgebaut, oder es bestand hier schon mindestens seit Beginn der Sachsenkriege eine jener Etappenstationen, die an den Aufmarschstraßen an vielen Stellen nachweisbar sind, wobei der Platz Herstelle einen Weserübergang sicherte und entsprechend groß gewesen sein wird. Eine späte, wohl unzutreffende Überlieferung berichtet, daß Karl an dem Ort ein Weserbistum habe gründen wollen, welches dann zugunsten von Paderborn aufgegeben worden sei.

Angesichts der topographischen Situation mutet es ganz unwahrscheinlich an, daß jenes König mit Gefolge und Heer aufnehmende Castrum unterhalb nahe der Weser zu suchen ist, was gelegentlich vermutet wurde.

Bei einer vor einigen Jahren von der Außenstelle Bielefeld des

Abb. 1   Der sogenannte Karlstein von Herstelle. H. 1,15 m.

Westfälischen Museums für Archäologie durchgeführten Ausgrabung wurde lediglich eine vermutlich karolingische Kugeltopfscherbe ohne stratigraphischen Zusammenhang gefunden. Ein wohl in die Karolingerzeit zu datierendes Denkmal besitzen wir in dem sog. Karlstein, einer Steinstele von 1,15 m Höhe und 0,67 m Breite, die auf beiden Seiten ein erhabenes Kreuz mit ausladenden, sich verbreiternden Kreuzarmen besitzt,

112

wobei der untere Kreuzarm abwärts bis zur Breite des Steines ausläuft (Abb. 1).

Der heutige Standort auf dem wuchtigen mensaartigen Steinsockel vor der Felswand ist sicher nicht der ursprüngliche, da der Stein zwei Schauseiten besitzt und also frei gestanden haben muß, zumal dieser Standort erst nach den Sprengungen für die Bremer Straße seine jetzige Gestalt bekommen haben kann. Dieser Standort befindet sich westlich des an der Burg vorbeiführenden aufsteigenden Sträßchens am steilen Nordhang. Vermutlich hat der Burgherr Werner Heereman v. Zuydtwyck, der sich auch als Historiker einen Namen machte, um die Mitte des vergangenen Jahrhunderts diesen romantischen Platz geschaffen.

Der Platz des Castrums, des befestigten Königshofes, war zur Zeit des Bischofs Meinwerk zu Beginn des 11. Jhs. im Besitz von Paderborn. Seit dem 13. Jh. ist eine Burg nachweisbar, die 1385 an die v. Falkenberg verpfändet, zu Beginn des 17. Jhs. zusammen mit den Dörfern Herstelle und Würgassen vom Bischof wieder eingelöst wurde, wogegen die v. Falkenberg den Adelssitz Kemperfeld gründeten. 1820 erwarb Ferdinande Heereman von Zuydtwyck den Burgplatz vom Preußischen Staat und errichtete hier unter weitgehender Umgestaltung des Platzes in den Folgejahren ein Schloß, das zum Mittelpunkt des romantischen Kreises der Familie v. Haxthausen wurde, aus deren Geschlecht sie stammte.

1657 siedelten auf dem Gelände der Kirche Minoriten und bauten das Pfarrhaus zu einem Kloster aus, das nach der 1824 erfolgten Aufhebung des Konvents wieder Pfarrei wurde, bis es 1899 von den Benediktinerinnen vom Heiligen Kreuz aus Peppingen in Luxemburg übernommen wurde. Um 1700 wurde die Pfarrkirche im Klosterbereich abgerissen und im heutigen Ortskern als einfache Barockkirche wieder aufgebaut. Das Kloster ist heute wegen seiner Paramentstickereien berühmt.

Literatur:
M. Coen, Herstelle an der Weser. Dorf, Burg und Kloster in Vergangenheit und Gegenwart (1978). – W. Lesch, Herstelle. In: Handb. hist. Stätten Deutschlands 3. Nordrhein-Westfalen (1963) 278 f. – H. Multhaupt, Herstelle an der Weser, Chronik eines Weserdorfes (1972).

R. Gensen

Der Ringwall Hahn bei Trendelburg-Deisel

Zufahrt: Der Hahn liegt etwas über 2 km westlich des Ortsteils Deisel von Trendelburg. Bei der Zufahrt über die verlängerte Raiffeisenstraße von Deisel aus über den Weg hinter den Kalksteinbrüchen nach Nordwesten, dann über die Wiesen an der neu errichteten Schutzhütte vorbei, braucht man zwar keine so großen Höhenunterschiede zu überwinden, allerdings führt das letzte Stück des Zuganges nach Nordwesten und Norden quer durch den Wald. Leichter zu finden ist der Zugang von der von der B 83 im Ort Deisel nach Westen abzweigenden Straße nach Langenthal, wo man etwa 700 m nach dem Ortsende Deisel – etwa 250 m hinter einem nördlich der Straße gelegenen Aussiedlerhof – den nach Südwesten zum Waldgebiet „Auf der Burg" ansteigenden befestigten Weg durch die Wiesen benutzt. Bald nach Erreichen des Waldrandes kreuzt dieser Weg einen unteren, mit einem Holzabfuhrplatz verbundenen Horizontalweg, um weiter nach Südwesten und Westen bergauf zu führen und einen mittleren Horizontalweg wiederum schräg zu überqueren, um nach einem recht steilen Anstieg den oberen Horizontalweg zu erreichen, der dann nach Westen hin um die Unterseite des Ringwalles herumführt.

Das in sich stark gegliederte Muschelkalkplateau westlich von Deisel „Auf der Burg" mit seiner bewaldeten Nordseite fällt nach Norden und Westen zum Narrenbach und zum Borngrund sehr steil ab. Auf dem nördlichen Kopf dieses bewaldeten Bergrückens liegt auf einem nach Norden leicht abfallenden Bergvorsprung die Ringwallanlage mit Steilhängen im Osten, Norden und Westen.

Die Befestigungsanlage besteht aus einem inneren Bering, der auf der südlichen Frontseite eine Länge von 75 m hat und sich von dort aus in einem die Nordseite umfassenden Bogen fast horizontal an die Geländekante anlehnt und dabei nochmals

114

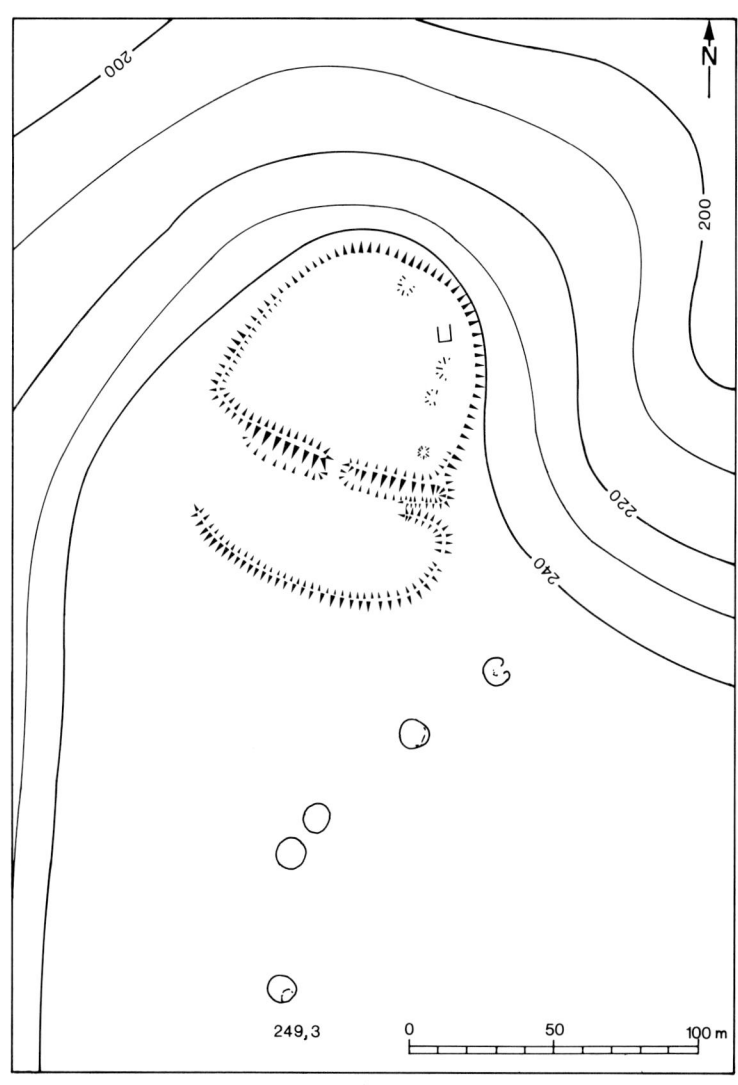

Abb. 1   Plan des Ringwalles Hahn bei Deisel mit benachbarten Grabhügeln.

etwa 70 m weit nach Norden reicht, wodurch er eine Fläche von 0,45 ha einnimmt (Abb. 1).

Die auffälligste Befestigung hat die Anlage auf der gefährdeten Südseite. Dort sperrt den Bergsporn zunächst ein bis zu 1,30 m hoher Steinwall ab, dem ein recht ausgeprägter in seinen Profilen steiler Graben vorgelagert ist (Abb. 2). Etwa in der Mitte dieser Frontseite befindet sich eine 4 m breite Unterbrechung des Steinwalles und auch des Grabens als einziges Tor zum inneren Mauerring, ohne daß jedoch ein Einbiegen des Steinwalles oder eine Verstärkung der Wallenden zu erkennen sind.

In dem Steinwall sind z. T. sehr große, bis zu 0,70 m lange Kalksteinquader zu erkennen. Von der Südwestseite aus zieht der Wall in einem Bogen um die Nordseite herum wieder nach Süden, wobei die Befestigungslinie auf der Westseite noch als schwächer ausgeprägter Wall erhalten, im Norden und Osten dagegen nur noch als deutlich versteilte Terrassenkante zu erkennen ist.

Der vorgelagerte, sonst sehr ausgeprägte Graben hört im Westen etwa 12 m vor der Steilkante des Geländes plötzlich auf, ohne daß sich im Steinwall eine Unterbrechung etwa für eine Toranlage abzeichnet. Vielmehr biegt der Wall an der Geländekante zu dem nördlichen Bogen um. In dem Steinwall ist, wenn auch heute nicht mehr erkennbar, eine Mauer enthalten, die ebenso für den Vorwall, zumindest für dessen Ostteil anzunehmen ist.

Mit einem größten Abstand von 45 m ist dem südlichen Frontwall des inneren Beringes im Süden ein sichelförmig verlaufender Wall vorgelagert, der ebenfalls nur aus Steinen besteht und dem kein Graben vorgelagert ist. Auch dieser Wall beginnt im Westen nicht unmittelbar an der Steilkante, sondern läßt dort ein Stück ebenes Gelände frei. Dann zieht er mit einer Gesamtlänge von 115 m im Bogen nach Osten, schwenkt in scharfer Rundung nach Norden und dann nach Westen hin ein. Dazu gehört offensichtlich ein an der Südostecke des inneren Mauerringes angesetzter Steinwall, der den östlichen Grabenkopf umschließt und auf dessen Südseite nochmals etwa 12 m nach

Abb. 2 Hahn bei Deisel. Der Wall mit vorgelagertem Graben auf der Südseite des inneren Berings. Von Westen.

Westen einzieht, so daß dieses Wallstück zusammen mit dem umbiegenden Ende des Vorwalles hier ein Tor mit einbiegenden Enden und damit den Zugang zum Gelände des Vorwalles bildet. Im Südosten ist in jüngerer Zeit ein Wegedurchlaß freigeschoben worden, wobei das Steinmaterial weiter nach Osten verlagert wurde. Darunter befinden sich erstaunlich große Kalksteinquader. An der Durchbruchstelle deuten sich in den untersten Lagen die Mauerfronten an.

Im inneren Bering sind einige Bebauungsspuren zu erkennen. Zunächst liegt im Südostteil eine flache dellenartige Eintiefung mit ebenem Boden. Parallel zur östlichen Terrassenkante befinden sich dann zwei mit ihren Westenden in den sanften Hang einschneidende Terrassen. Eine weitere liegt im Nordteil, wobei dort das Südende in den Hang einschneidet. Sicherlich handelt es sich dabei um eingeebnete Gebäudeflächen.

Dazwischen liegt dann im Nordosten ein eingetiefter Steinkeller, der offensichtlich wieder freigelegt worden ist. Er hat eine Länge von 5 m in Nord-Süd-Richtung und eine Breite von etwas über 3 m. Der Fels ist hier abgearbeitet und an der Innenseite mit plattigem Mauerwerk aus Kalksteinen verblendet. Ob dieser Keller im Norden als Eingang einen Kellerhals hatte, ist heute nicht sicher zu entscheiden.

Nach seiner Gestalt, nach der Anlage der Wälle und des auf der Frontseite etwa 1,70 m tiefen Grabens und nach dem Befund des Steinkellers und der eingetieften Gebäudeflächen muß es sich bei der Anlage um eine frühgeschichtlich-frühmittelalterliche Befestigung handeln.

Etwa 35 m südöstlich des einbiegenden Vorwalles befindet sich nahe dem östlichen Steilabfall ein runder Steinhügel, der in der Mitte wohl durch eine Raubgrabung gestört ist. Ein weiterer Steinhügel liegt etwa 30 m weiter südwestlich in etwa 45 m Abstand vom Vorwall. Mindestens drei weitere Steinhügel befinden sich weiter südlich bis zur nach Südwesten vorspringenden Höhe.

Die Hügel sind alle nur 0,50–0,70 m hoch und haben einen Durchmesser von 8–10 m. Sicherlich handelt es sich dabei um Grabhügel unbekannter Zeitstellung. Zunächst machen sie einen vorgeschichtlichen Eindruck. Man muß sich dann allerdings wundern, daß ihr Steinmaterial nicht zum Bau der Befestigungsanlage verwendet worden ist. Daher könnte es sich auch um frühgeschichtliche Grabhügel aus der Benutzungszeit der Anlage handeln, was für eine Frühdatierung (innerhalb des frühen Mittelalters) der Befestigung auf dem Hahn sprechen würde.

Literatur:

H. Dänner, Zur Vorgeschichte des Landes zwischen Diemel und Weser. In: Handbuch des Heimatbundes für Kurhessen, Waldeck und Oberhessen 3. Kreis Hofgeismar (1966) 24. – W. Lange, Hessen in vor- und frühgeschichtlicher Zeit. In: C. Heßler, Hessische Landes- und Volkskunde (1908) 297.

R. Gensen

Der Ringwall auf der Eberschützer Klippe

Zufahrt: Die Wallanlage auf der Eberschützer Klippe liegt noch in der Gemeinde Hofgeismar 6 km südsüdwestlich von Trendelburg und 4 km nord-nordwestlich von Hofgeismar. Folgt man von der Bundesstraße 83 im Ortsteil Hümme der Straße nach Eberschütz, so zweigt etwa 40 m vor dem Ortsende von Hümme die Dingelstraße nach Westsüdwesten ab. Nach 800 m gabelt sich dieser Weg und man bleibt auf dem rechten oberen Weg, der unmittelbar am Segelfluggelände vorbeiführt. Nach weiteren 1500 m erreicht man den Waldrand. Von hier aus führt der Waldweg noch etwa 300 m nach Westen bis zu einer vielfachen Wegekreuzung. In der Nordwestecke des mit der Kreuzung verbundenen Holzverladeplatzes beginnt der nach Norden führende und nach 300 m die Ringwallanlage erreichende Weg.

Nördlich und nordwestlich von Hofgeismar liegt ein bewaldeter, vielfach gegliederter Gebirgsstock mit dem 392 m hohen Heuberg als höchster Kuppe. Dieses Bergland wird im Osten vom Tal des Esse-Baches und im Norden von dem der Diemel begrenzt. Auf seinem nördlichsten Vorsprung, der sich mit 250 m über NN noch um rund 130 m über das Diemeltal erhebt, liegt die Eberschützer Klippe mit dem auf ihrem nach Nordwesten vorspringenden Bergsporn gelegenen Ringwall.
Bei der Befestigung (Abb. 1) handelt es sich um eine dreiteilige Anlage, deren Nord- und Nordostteile durch jüngere Wegebauten stark gestört sind. Ergänzt man die Anlage dort nach der topographischen Situation, so umschloß die zum nordwestlichen Steilhang gelegene, ursprünglich innere Burgfläche einen Raum von etwa 0,35 ha Größe.
Die erhaltene Wallführung der Westseite setzt wohl voraus, daß schon bei der Planung der südöstlich anschließende heutige Mittelteil der Befestigung als eine Art Vorburg mit einbezogen war. Die Trennung zwischen diesen beiden Burgteilen ist im Südwestteil noch durch den umbiegenden, allerdings nur flachen Wall mit dem vorgelagerten Graben zu erkennen, doch hört der Wall auf halber Strecke von Südwesten aus gesehen auf, und auch der vorliegende Graben läuft nach Nordosten hin aus. Der mittlere Befestigungsteil umschließt eine Fläche von etwa 0,55 ha.

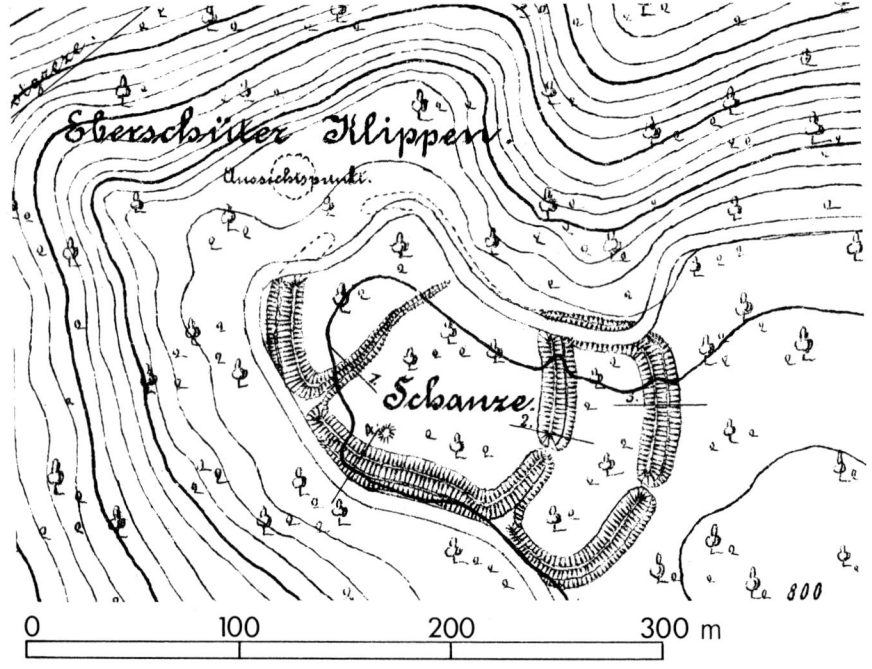

Abb. 1 Plan des Ringwalles auf der Eberschützer Klippe (nach v. Oppermann u. Schuchhardt).

Der Erhaltungszustand der übrigen Wälle im Verhältnis zur Trennungslinie zwischen der nordwestlichen und der mittleren Befestigung läßt vermuten, daß zum jüngsten Benutzungszeitpunkt der Befestigung diese Trennungslinie praktisch keine Funktion mehr hatte. Vielmehr scheinen die ursprünglich im Nordwesten gelegene innere Burg und der anschließende mittlere Teil eine dann etwa 1 ha große Fläche umfassende Befestigung zu bilden, der im Südosten dann der dritte Befestigungsteil als Vorburg angegliedert war.

Die also 1 ha umschließende innere Burgfläche besitzt im Südosten auf der Höhe des Bergsattels einen Tordurchlaß, desgleichen korrespondierend die Südostseite der Vorburg, dort wo heute Wall und Graben unterbrochen sind.

Bei der Vermessung durch C. Schuchhardt fanden sich in der in die mittlere Wallanlage führenden Toranlage Mörtelspuren. Es bleibt unsicher, ob nur dieses Tor (und evtl. auch das äußere) durch den nachträglichen Einbau einer gemörtelten Mauer im Torbereich gesichert war oder ob die Anlage insgesamt eine gemörtelte Befestigung besaß, wobei auch dann die Frage zu stellen ist, ob die angenommene Mörtelmauer zur ersten Befestigungsphase gehörte. Da sich im Innenraum der Befestigung Scherben „vorgeschichtlicher Machart" fanden, ist nicht auszuschließen, daß die Anlage oder doch Teile von ihr schon vor dem Bau der gemörtelten Tore und Mauern befestigt war.

Dem Typ nach gehört die Befestigung auf der Eberschützer Klippe sicher zu jenen auf Bergspornen angelegten, oft mehrfach gegliederten Ringwallanlagen aus frühgeschichtlich-frühmittelalterlicher Zeit, wie sie gerade am Nordrand der Mittelgebirge besonders oft vorkommen.

Literatur:

H. Dänner, Zur Vorgeschichte des Landes zwischen Diemel und Weser. In: Handbuch des Heimatbundes für Kurhessen, Waldeck und Oberhessen 3: Kreis Hofgeismar (1966) 23 f. – R. Gensen, Althessens Frühzeit. Führer hess. Vor- u. Frühgesch. 1 (1979) 91. – I. Kappel, Vor- und frühgeschichtliche Geländedenkmäler des Stadt- und Landkreises Kassel. Jahrbuch '78 Landkreis Kassel (1977) 31. f. – W. Lange, Hessen in vor- und frühgeschichtlicher Zeit. In: C. Heßler, Hessische Landes- und Volkskunde (1908) 297. – A. v. Oppermann u. C. Schuchhardt, Atlas vorgeschichtlicher Befestigungen in Niedersachsen (1888–1916) 32, Nr. 39 Blatt XXV, C.

R. Gensen

Die Städtischen Sammlungen für Heimatkunde Hofgeismar

Rathaus, Markt 1. – Öffnungszeiten: mittwochs 15–18 Uhr, freitags 17–19 Uhr, sonntags 11–13 Uhr und 15–18 Uhr sowie nach Vereinbarung

Als die Städtischen Sammlungen für Heimatkunde anläßlich des Hessentages 1978 in zumeist neuen und vorzüglich ausgestatteten Räumlichkeiten in den Rathausgewölben und einem Nachbargebäude wiedereröffnet wurden, konnten sie bereits auf ein 40jähriges Bestehen als „Heimatmuseum" zurückblicken.

Die während der vorübergehenden Schließungsphase nach 1974 tätig gewordene Planungskommission beendete die weitgehend konzeptionslose Anhäufung schlechthin allen museums-„reifen" Gutes durch die Einrichtung inhaltlich-thematisch klar definierter Abteilungen, deren jede von einem als Ehrenbeamter der Stadt tätigen Abteilungsleiter geführt wird. Das räumlich relativ beschränkte Schauangebot zwingt zu wechselnden Sonderausstellungen, die das Material der verschiedenen Abteilungen variabel präsentieren und damit zugleich die Attraktivität des Museums erhalten und erhöhen. In diese Veränderungen allein nicht einbezogen ist die im gotischen Kreuzgratgewölbe von ca. 1230 untergebrachte Abteilung Ur- und Frühgeschichte, deren umfangreiche Sammlungen die Mehrzahl der im Bereich des Altkreises Hofgeismar gemachten Lese- und Grabungsfunde vereinigen. Die bewußt auf einen „Durchgang durch die Geschichte" und damit vor allem auf unterrichtliche Nutzung hin konzipierte Anordnung der 14 Vitrinen und zahlreichen Abbildungen und Schrifttafeln setzt jedoch auch einen Schwerpunkt dort, wo das Museum dank der spezifischen Fundsituation im Altkreis Hofgeismar über besonders reiches Ausstellungsmaterial verfügt – bei der Linearbandkeramik. Den Belegstücken aus dem inzwischen fast gänzlich durch Überbauung gestörten und nur teilweise durch Grabungen erforschten Siedlungsbereich dieser Kulturstufe am Hofgeismarer „Hohlen Weg" konnte nach 1974 das Wissen um

Abb. 1   Funde aus einer neolithischen „Küchengrube" von Hofgeismar.

zwei großräumige Siedlungsplätze dieser Bauernkultur in der
Nähe von Grebenstein und Immenhausen anhand von Tausen-
den von Lesefunden hinzugefügt werden. Innerhalb des nur in
einer kleinen Auswahl gezeigten Materials bildet die 1955 komplett ergrabene „Küchengrube" den Sammlungsmittelpunkt
(Abb. 1). Der mesolithische Platz bei Hombressen mit seinen rd.
10 000 Einzelfunden und die Urnenfelder entlang der Diemel
und an der hessischen Weser setzen weitere Akzente (Abb. 2).
Das keramische Material dieser Abteilung begründet eine

Abb. 2 Keramik der Urnenfelderzeit aus Fundplätzen an Diemel und hessischer Weser.

nahezu bruchlose chronologische Folge von den ersten Gefäßen bis zu der mittelalterlichen Töpfereiware aus dem Wallfahrtsort Gottsbüren, die ihrerseits innerhalb der volkskundlichen Abteilung des Museums am Anfang der Schwerpunkt-
sammlung „Töpferei des Reinhardswaldraumes" (mit Töpfer-
ecke und großem Marktstand) steht. Daneben erlauben bäuer-
liche Truhen sowie Lampen und Leuchter einen weiteren Einblick in die Lebens- und Arbeitswelt unserer Vorfahren.
Die früher eher diffuse stadtgeschichtliche Abteilung erfuhr
während der letzten Jahre derart umfangreiche Zugewinne, daß
heute die Sammlungen zur Militärgeschichte (Hofgeismar zählt
zu den ältesten deutschen Garnisonen) und zur Geschichte der
Hugenotten und Waldenser (vier der acht Stadtteile Hofgeis-

mars sind Gründungen der französischen Glaubensflüchtlinge) als eigene Abteilungen verselbständigt wurden. Hervorzuheben ist die breitgefächerte Dokumentation der Garnisonszeit von 1875 bis 1919 anhand von Sachgütern, Bildern, Urkunden sowie die vielseitige Graphik- und Büchersammlung zur Geschichte der französischen Religionskriege und ihrer Folgen, einschließlich mehrerer Zeugnisse der ungewöhnlich qualitätvollen hugenottischen Silberverarbeitung, vornehmlich aus der Hand von Pierre Frontin, Jean Pierre Stoundre und Pierre Louis Clement. Den Einstieg in die Stadt- und Kreisgeschichte ermöglichen aber auch die alten Landkarten, Stadtansichten, Skizzen und – aus jüngerer Zeit – die künstlerischen Gestaltungen der heimatlichen Landschaft sowie die Ansichtsporzellane, Bücher, Urkunden aus der Geschichte des Bades Hofgeismar (1639 bis 1866) oder das vielfältige Zunftgut.

Trotz des engen regionalen Bezugsraumes vermittelt die geologische Abteilung einen umfassenden Einblick in erdgeschichtliche Zusammenhänge; die Fossilien aus dem Diemelkalk z. B. sind ein weiterer Schwerpunkt des musealen Schauangebots. Besondere Umstände führten in jüngerer Zeit zum Ankauf u. a. einer kompletten Sammlung von Werken des „Schlachtenmalers" Theodor Rocholl (1854–1933). Das Museum verfügt derzeit über rd. 320 Originale dieses Malers der Düsseldorfer Schule, dem die Bewohner und Gäste der Region die 1907 erfolgte Rettung des „Urwaldes" an der Sababurg zu danken haben.

H. Burmeister

Ein mittelsteinzeitlicher Siedlungsplatz bei Hombressen

Zufahrt: Von Hombressen ca. 1,5–2,0 km auf der nach Norden führenden Straße Richtung Beberbeck fahren. Das Fundgelände liegt links der Straße am Osthang des „Distelkopfes".

Ein bedeutender, 1974 durch H. Burmeister entdeckter, mittelsteinzeitlicher Siedlungsplatz liegt am Osthang des „Distelkopfes" auf einer geneigten und etwas ins Gelände vorspringenden lehmig-sandigen Fläche (1,5 km nördlich Hombressen, Stadt Hofgeismar, Ldkr. Kassel). Hier wurden von der Arbeitsgemeinschaft Archäologie der Albert-Schweitzer-Schule in Hofgeismar zahlreiche Abschläge, Kernsteine, Klingen und Mikrolithen aufgelesen, die ihrer Typologie nach aus der frühen Mittelsteinzeit (um 7000 v. Chr.) stammen. Ihr Rohmaterial ist überwiegend Feuerstein und Kieselschiefer. Unter den Mikrolithen, die als Spitzen und Schneiden in Waffen und Geräte eingesetzt waren, dominieren die sog. einfachen Spitzen (50 %). Danach folgen Dreieckspitzen (14 %), mikrolithische Rückenmesser (7 %) und gleichschenklige Dreiecke (6 %). Unter den übrigen Werkzeugformen finden sich kurze Kratzer, Stichel, retuschierte Klingen und ein kleines Kernbeil. Klopfsteine, Retuscheure und Reibplatten aus Quarzit und Sandstein sind relativ häufig. Die Funde sind z. T. im Museum von Hofgeismar ausgestellt. Sie sind die Hinterlassenschaften einer Jägergesellschaft, die hier ihre Behausungen errichtet hatte und diesen Platz sicher als ein dorfartiges Basislager lange Zeit bewohnte.

Literatur:
L. Fiedler, Die Zeit der Jäger und Fischer. Der mesolithische Fundplatz Hofgeismar-Hombressen, Landkreis Kassel. Jahrbuch '79 Landkreis Kassel (1978) 39–42. – Fundber. Hessen 15, 1975 (1977) 426 Abb. 5.

L. Fiedler

Die Hünscheburg bei Hofgeismar

Zufahrt: Die Anlage befindet sich 2 km südsüdwestlich von Hofgeismar. Von der von Hofgeismar nach Liebenau-Niedermeiser führenden Landstraße zweigt etwa 400 m hinter dem Ortsausgang, noch vor dem Lindenhof, ein geteerter Weg nach Süden ab, der an einer Scheune und einem Aussiedlerhof vorbeiführt und in einen in Ost-West-Richtung verlaufenden geteerten landwirtschaftlichen Weg mündet. Folgt man diesem etwa 250 m nach Westen, so gelangt man am Feldrain nach Süden nach 120 m an den nördlichen Wall der Hünscheburg.

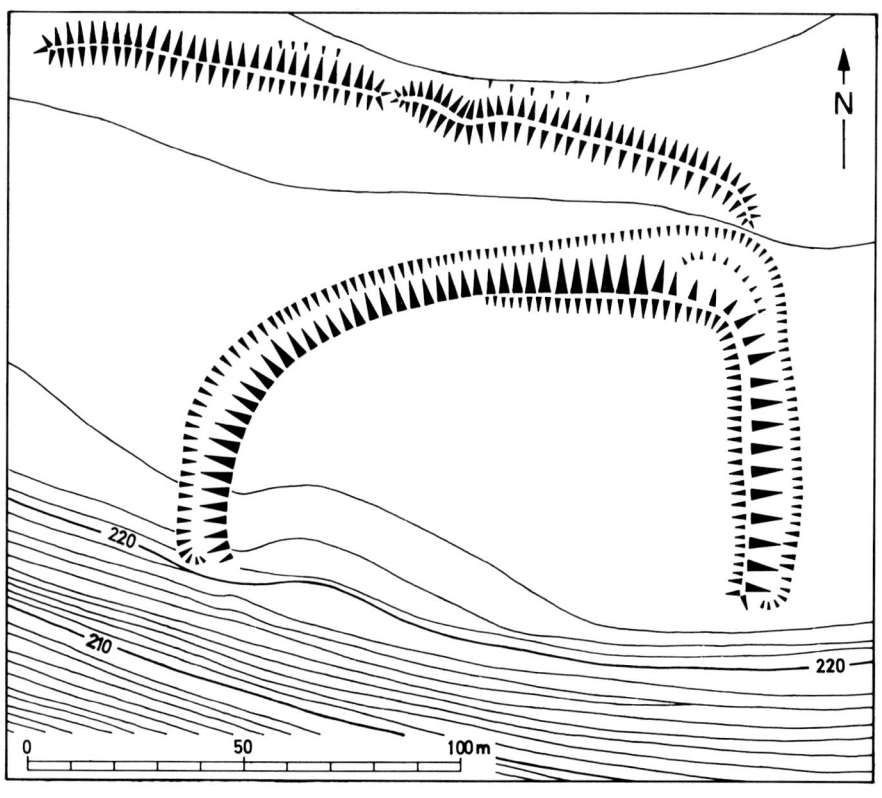

Abb. 1   Plan der Hünscheburg bei Kelze, Stadt Hofgeismar.

127

Die südwestlich von Hofgeismar gelegene, sich nach Osten absenkende leicht wellige offene Ackerlandfläche wird in der Mitte zwischen Hofgeismar und dem Ortsteil Kelze unterbrochen von dem tiefen von Westen nach Osten sich absenkenden Grabeneinbruch des Mäusegrundes, dessen kleiner Wasserlauf sich weiter östlich mit dem von den Kelzerteichen herabkommenden Bachlauf vereint und als Essebach am Ostrand von Hofgeismar nach Norden fließt.

Angelehnt an den Steilhang dieses Grabeneinbruchs liegt an dessen Nordseite die Ost-West gestreckte, ein Oval mit geradem Ostende bildende Hünscheburg. An der südlichen, zum sehr steilen Hang gelegenen Seite sind weder Wall noch Graben vorhanden, da sie wegen des starken Geländeabfalls nicht notwendig waren (Abb. 1).

Im Westsüdwesten der inneren Anlage beginnt ein stellenweise bis zu 4 m tiefer Graben, der den Westteil der Innenfläche bogenförmig umzieht und dann weiter nach Osten führt. Etwa auf der Mitte der Nordseite setzt auf der Innenseite des Grabens ein sehr unregelmäßig ausgebildeter Wall ein, der entweder stark gestört oder unfertig geblieben ist. Er ist etwa 8 m breit und stellenweise noch 2,50 m hoch. Im Nordosten knickt dieser Wall dann im sanften Bogen um und führt fast geradlinig zum Steilhang nach Süden. Der den Wall außen nördlich begleitende Graben entfernt sich zur Nordostecke hin von dem umbiegenden Wall, um hier nach einer breiten Berme rechtwinklig nach Süden umzuknicken und dann wieder Anschluß an den von Nord nach Süd führenden Wall zu finden. Der nach Süden führende Wall und der ihm außen vorgelagerte Graben enden kurz vor dem südlichen Steilhang, wodurch hier das einzige ins Innere führende Tor markiert wird.

Die Ost-West-Erstreckung des inneren Beringes beträgt – vom Wallfuß im Osten bis zur Grabenkante im Westen – knapp 120 m und die Nord-Süd-Breite 70 m, wodurch eine Fläche von etwa 0,7 ha Größe umschlossen wird.

An der Nordostecke der inneren Befestigung, nördlich des Grabenknicks beginnend, zieht sich dann ein der Nordseite vorgelagerter Wall hin, der sich nach West-Nordwesten immer weiter von der Nordseite des inneren Beringes entfernt und nach einer etwa in der Mitte liegenden, vielleicht nachträglich angelegten Unterbrechung nach einer Länge von 150 m im Nordwesten endet. Auch dieser Wall ist unregelmäßig gestaltet. Auf seiner Nordseite ist nur an wenigen Abschnitten ein vorgelagerter Graben in Reststücken zu erkennen. Der Ackerbau auf dem nördlich anschließenden Gelände wird ihn nach und nach verfüllt haben. Dieser Vorwall endet nach Westen, ohne daß ein fortifikatorisch zu fordernder Anschluß nach Süden zu erkennen ist.

Die Befestigungsanlage der Hünscheburg gehört nach der Art ihrer Anlage zu dem Typ eines großen befestigten herrschaftlichen Hofes.

Literatur:
H. Dänner, Zur Vorgeschichte des Landes zwischen Diemel und Weser. In: Handbuch des Heimatbundes für Kurhessen, Waldeck und Oberhessen 3: Kreis Hofgeismar (1966) 15–26. – W. Lange, Hessen in vor- und frühgeschichtlicher Zeit. In: C. Heßler, Hessische Landes- und Volkskunde (1908) 237–317. – A. v. Oppermann u. C. Schuchhardt, Atlas vorgeschichtlicher Befestigungen in Niedersachsen (1888–1916) 4, 31 f. Nr. 38 Bl. XXIV, B. – R. v. Uslar, Studien zu frühgeschichtlichen Befestigungen zwischen Nordsee und Alpen. Beih. Bonner Jahrb. 11 (1964) 98 Anm. 429.

R. Gensen

Die Ringwallanlage auf dem Ahlberg bei Immenhausen-Mariendorf

Zufahrt: Der Ahlberg liegt etwa 1,2 km östlich von Immenhausen-Mariendorf am Westrand des großen Waldgebietes des Gutsbezirkes Reinhardswald unmittelbar oberhalb der kleinen ebenfalls Ahlberg genannten Siedlung. Kommt man von Immenhausen in den Ortsteil Mariendorf, so biegt die Hauptstraße im Ort rechtwinklig nach Nordwesten ab in Richtung Grebenstein-Udenhausen. Von diesem Straßenknick aus führt eine kleine geteerte Straße nach Ostsüdosten, die nach 850 m rechtwinklig nach Nordnordosten umbiegt. Im Bereich der ersten Siedlungshäuser von Ahlberg biegt ein Waldweg nach Nordosten ab, um sich nach wenigen Metern mit einem zweiten von Norden kommenden zu vereinen. Von diesem zweiten kurzen Wegstück aus führt ein wenig befahrener, unbefestigter Holzabfuhrweg nach Nordosten hangaufwärts. Hinter einem Wasserbehälter biegt er über Osten nach Südosten um und führt unmittelbar in das alte Tor der Ahlbergbefestigung.

Der Ahlberg ist als ein sich von Nordosten nach Südwesten absenkendes Plateau ausgebildet, das im Innern mehrere Geländekanten aufweist, von denen die auffälligste im Nordwesten beginnt und nach Südosten zieht. Das Plateau hat im Norden und Osten eine fast gradlinige Begrenzung, während die südwestliche Kante im Bogen ausschwingt (vgl. Abb. 1). Die Größe des allseitig befestigten Plateaus beträgt etwa 1,25 ha.
Im Nordwesten knickt der hier einen nach Nordwesten weiterführenden Berggrat überquerende Wall winklig nach Süden um, um im leicht gerundeten Bogen weiter nach Südosten zu

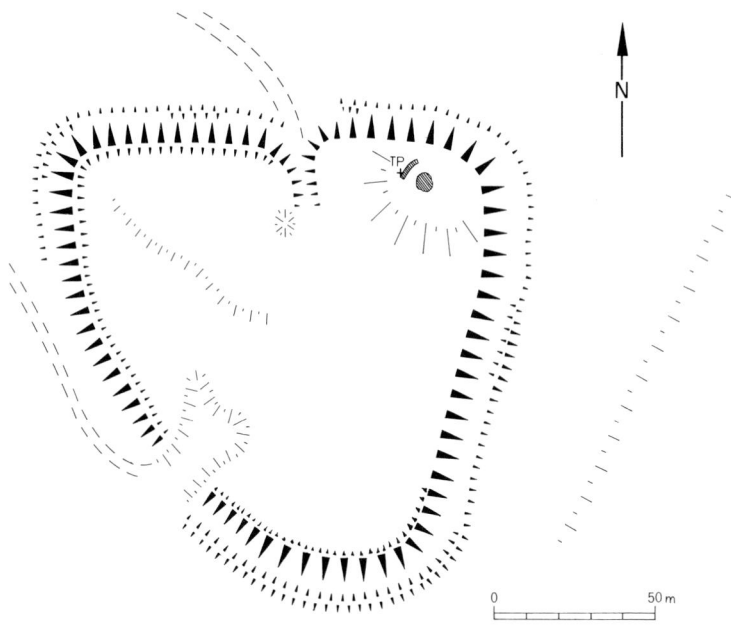

Abb. 1   Planskizze der Ringwallanlage auf dem Plateau des Ahlberges bei Immenhausen-Mariendorf.

führen. Zunächst ist ihm ein Graben vorgelagert, der dann auf einem längeren Stück durch den Zufahrtsweg zu einem Stein- oder Tonbruch gestört ist. Dieser Stein- oder Tonbruch unterbricht die Wallführung im Südwesten und greift mit zwei Mulden in die Innenfläche ein. Danach führt der Wall mit vorgelagertem Graben im sanften Bogen nach Südosten und Osten. Der Abstand von der Wallkrone zu der den Graben außen begleitenden schwachen Gegenböschung beträgt 10–12 m. Im Südosten biegt der Wall dann in sanfter Rundung nach Norden um und führt fast geradlinig etwa 120 m weit nach Norden, um nach dem Überqueren einer Senke hangaufwärts zu ziehen. Auf diesem Stück ist der Wall nur noch als deutliche Terrasse ausgebildet, und auch der vorgelagerte Graben ist nur noch als Terrassenkante der Gegenböschung zu erkennen.

Im Nordosten biegt die Verteidigungslinie — z. T. durch die jüngere Anlage eines Turmes überschüttet — nach Westen um, um nach knapp 50 m als Terrassenkante etwa 15–20 m weit nach Süden einzuschwingen und damit die östliche Wange eines Tores mit einziehenden Enden zu bilden. Die tief eingeschnittene Einfahrtsbreite des Tores beträgt — jeweils von den Oberkanten der Torwangen aus gemessen — etwa 10 m. Die westliche Torwange biegt dann in etwas sanfterem Schwung nach Westen um und ist anschließend wieder als Wall mit vorgelagertem Graben ausgeprägt, um im Nordwesten wieder an das zuerst beschriebene Wallstück anzuschließen.

Unmittelbar an das Ende der westlichen Torwange schließt innen eine ovale Eintiefung von etwa 8 m Länge an. An der höchsten Stelle des Plateaus im Nordosten befindet sich dann eine jüngere, wohl spätmittelalterliche Turmbefestigung. Sie wird aus einem runden oben ebenen Plateau gebildet. Dieses lehnt sich im Norden und Osten an die ältere Befestigung an und ist nach Westen und Süden steil abgeböscht. Auf ihm ist unmittelbar östlich des TP ein gerundeter Mauerbogen zu erkennen. Er besitzt eine Stärke von 0,80 m; der Durchmesser dieser kleinen ringförmigen Mauer, die an anderen Stellen durch den Mauerausbruch zu erkennen ist, beträgt etwa

15 m. In der Mitte befinden sich die Reste eines starken Mauerfundamentes, auf dem der Turm einer kleinen von der Ringmauer umschlossenen Warte gestanden haben muß.

Der ganzen Anlage sind dann vor allem im Osten mehrere scharf ausgebildete Terrassenkanten vorgelagert, die ursprünglich auch fortifikatorisch zur Anlage gehören dürften, auch wenn sie ihre jetzige Gestalt z. T. erst als Ackerterrassen bekommen haben. An einigen Stellen des das Plateau umziehenden Walles sind vor allem an der Außenseite größere Steine sichtbar, die auf eine Mauerfront schließen lassen, deren Konstruktion allerdings noch unbekannt ist. Von der Innenfläche gibt es außer spätmittelalterlichen Scherben im Bereich der Warte Scherben der vorrömischen Eisenzeit, die sicher auf eine befestigte Höhensiedlung auf dem Ahlberg schließen lassen, wozu auch dann die Terrassenbefestigungen gehören können. Außerdem ist das Gelände vor allem westlich des Ahlberges durch zahlreiche Tongruben gestört, die wohl mit der hier zwischen 1664 und 1775 mehrmals erwähnten Ahlberger Glashütte in Verbindung gebracht werden dürfen.

Die jetzige Form der das Ahlbergplateau umziehenden Wallanlage hat allerdings alle Merkmale einer frühgeschichtlich-frühmittelalterlichen Befestigung, die dann die ältere eisenzeitliche Anlage überlagert.

Literatur:
H. Dänner, Zur Vorgeschichte des Landes zwischen Diemel und Weser. In: Handbuch d. Heimatbundes f. Kurhessen, Waldeck u. Oberhessen 3. Kr. Hofgeismar (1966) 24. – Chr. Martin, Topographisch-statistische Nachrichten von Niederhessen 1, 1789, 26. – H. Reimer, Historisches Ortslexikon für Kurhessen. Veröff. hist. Komm. f. Hessen u. Waldeck (1926) 3.

R. Gensen

Die „Burg" bei Knickhagen

Zufahrt: Die Straße von Immenhausen über Holzhausen nach Knickhagen
macht – etwa 250 m vor Knickhagen – eine starke Rechtskurve. Einem dort
nach Süden abzweigenden Weg folgend gelangt man nach 50 m zu der Anlage
hinauf (siehe Abb. 1).

Die „Burg", eine annähernd quadratische Anlage, mit einem
kleinen Vorwall nach der gefährdeten Seite zu, liegt auf einem
sich 20 m über die Talsohle erhebenden Bergsporn (Abb. 1). Leider ist durch Sandgrubenbetrieb, der aber mittlerweile einge-
stellt ist, die Hälfte der Anlage zerstört. Gut erhalten sind der

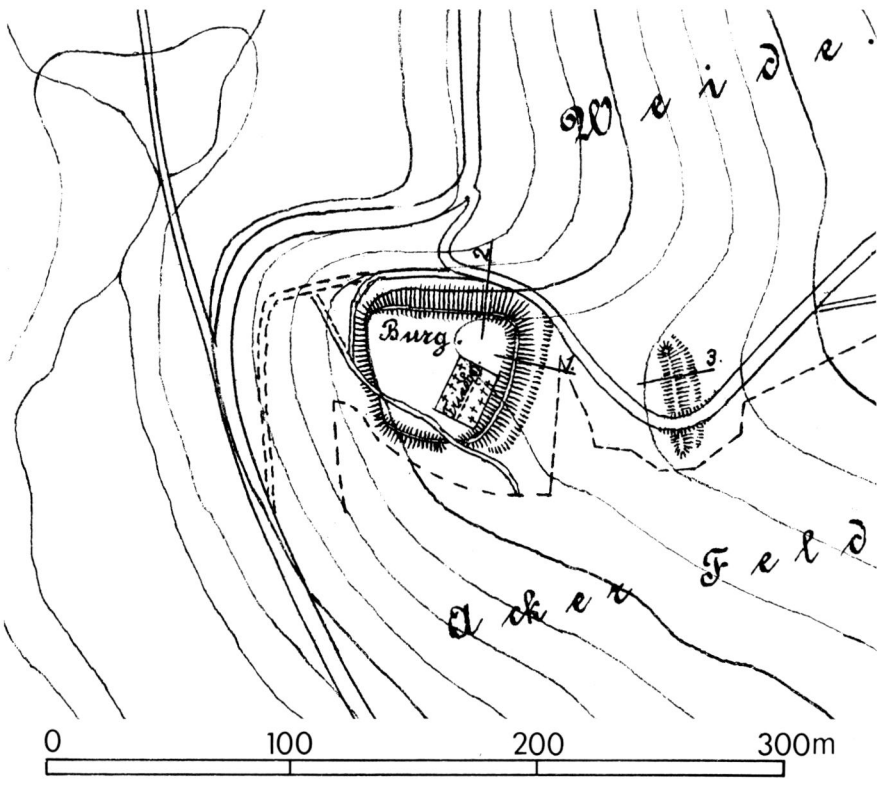

Abb. 1   Plan der Burg bei Knickhagen (nach v. Oppermann u. Schuchhardt).

östliche Wall und Graben. Bei einer kleinen von C. Schuchhardt durchgeführten Untersuchung fanden sich nicht nur eindeutig mittelalterliche, sondern auch handgemachte Scherben, diese z. T. 1 m tief unter der Grabensohle. Schuchhardt hielt diese Scherben und damit auch die Befestigung für prähistorisch. Da man inzwischen weiß, daß handgemachte Keramik auch noch in historischer Zeit vorkommt, muß man mit der Altersbestimmung vorsichtig sein. R. v. Uslar betont das Vorkommen solcher Viereckwälle – u. a. Beispiel Knickhagen – bis in das hohe Mittelalter hinein.

Literatur:
A. v. Oppermann u. C. Schuchhardt, Atlas vorgeschichtlicher Befestigungen in Niedersachsen (1888–1916) 31 Taf. 24 A. – R. v. Uslar, Studien zu frühgeschichtlichen Befestigungen zwischen Nordsee und Alpen. Beih. Bonner Jahrb. 11 (1964) 137 Anm. 578.

Irene Kappel

134

EXKURSION II:
LIEBENAU – WOLFHAGEN –
ZIERENBERG – GROSSENRITTE

Das Steinkammergrab von Calden

Zufahrt: Von der B 7 (Kassel – Warburg) in der Ortsmitte von Calden abzweigen in Richtung Wilhelmsthal. Nach ca. 500 m in Linkskurve rechts abbiegen in Richtung Gesamtschule Calden. Nach ca. 250 m am rechten Straßenrand Teilrekonstruktion des Grabes aus den erhaltenen Platten.

Hauptlehrer J. Schüler aus Calden ist eine erste Meldung über einen großen südlich Calden, nahe der Quellfassung der Calde, freigelegten Stein an das Landesmuseum Kassel zu verdanken. Ein daraufhin von H. Schönberger angelegter Probeschnitt traf auf eine kaiserzeitliche Siedlung der ersten nachchristlichen Jahrhunderte. Als im März 1948 der Stein ganz aus dem Acker gezogen war, untersuchte Pfleger Lehrer Boley, veranlaßt durch J. Schüler, die Fundstelle des Steines selbst und fand Schädel und andere menschliche Knochen. Jetzt wurde das Amt für Bodenaltertümer in Marburg verständigt, dessen Leiter O. Uenze, unterstützt von H.-J. Hundt, die gesamte Anlage ausgrub, wobei sich schnell Schülers Vermutung, daß es sich um ein Steinkammergrab handele, bestätigte.

Den Zustand unmittelbar nach der Ausgrabung zeigt der Plan (Abb. 1). Aus den Standspuren der Wandplatten kann man auf ein Grab von etwa 12 m Länge und 2 m Breite schließen, eine kleine Vorkammer eingerechnet. Eine Lücke zwischen den Wandplatten ist durch Kalkstein-Trockenmauerwerk gefüllt, die Grabsohle lehmtennenartig festgestampft. Das Grab ist in den Boden eingetieft. Leider war der Erhaltungszustand der Grabanlage sehr schlecht. So wurden die wenigen erhaltenen Steine (Quarzit), darunter auch zwei Deckplatten, unweit der Ausgrabungsstelle, gegenüber dem Eingang zur Gesamtschule, neu aufgebaut (Abb. 2). Sehr schön zeigt gerade das Caldener Grab die Abdeckung mit großen Steinplatten. Die beiden Decksteine des Caldener Grabes verdanken ihre Erhaltung dem Umstand, daß sie – vermutlich im späten Mittelalter – tiefer eingegraben wurden.

Im Grab fanden sich Reste von etwa 40 Toten (nach Uenze 1951,

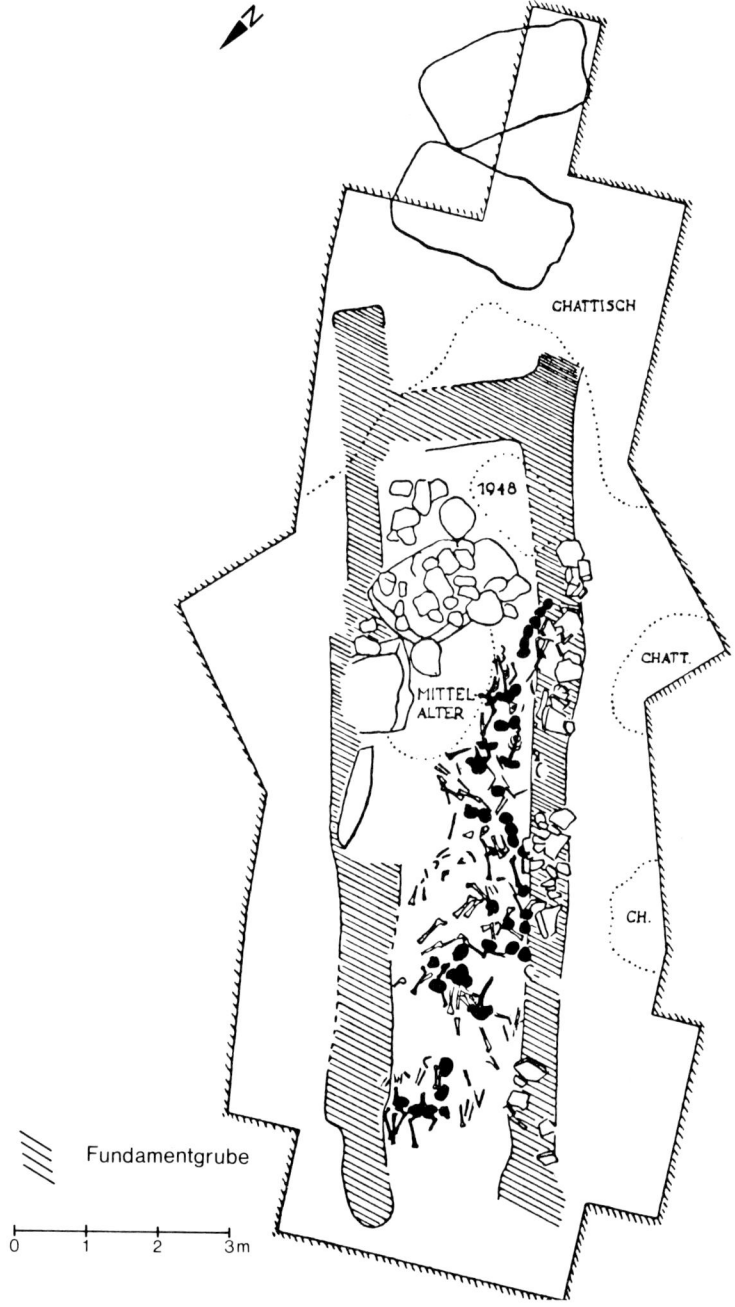

Z

CHATTISCH

1948

MITTEL-
ALTER

CHATT.

CH.

Fundamentgrube

0   1   2   3m

Abb. 1   Plan des Caldener Steinkammergrabes.

137

Abb. 2　Teilrekonstruktion des Caldener Steinkammergrabes.

während Uenze 1956 von etwa 80 Toten schreibt; nach Czarnetzki 1966 Reste von mindestens 30 Individuen). Die Knochen
lagen z.T. wirr durcheinander, z.T. aber noch im Verband. An
einigen Stellen ließ sich erkennen, daß die Toten zu mehreren
nebeneinander, in Querreihen, mit dem Kopf nach dem Eingang zu, in bis zu vier Schichten übereinander bestattet waren.
Schädel und Körper waren vielfach voneinander gelöst, die

Abb. 3　Becher mit Innenösen aus dem
Steinkammergrab von Calden. – Landesmus. Kassel. M = 1 : 2.

138

Abb. 4 Funde aus dem Steinkammergrab von Calden. Axtförmige Bernsteinperle, durchbohrte Reißzähne von Hunden, Pfeilspitzen und Klingen aus Feuerstein. – Landesmus. Kassel. M = 1 : 1.

Schädel an den Wänden aufgereiht. Nach Czarnetzki stammen von 26 näher bestimmbaren Schädeln zwei von Kindern im Alter von 7-14 Jahren, 19 von Erwachsenen im Alter von 20 bis 40 Jahren (10 Männer, 9 Frauen) und fünf von Erwachsenen im Alter von 40-60 Jahren (3 Männer, 2 Frauen). Aufgrund weiterer Kochenfunde lassen sich noch vier Jugendliche im Alter von 15-20 Jahren nachweisen. Das durchschnittliche Sterbealter lag bei 30 Jahren, eigentlich aber noch niedriger, wenn man berücksichtigt, daß Kinderbestattungen (Alter bis 7 Jahre) im Caldener Grab fehlen oder nicht erhalten sind. Die Körpergröße war gering. Nach Bestimmungen anhand der Beinknochen liegt die Durchschnittsgröße der Männer zwischen 1,62 und 1,65 m, die der Frauen zwischen 1,50 und 1,59 m. Große Hirnschädellänge und Nasenbreite fallen auf. Die Zähne sind äußerst stark abgenutzt. Jeder 9. Zahn ist kariös. Erkrankungen im Bereich der Wurzel, Zahnstein u.a. sind zu beobachten.

Auch in diesem Grab sind die übrigen Funde sehr spärlich an der Zahl. Unter wenigen Scherben fällt ein Bruchstück eines Bechers mit Innenösen auf (Abb. 3). Vergleichbares ist aus der nordwestdeutschen Tiefstichkeramik der gleichen Zeit bekannt. Relativ zahlreich sind Pfeilspitzen, meist aus Feuerstein, vertreten (Abb. 4). Auch Klingen und eine Spitze aus Feuerstein sind zu nennen, ferner ein Stück Roteisenstein und eine axtförmige Bernsteinperle (Abb. 4). Sehr auffallend sind weiterhin 12 Fuchsunterkieferhälften und über 40 durchbohrte Reißzähne von Hund (oder Wolf), von denen in einem Fall acht Stück zusammenliegend angetroffen wurden. Die übrigen fanden sich einzeln (Abb. 4). Die Bedeutung dieser Beigaben ist nicht eindeutig zu bestimmen (Amulette?).

Literatur:

A. Czarnetzki, Die menschlichen Skelettreste aus vier neolithischen Steinkisten Hessens und Niedersachsens (Diss. Tübingen 1966). – W. Schwellnus, Wartberg-Gruppe und hessische Megalithik. Ein Beitrag zum späten Neolithikum des Hessischen Berglandes. Mat. z. Vor- u. Frühgesch. Hessen 4 (1979). – O. Uenze, Das Steinkammergrab von Calden, Kr. Hofgeismar. In: O. Uenze, Steinzeitliche Grabungen und Funde. Kurhessische Bodenaltertümer 1 (1951) 22 f.

Irene Kappel

Der Rosenberg bei Liebenau-Niedermeiser

Zufahrt: Der Rosenberg liegt 1,7 km nordöstlich von Niedermeiser, Stadt Liebenau, Ldkr. Kassel. Von der Straße Niedermeiser-Hofgeismar zweigt etwa 300 m hinter der Warmebrücke links eine geteerte Straße nach Nordosten zum Waldrand ab; sie führt dann als Waldweg weiter an einem Wasserbehälter vorbei und endet nach 750 m (vom Waldrand aus gemessen) in dem ehemaligen Basaltbruch an der Südwestseite des Rosenberges. Von diesem Steinbruch aus führt ein an seiner Westseite vorbeiziehender Pfad nach Norden und Nordosten auf die Kuppe des Berges, dessen Südteil durch den Steinbruch abgetragen wurde.

Die fast 300 m über NN gelegene obere Kuppe des Rosenberges ist kaum 25 m lang und 6–8 m breit. Von dem im Westen tiefer gelegenen Basaltrücken ist diese kleine Kuppe durch einen schwach ausgeprägten Graben getrennt. Innerhalb des vom Graben abgetrennten Gebietes der höchsten Kuppe befindet sich an deren Südwestseite eine trichterförmige Eintiefung von fast 10 m Durchmesser. Ob es sich dabei um eine ehemalige Wasserentnahmestelle handelt, oder ob der Trichter jünger ist, bleibt unsicher. Eine weitere trichterförmige Eintiefung, deren Aushub wallartig hangabwärts gelegen ist, befindet sich tiefer am Hang nordwestlich der Kuppe.

Andere Befestigungsspuren sind auf diesem sehr markanten Berg nicht zu erkennen. Mit seinen im erhaltenen Bereich vorhandenen steilen Hängen bildet er eine Art Naturbefestigung. Auf dem Rosenberg, der schon von G. v. Merhart und O. Uenze 1932 als eisenzeitlich besiedelt erkannt wurde, sind inzwischen mehrfach Scherben der Michelsberger Kultur, der vorrömischen Eisenzeit und der Zeit um 1200 n. Chr. gefunden worden. Der die Kuppe abtrennende Graben gehört vermutlich dem hohen Mittelalter an.

Literatur:
Ortsakte Liebenau-Niedermeiser des Landesamtes f. Denkmalpflege Hessen, Abt. Vor- u. Frühgeschichte. – Fundber. Hessen 1, 1961, 148; 3, 1963, 154, 161, 165. – H. Dänner, Zur Vorgeschichte des Landes zwischen Diemel und Weser. In: Handbuch d. Heimatbundes f. Kurhessen, Waldeck u. Oberhessen 3. Kr. Hofgeismar (1966) 22.

R. Gensen

Der Stenderberg bei Liebenau-Ostheim

Zufahrt: Von der Ortsmitte von Ostheim (scharfe Linkskurve) auf der Hauptstraße Richtung Lamerden-Trendelburg nach 250 m links abbiegen. Auf dem Feldweg erreicht man nach 600 m die Bahnunterführung; dort linker Hand Aufstieg zum Stenderberg.

Auf einem markant in das Diemeltal nordwestlich von Ostheim, Stadt Liebenau, Ldkr. Kassel, vorspringenden Umlaufberg liegt eine erst 1981 durch den Geologen M. Horn bekannt gewordene mittelalterliche Anlage. Scherbenfunde, u.a. von grob gemagerten „sächsischen Kugeltöpfen", sind auf dem Berg und an dessen Hängen allerdings schon in den siebziger Jahren durch H. Dänner gemacht worden. Bei Steinbrucharbeiten wurden bisher verdeckte Mauerfundamente angeschnitten, die zu einer Untersuchung durch das Landesamt für Denkmalpflege, Abt. Vor- und Frühgeschichte, im Frühjahr 1982 führten (Abb. 1).
Etwa 8 m hinter einem kurzen, west-ost verlaufenden Abschnittsgraben kamen dabei auf der nördlichen schmalen Begrenzung die Grundzüge eines rechteckigen Gebäudes zutage, dessen Westseite durch den Kalksteinabbruch bereits völlig zerstört war (Abb. 2). Die Fundamentierung der Mauern reicht bis rund 1 m in den künstlich planierten Kalksteinuntergrund hinein. Sie sind derart konstruiert, daß zwischen den Fronten aus behauenen Kalkquadern eine grobe Kalksteinpackung im Mörtelbett ruht. An den meisten Stellen sind die äußeren Steine bis auf die unterste Lage, zu den Außenseiten hin oft auch gänzlich ausgebrochen worden. Die südliche Frontmauer hat eine Stärke von etwa 3 m, die übrigen Mauern von gut 2 m. Die Länge des Gebäudes beträgt rund 13 m; seine Breite betrug mindestens 8 m (Abb. 2).
Die bedeckenden Schichten bestanden aus 20 bis 50 cm Waldboden mit vereinzelten Kalkbrocken. Darunter befand sich eine 20 bis 25 cm dicke Schicht aus mörtelbröckchenhaltigem feinem Kalkschutt, der leicht humos durchsetzt war. Darin,

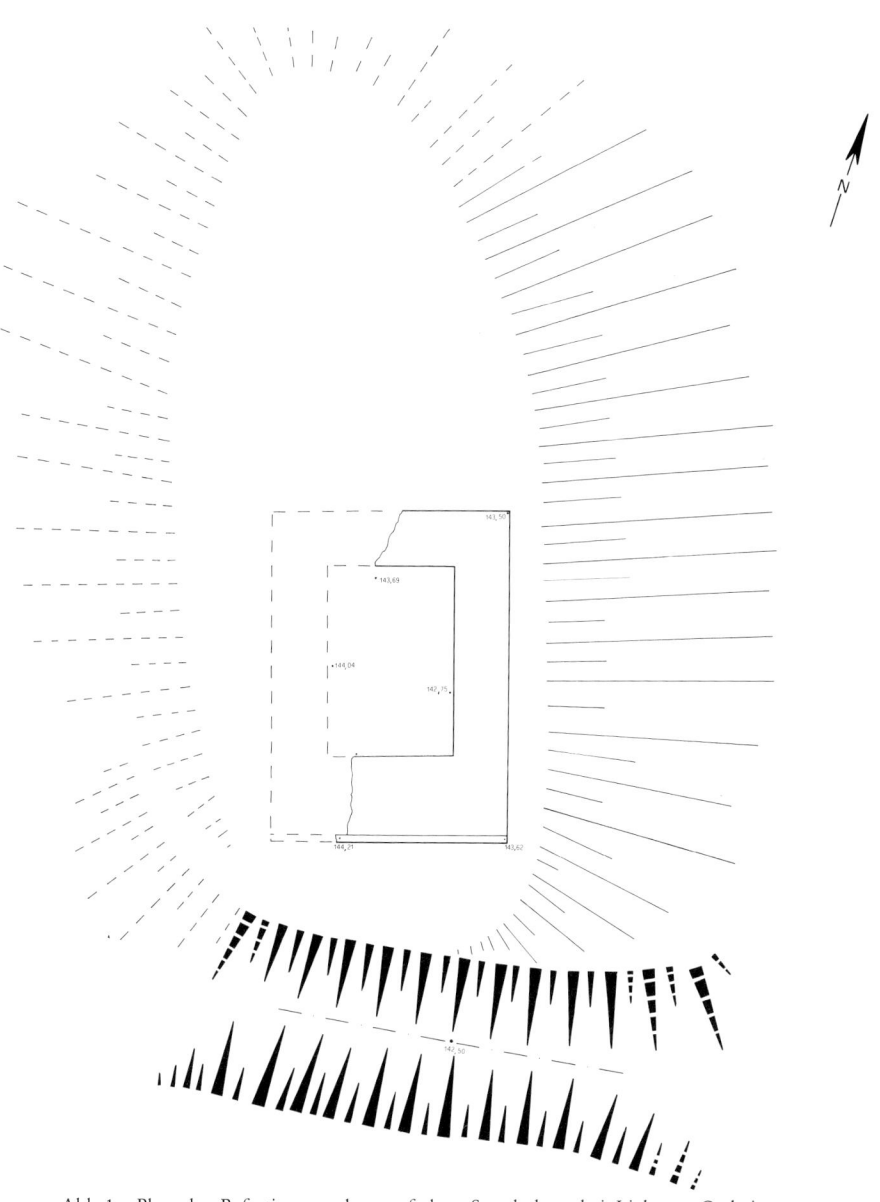

Abb. 1   Plan der Befestigungsanlage auf dem Stenderberg bei Liebenau-Ostheim.
M = 1 : 300.

143

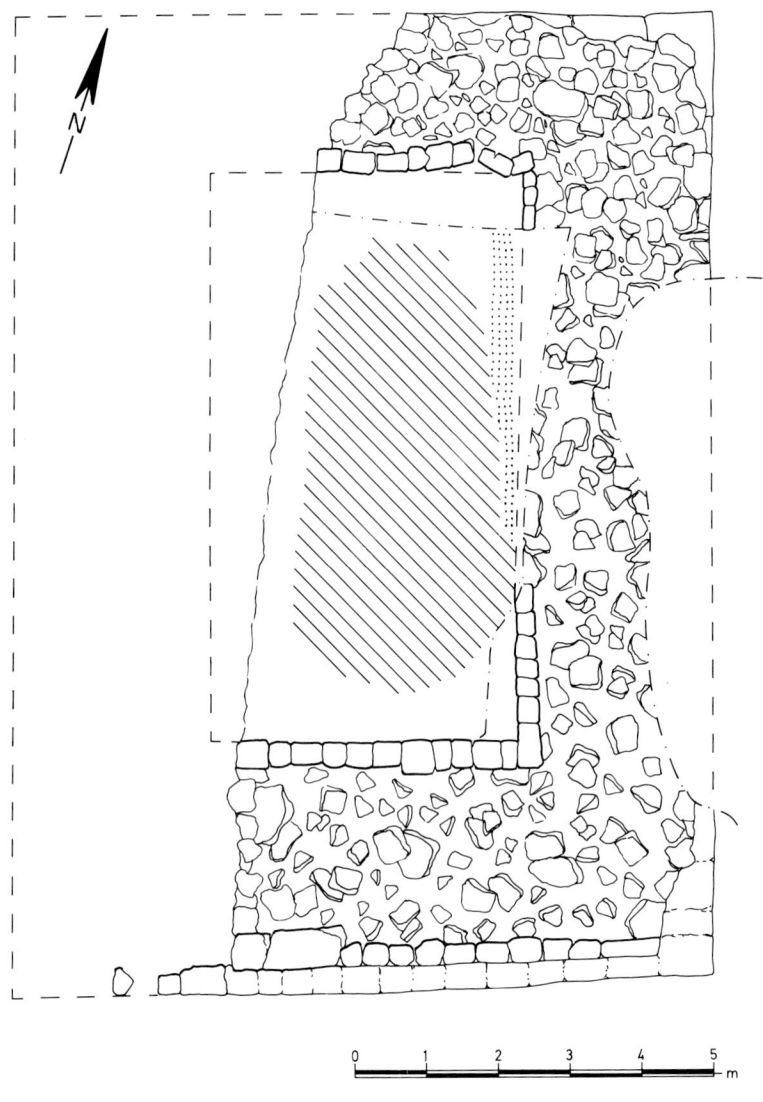

Abb. 2   Grundriß der Turmburg auf dem Stenderberg bei Liebenau-Ostheim.

144

besonders aber an der Basis, lagen Horizonte mit starker Holzkohlenanreicherung sowie einzelne Knochen und Scherben. Die anstehende, früher eingeebnete Kalksteinoberfläche ist bis etwa 5 cm tief verlehmt und gelblich verfärbt. Sie ist als festgetretener Laufhorizont zu beurteilen.

Das Fundgut besteht zum größten Teil aus Tierknochen. Die Keramikfragmente stammen von Kugeltöpfen und von Töpfen mit abgeschnittenen Böden. Die Gefäße haben ausladende Ränder und oft handgemachte Wandungen. Nach den bisherigen Vergleichen könnten sie dem 10. Jh. angehören. Bemerkenswert ist als Lesefund ein kleines Schmelztiegelchen vom Hang des Stenderberges.

Die Bedeutung der Anlage dürfte die einer kleinen herrschaftlichen Burg sein, von der aus das Diemeltal und ein naher Flußübergang überwacht werden konnte.

L. Fiedler u. E. Hendler

Ein frühmittelalterlicher Friedhof bei Liebenau

Zwischen Liebenau und Ostheim, 1200 m ostnordöstlich von Liebenau, wurde im Jahre 1975 bei Straßenbegradigungsarbeiten im Winkel des Abzweigs der Straße nach Hofgeismar ein Reihengräberfeld angeschnitten und teilweise durch das Landesamt für Denkmalpflege Hessen (R. Andrae) ausgegraben. Es liegt auf der Niederterrasse oberhalb der Mündung der Warme in die Diemel am Südrand des Diemeltales in heute freiem Gelände, so daß ein Bezug zu einer bestehenden Siedlung nicht zu erkennen ist.

In dem freigeschobenen Bereich wurden über 20 Gräber beobachtet, die meist durch die Bauarbeiten teilzerstört waren, doch nur zwölf davon konnten grabungsmäßig aufgenommen werden. Es ist sicher, daß sich das Gräberfeld über die Terrasse nach Süden erstreckt, ebenso, daß nach Norden zur Diemel hin unter der Straße schon vor Jahrzehnten weitere Gräber unerkannt zerstört worden sein müssen. Die mit zwei Ausnahmen beiga-

benlosen Körperbestattungen, darunter eine Reihe von Kinder-
gräbern, waren West-Ost ausgerichtet; nur bei einem Skelett
fand sich eine kleine eiserne Gürtelschnalle, bei einem anderen
eine Grünverfärbung im Halsbereich, die von einer Bronzebei-
gabe – doch wohl einer Scheibenfibel – herrühren dürfte.
Besonderheit war eine Doppelpferdebestattung in Süd-Nord-
Richtung. Die Pferde waren in Seitenlage, mit den Extremitäten
jeweils nach Osten, vollständig beigesetzt; es ist den schlechten
Erhaltungsbedingungen zuzuschreiben, daß bei dem östlichen
Pferd der Kopf fehlte. Überlagert war diese Pferdebestattung
von Kinderbestattungen, die nach dem Grabungsbefund gleichzeitig waren (Abb. 1).

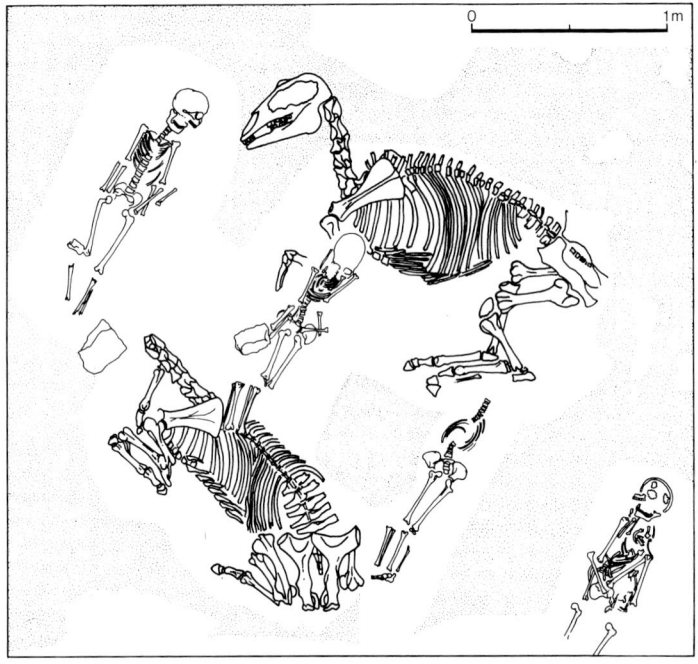

Abb. 1   Planausschnitt des ergrabenen Teiles des sächsischen Friedhofs bei Liebenau
mit einer Doppelpferdebestattung und überlagernden Kinderbestattungen. Die Gräber
sind West-Ost, die Pferdebestattungen Süd-Nord gerichtet (nach Herrmann).

146

Das Gräberfeld mit den in Hessen bislang einmaligen Befunden ist in das 8. Jh. zu datieren und in Verbindung mit gleichzeitigen sächsischen Friedhöfen in Westfalen zu sehen.

Literatur:
Noch unveröffentlicht. Vgl.: R. Gensen, Althessens Frühzeit. Frühgeschichtliche Fundstätten und Funde in Nordhessen. Führer hess. Vor- u. Frühgesch. 1 (1979) 65 f. Abb. 35. – F.-R. Herrmann, Bodendenkmäler. In: Denkmalpflege in Hessen – Was wird aus unseren alten Städten? (Hrsg. Landesamt f. Denkmalpflege Hessen; o. J. [1976]) 48 Abb. 117-118.

F.-R. Herrmann

Grabhügel zwischen Liebenau-Haueda und Liebenau-Ersen

Zufahrt: Von Ersen über die Bergstraße, gegenüber dem Abzweig nach Niederlistingen, rund 1 km bis zum Waldrand („Petersholz"); von Haueda auf asphaltiertem Weg, der bei km 11 der Straße nach Ersen abzweigt, knapp 500 m bis zum Waldrand („Lied").

In dem kuppigen Waldgelände (Muschelkalk) zwischen Liebenau, Haueda und Ersen, das nach Norden zur Diemel steil abfällt und sich über den Diemelgrund gut 130 m erhebt, liegen etwa 40 Grabhügel (Abb. 1). Der Südteil des Waldes, das „Petersholz", gehört zur Gemarkung Ersen, der Nordteil, die „Lied" mit dem Pappenheimschen Privatwald und dem Liebenauer Stadtwald, zur Gemarkung Haueda. Trotz ihrer weiten Streuung über einen Bereich von rund 1,2 x 1,7 km muß nach den Grabungen an verschiedenen Stellen angenommen werden, daß es sich um e i n Grabhügelfeld handelt, das in der Späten Jungsteinzeit/Frühen Bronzezeit belegt wurde. Mit wenigen Ausnahmen sind es Steinhügel, die nur zum Teil als stattlich zu bezeichnen (Abb. 2), häufiger verflacht und von geringem Ausmaß sind. Nach älteren Grabungen, die nicht überliefert sind, von denen aber drei tief ausgekesselte Hügel zeugen, wurden 1924 je ein Hügel im „Petersholz" (Hügel 4) und in der „Lied" (Hügel 10) von G. Neumann und K. Schröder ausgegraben. Es fanden sich

147

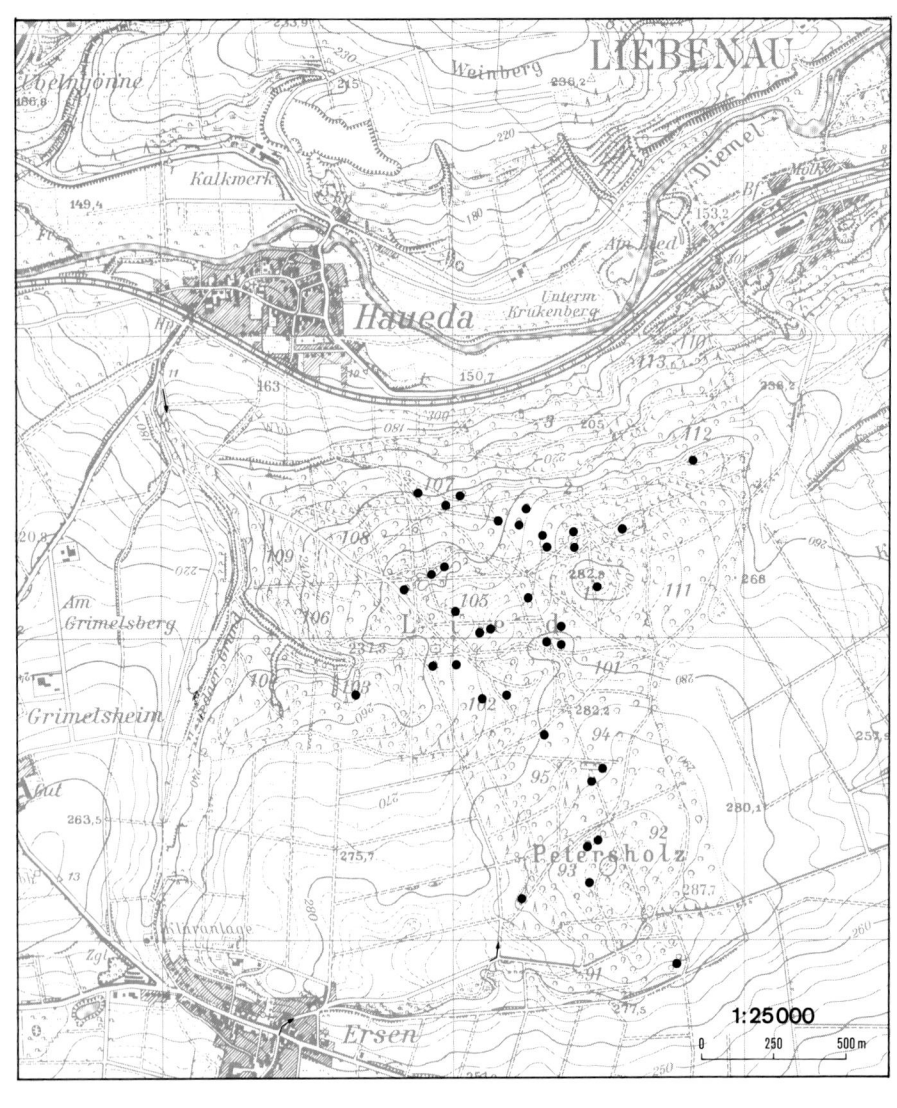

Abb. 1 Grabhügel zwischen Haueda und Ersen südwestlich von Liebenau.
M = 1 : 25 000.

148

Abb. 2 Grabhügel im „Petersholz" bei Liebenau-Ersen.

im ersten ein Skelett ohne Beigaben, im anderen nur verstreute Skeletteile. Die systematische Aufnahme des Hügelfeldes erfolgte 1932 durch O. Uenze und W. Kersten im Zuge der Grawa (vgl. unten bei „Grabhügel im ‚Wettesinger Wald' bei Breuna"), bei welcher Gelegenheit auch drei Hügel im „Petersholz" (Hügel 5–7) und vier Hügel in der „Lied" (Hügel 6, 7, 12, 13) aufgedeckt wurden.

Im „Petersholz" wurden in Hügel 6 neben Knochenresten nur eine Scherbe, in Hügel 7 nur das Stück einer Schädeldecke gefunden. In Hügel 5 (H. 0,30–0,40 m, Dm. etwa 6 m) fanden sich verstreut Knochen und eine Anzahl teils verzierter Scherben verschiedener Gefäße, die E. Sangmeister der „Westdeutschen Bechergruppe" zuweist.

In der „Lied" waren Hügel 7 und Hügel (?) 13 fundleer. In Hügel 12 (H. 0,70 m, Dm. 7,50 m) lagen zwei Skelette, als Erstbestattung ein Hocker, darüber ein gestrecktes Skelett in Rückenlage,

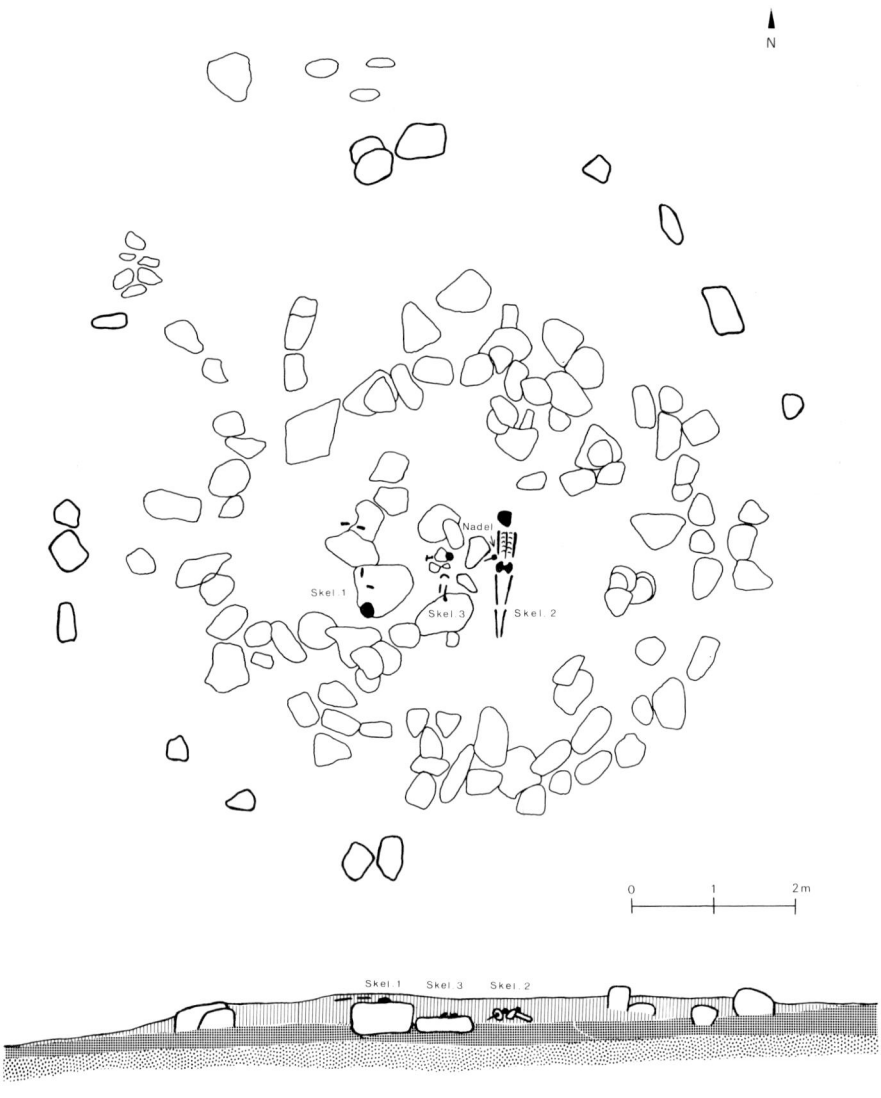

Abb. 3 Befundplan des Grabhügels 6 in der „Lied" bei Liebenau-Haueda. M = 1 : 100.

150

außerdem weitere Skelettreste eines Kindes und eines Erwachsenen. Keiner der Bestattungen sind die Funde zuweisbar: 7 cm langer schmaler Kupferblechstreifen, Feuersteinsplitter, Bruchstück einer Feuersteinklinge, einige atypische Scherben. Am aussagekräftigsten war Hügel 6 (H. 0,50 m, Dm. 9 m) – auf dem Lageplan Abb. 1 auf der Grenze zwischen den Walddistrikten 2 und 107 gelegen – mit drei Bestattungen (Abb. 3). Der Bau des Hügels aus Muschelkalksteinen ließ andeutungsweise zwei Steinkreise erkennen. Die Erstbestattung war mutmaßlich Skelett 3, gestreckt in Rückenlage mit Kopf im Süden, nur teilweise erhalten und vermischt mit Brandknochen (die Ausgräber vermuten eine sog. „gemischte Bestattung"), als Beigabe 0,50 m abseits etwa in Höhe der Schädelteile eine durchlochte Kugelkopfnadel; jünger waren die Skelette 1, rechter Hocker mit Kopf im Süden, und 2, gestreckte Rückenlage mit Kopf im Norden. Keiner Bestattung zuzuordnen waren zwei Bruchstücke eines Armrings mit D-förmigem Querschnitt und eine Anzahl verstreuter Scherben.

Der zuletzt beschriebene Hügel 6 ist der erste frühbronzezeitliche Grabhügel in Nordhessen und leitet dort die offenbar direkt aus der Becherkultur erwachsende hügelgräberzeitliche Entwicklung ein.

Literatur:
Germania 17, 1933, 302 (Fundchronik). – F. Holste, Die Bronzezeit im nordmainischen Hessen. Vorgesch. Forsch. 12 (1939) 172. – I. Kappel, Vor- und frühgeschichtliche Geländedenkmäler des Stadt-und Landkreises Kassel. Jahrbuch '78 Landkreis Kassel (1977) 28. – W. Kubach, Bronzezeit und ältere Eisenzeit in Niederhessen. Führer vor- u. frühgesch. Denkmäler 50 (1982) 120 (Liste zu Karte 1) Nr. 7 m. weit. Lit. – E. Sangmeister, Die Glockenbecherkultur und die Becherkulturen. Die Jungsteinzeit im nordmainischen Hessen 3. Schr. z. Urgesch. 3,1 (1951) 90f. Nr. 11.

F.-R. Herrmann

Grabhügel im „Wettesinger Wald" bei Breuna

Zufahrt: Die Hügel sind von verschiedenen Parkplätzen am Waldrand, westlich an der Straße Breuna-Wettesingen am Sportplatz und bei km 10, südlich an der Straße Breuna-Oberlistingen bei km 4,7, auf Waldwegen leicht zu erreichen.

Im Wettesinger Gemeindewald und einem angrenzenden Teil des Breunaer Waldes liegen auf den westlichen, nur leicht geneigten Ausläufern des Steinbergs mehr als 30 Grabhügel über ein Gebiet von rund 1,5 x 1,5 km verteilt. Außer einigen Einzelhügeln schließen sie sich zu vier lockeren Gruppen von vier bis 10 Hügeln zusammen (Abb. 1). Es kommen Steinhügel wie auch Erdhügel vor, die teilweise sehr verflacht und verschleift, teils auch von Fuchsbauten durchwühlt sind. Nur wenige Hügel sind angegraben.
Die Hügel wurden 1932 von O. Uenze und W. Kersten im Zuge der Grawa (Grabungswagen-Unternehmen), der von G. v. Merhart veranlaßten „mobilen Grabungs- und Landesaufnahmegruppe mit Wohnwagen", aufgenommen und vermessen. Grabungen fanden damals nicht statt. So bietet der 1923 von R. Schröder ausgegrabene Hügel 12 – der südöstlichste Hügel im Walddistrikt 8 – den bisher einzigen Einblick in die Zeitstellung der Hügelgruppen. In ihm fand sich als Erstbestattung ein beigabenloses gestrecktes Skelett, das wohl in die Bronzezeit gehören dürfte, als Nachbestattung ein Brandgrab der Späthallstattzeit mit einem verzierten Gefäß.

Literatur:
J. Bergmann, Urgeschichte des Wolfhager Landes. Führer nordhess. Ur- u. Frühgesch. 3 (1964; 2. Aufl. 1977) 29. 45ff. – I. Kappel, Vor- und frühgeschichtliche Geländedenkmäler des Stadt- und Landkreises Kassel. Jahrbuch '78 Landkreis Kassel (1977) 27. – W. Kubach, Bronzezeit und ältere Eisenzeit in Niederhessen. Führer vor- u. frühgesch. Denkmäler 50 (1982) 128 (Liste zu Karte 2) Nr. 67 m. weit. Lit. – O. Uenze, Vorgeschichte der hessischen Senke in Karten. Eine historisch-geographische Betrachtung nach den Bodenfunden (1953) 46. 54.   *F.-R. Herrmann*

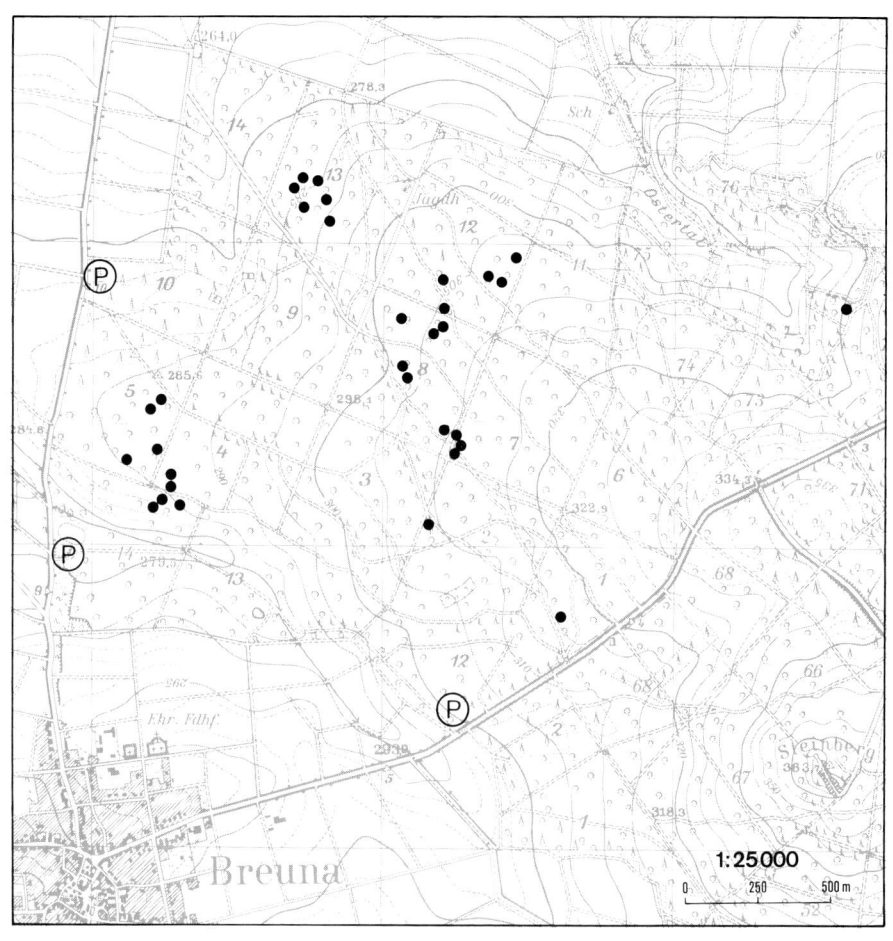

Abb. 1   Grabhügel im „Wettesinger Wald" zwischen Wettesingen und Breuna.
M = 1 : 25 000.

Grabhügel „Im Riesen" bei Breuna

Zufahrt: Von der Straße Breuna – Niederelsungen (A 44 = E 63, Ausfahrt Niederelsungen) bei km 5,7 Feldweg nach Westnordwesten, nach 500 m Weg nach Nordnordosten 250 m weit bis zum Rand des Waldes, in dem die ersten Hügel liegen.

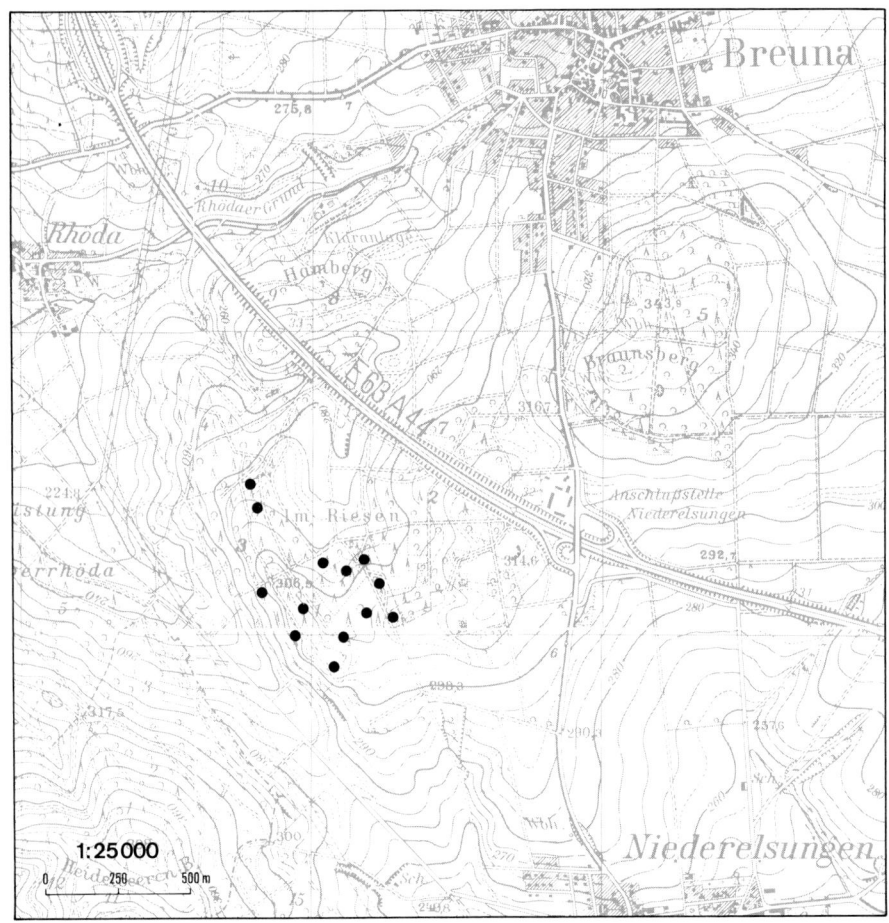

Abb. 1   Grabhügel „Im Riesen" südwestlich von Breuna. M = 1 : 25 000.

154

Im Wald „Im Riesen" südwestlich von Breuna befinden sich in Kammlage und am leichten Abhang 13 Grabhügel in lockerer Streuung (Abb. 1). Es sind flache Steinhügel, die weitgehend intakt scheinen. Nur aus einem Hügel sind bisher aus einer Raubgrabung 1974 eine Scherbe vorgeschichtlicher Machart und ein Abschlag aus weißpatiniertem Feuerstein bekannt geworden. Es ist danach zu vermuten, daß zumindest ein Teil der Hügel im Spätneolithikum/Frühbronzezeit errichtet wurde.

Literatur:
Fundber. Hessen 15, 1975 (1977) 433 (Fundchronik). – I. Kappel, Vor- und frühgeschichtliche Geländedenkmäler des Stadt- und Landkreises Kassel. Jahrbuch '78 Landkreis Kassel (1977) 27.

F.-R. Herrmann

Der Burgberg bei Wolfhagen-Niederelsungen

Zufahrt: Der Burgberg liegt 6 km nördlich Wolfhagen und 1,5 km südwestlich des Ortsteiles Niederelsungen. An der Straße von Niederelsungen nach Ehringen liegt am Ortsausgang von Niederelsungen ein Sägewerk; dort führt ein befestigter Feldweg nach Süden, von dem bereits nach etwa 100 m ein Weg nach Westen zu einem am Waldrand gelegenen Müllplatz führt. Man folgt von dort dem nach Süden am Waldrand entlangführenden Waldweg und steigt entweder nach etwa 500 m nach Westen hangaufwärts zum Burgberg hinauf, oder man geht diesen Weg noch 250 m weiter, um beim nächsten Waldweg nach Westen abzubiegen und nach wenigen Metern den von hier aus nach Nordnordwesten hangaufwärts führenden Waldweg zu benutzen, der nach etwas über 300 m den Burgberg erreicht.

Der von dem Dase-Bach im weiten Bogen im Norden umflossene Burgberg hat im oberen Teil eine annähernd dreieckige Gestalt und ist auf der höchsten gewölbten Kuppe 337 m über NN hoch (Abb. 1). Auf der Südseite besteht die äußere Befestigungslinie aus einer 130 m langen leicht bogenförmigen Terrasse, deren westliche Fortsetzung nicht recht erkennbar ist. 20 m hangaufwärts folgt eine weitere Befestigungsterrasse, die

155

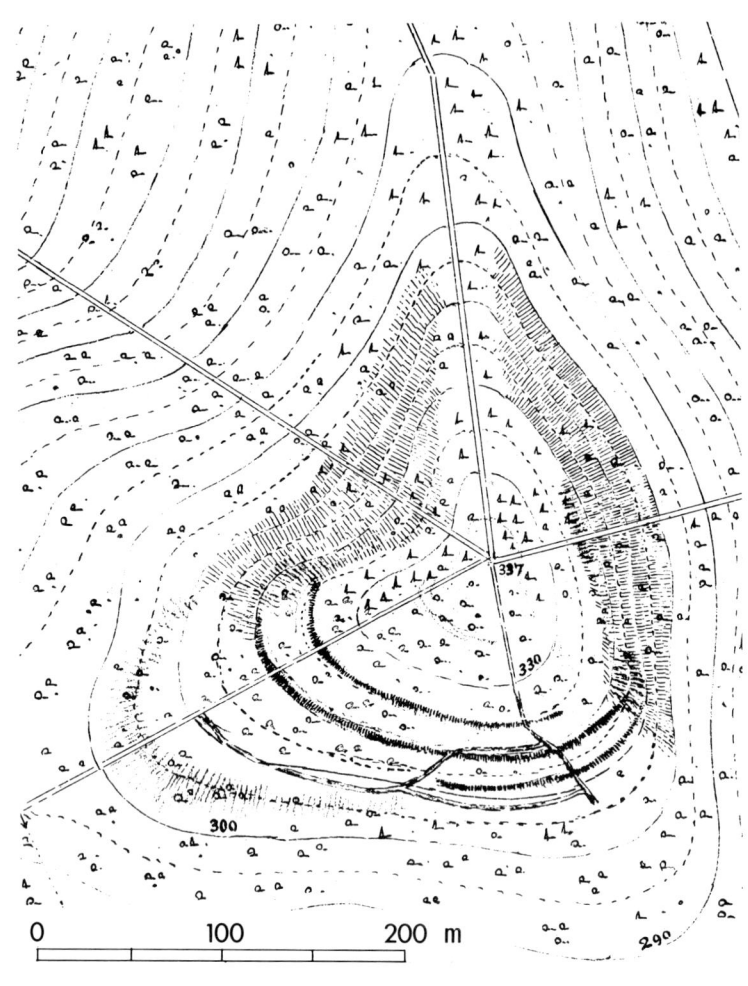

Abb. 1 Plan des Burgberges bei Niederelsungen. Aufnahme von W. Lange und G.
Eisentraut.

156

auf einer Länge von 250 m die ganze Südseite des Berges umzieht und im Westen und Osten jeweils nach Norden umbiegt und an die hier steiler werdenden Hänge anbindet. In einem Abstand von im Ostteil 20 m, im Südwesten etwa 30 m folgt als innere Befestigungslinie eine weitere im allgemeinen am deutlichsten ausgeprägte Terrassenkante, die im Westen ebenfalls nach Norden umbiegt und an der Oberkante des hier deutlicher ausgeprägten Steilhanges endet. Der Ostabschluß zum östlichen Steilhang hin ist nicht so eindeutig zu erkennen. Zwischen dem nach Nordwesten sich neigenden Steilhang und dem auf der Ostseite zieht eine flachere Bergnase nach Norden, auf der keine sicheren Befestigungsspuren erkennbar sind. Die von der inneren Terrasse und den Steilhängen umzogene gewölbte Bergkuppe hat eine Größe von etwa 1,3 ha, die insgesamt von Terrassen und Steilhängen umzogene Fläche ist über 2 ha groß.

Die Bergkuppe des Burgberges überragt das östlich gelegene Quellgebiet der Dase um etwa 90 m, der auf der Nordseite des Burgberges gelegene nach Westen führende Bachdurchbruch liegt 110 m tiefer, und die Erpe fließt 130 m tiefer im Westen am Burgberg vorbei. Der Sattel, der im Südsüdosten den Burgberg von dem anschließenden Els-Berg trennt und in dem eine Wasserrinne nach Westen zur Erpe führt, liegt wie das Quellgebiet des Dase-Baches etwa 90 m tiefer.

Die Zeitstellung der nur durch Terrassen markierten Befestigung ist mangels Fundmaterials nicht sicher zu bestimmen. Nach der Art der Befestigung gehört der Burgberg bei Niederelsungen in die Reihe der in Nordhessen zahlreichen Befestigungen der vorrömischen Eisenzeit, die eher als Fluchtburgen denn als dauernd besiedelte Befestigungen anzusprechen sind.

Literatur:

W. Lange, Hessen in vor- und frühgeschichtlicher Zeit. In: C. Heßler, Hessische Landes- und Volkskunde (1908) 311, Nr. 74

R. Gensen

Der Stromberg bei Volkmarsen-Ehringen

Zufahrt: Der Stromberg liegt knapp 2 km nördlich von Volkmarsen-Ehringen. Nachdem die von Ehringen nach Volkmarsen führende Straße die Bahnunterführung passiert hat, zweigt nach etwa 600 m vor der Brücke über den Rhödaer Bach ein Weg im spitzen Winkel nach Südosten ab. Es folgt eine Wegetafel mit Parkmöglichkeiten. Von hier aus führt ein befestigter Waldweg nach Süden an der Strombergkuppe vorbei. Im Süden des Stromberges, wo dieser Weg wieder talwärts führt, zweigt bei einem Hochsitz ein Weg schräg nach Nordosten und erreicht nach 1 km vom Parkplatz aus den Kamm des Bergsattels. Von dort aus führt dann der Gratweg im spitzen Winkel nach Westnordwesten und erreicht nach etwa 350 m die Kuppe des Stromberges. An der Stelle, wo der bergaufführende Weg den Berggrat erreicht, liegen beiderseits vier Grabhügel.

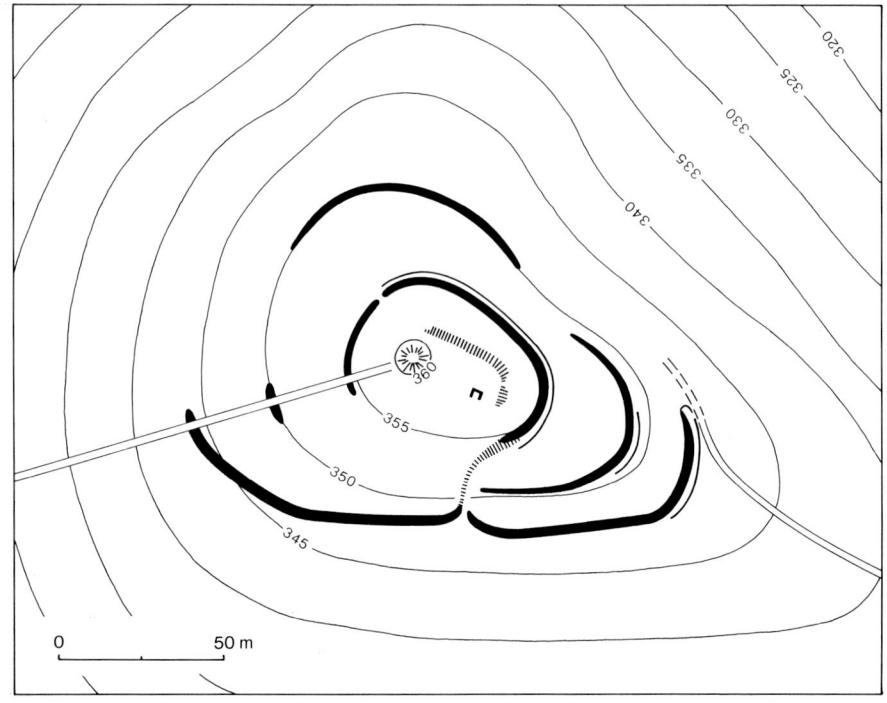

Abb. 1   Plan der Befestigungsanlage auf dem Stromberg bei Volkmarsen-Ehringen.

158

Aus dem das Erpetal parallel im Osten begleitenden Gebirgsstock steigt an dessen Nordwestende die 363 m hohe Kuppe des Stromberges an. Auf dieser liegt eine Befestigung, die sich insgesamt von Südosten nach Nordwesten zieht und einen Durchmesser von etwa 150 m hat (Abb. 1). Kommt man von Südosten aus über den Berggrat, der den Stromberg mit dem südöstlich anschließenden stark gegliederten Bergrücken verbindet, so riegelt zunächst ein etwa 1,50 m hoher Wall, der nur auf dem Berggrat als Wall ausgeprägt ist, die fortifikatorisch schwächste Seite ab. Die Befestigungslinie umzieht etwa der Höhenlinie 350 m NN folgend im weiten Bogen auf der Südseite die Kuppe des Stromberges. Auf der Nordostseite setzt sich die Befestigungslinie, z.T. durch den Weg gestört, nach Nordwesten hin fort. Etwa 20 m dem Berggrat nach Nordwesten hangaufwärts folgend, liegt ein 2,50 m hoher Wall mit hier auf dem Grat erkennbarem vorgelagertem Graben als nächste Sperre. Weitere 25 m bergauf nach Nordwesten folgt dann der innere Wallring, der einen Längsdurchmesser von 60 m bei einer Breite von 45 m hat. Er besteht wiederum im Südosten auf dem Grat aus einem Wall mit vorgelagertem Graben, wobei der Höhenunterschied zwischen heutiger Grabensohle und Wallkrone fast 3 m beträgt. Dieser Wall ist auf der Nordostseite dann nur noch als Terrasse zu erkennen. Die Befestigungslinie umzieht die Bergkuppe in einem Oval. Ihm vorgelagert ist der oft nur durch eine unterhalb liegende weitere Terrassenkante erkennbare Graben, der sich im Westen und Süden nur noch schwer verfolgen läßt.
Auf der höchsten Stelle der länglichen Bergkuppe befinden sich die Reste eines in den Innenkanten rundlich ovalen Turmes von 1,70 bis 1,90 m Durchmesser, dessen Mauerwerk heute keine Mörtelspuren aufweist. Vermutlich ist dieses Mauerwerk im Verlauf einer früheren Ausgrabung freigelegt, vielleicht auch restauriert worden.
Nach Südosten schließt sich an diesen Turm ein etwas ebeneres Gelände an, das nach Norden, Osten und Süden nochmals abterrassiert ist und in dessen Südostecke sich eine Vertiefung befindet, die vielleicht zu einem kellerartigen Raum gehört.

Auf der Südostseite zieht dann vom inneren Befestigungsring aus eine Rinne nach Süden, die den hier durchlaufenden (auf dem Plan nicht angegebenen) mittleren Befestigungsring durchschneidet. Dort haben offensichtlich Bodenbewegungen, die diesen mittleren Befestigungsring veränderten, stattgefunden. Da die äußere Terrassenkante südlich davon zum Innern einbiegt, hat man den Eindruck, als ob hier ein von Süden her den steilen Berghang heraufführender, in den Graben des inneren Ringes führender Zufahrtsweg vorhanden gewesen ist.

Die Befestigungsanlage des Stromberges dürfte ihrer Art nach in das frühe oder beginnende Hochmittelalter gehören. Sie beherrscht die Tallandschaft der westlich vorbeifließenden Erpe und des nördlich anschließenden Geländes, das vom Rhödaer Bach (früher Rösebeke) durchflossen wird.

Literatur:
W. Lange, Hessen in vor- und frühgeschichtlicher Zeit. In: C. Heßler, Hessische Landes- und Volkskunde (1908) 315, Nr. 16.

R. Gensen

Rodersen und Landsberg

Zufahrt: Von Ehringen auf der Straße in Richtung Wolfhagen bis zum Waldrand östlich der Straße. Zur Burg Rodersen von dort auf dem Feldweg dem Waldrand zur Erpe folgen. Nach Überqueren des Baches dem leicht nach Südosten ansteigenden Weg im Wald folgen, der nach ca. 350 m die Burg erreicht. Zur Stadtwüstung Landsberg der Straße Ehringen–Wolfshagen weiter folgen, bis diese nach ca. 300 m zum zweiten Mal den Wald auf der Ostseite berührt. In dem Wald östlich der Straße liegt das Gebiet der ehemaligen Stadt Landsberg.

Burg Rodersen

Die kleine Burg liegt auf einem Felssporn, der nach Süden hin zum Erpetal vorspringt (Abb. 1 u. 2). Gegen den Rücken des Els-Berges wird er durch einen tiefen Halsgraben abgetrennt, durch den heute der Weg führt. Der Felssporn ist nach den Seiten hin künstlich abgeteilt und wird von einem umlaufenden Graben geschützt. Auf dem ca. 30 m langen und knapp 15 m breiten Plateau des Spornes lag die kleine Burg, die sich zur Talseite an den starken Turm anschloß (Abb. 3). Von den hohen Gebäuden sind Grundmauern und Kellerräume erhalten. Ausgehend von der Burg ziehen zwei ca. 100 bzw. 130 m lange Schenkelwälle mit vorgelagerten tiefen Gräben hangabwärts ins Erpetal. In ihrem unteren Teil ist den Gräben ein zweiter Wall mit Graben vorgelagert, die jedoch nur im unteren Drittel der Befestigung ausgeführt wurden. Diese Befestigung diente zum Schutz des Wirtschaftshofes der Burg, der wohl am Bach gelegen hat.

In der Burg erfolgten von 1960 bis 1972 ausgedehnte Grabungen durch das Kreisheimatmuseum Wolfhagen. Die Funde zeigen an, daß die Burg nicht sehr lange bestanden hat und nach ihrer Gründung in der zweiten Hälfte des 12. Jhs. bereits im 13. Jh. endgültig zerstört wurde.

Stadtwüstung Landsberg

Das Stadtgebiet liegt auf einem Plateau über dem Westufer der Erpe (Abb. 1). Von ovaler Form, umfaßt es knapp 8 ha und erstreckt sich über ca. 400 m von Nord nach Süd und ca. 200 m von Ost nach West (Abb. 4). Das Stadtgebiet ist durch Wälle mit vorgelagerten Gräben geschützt. Auf der steil zur Erpe abfallenden Ostseite der Anlage befindet sich ein Erdwall mit vorgelagertem Graben, während auf der Nord-, West- und Südseite gegen das Plateau hin ein doppelter Wall und Gräben den Schutz verstärken. Von der einstigen Bebauung des Areals zeugen eingetiefte – heute stark verschleifte – Kellergruben. Die Befestigung ist durchweg gut erhalten und mißt stellenweise von der Grabensohle zur Wallkrone noch ca. 7 m.

Nach Grabungen im 19. Jh. wurden 1964–1965 vom Kreisheimatmuseum Wolfhagen in der Anlage archäologische Untersuchungen vorgenommen.

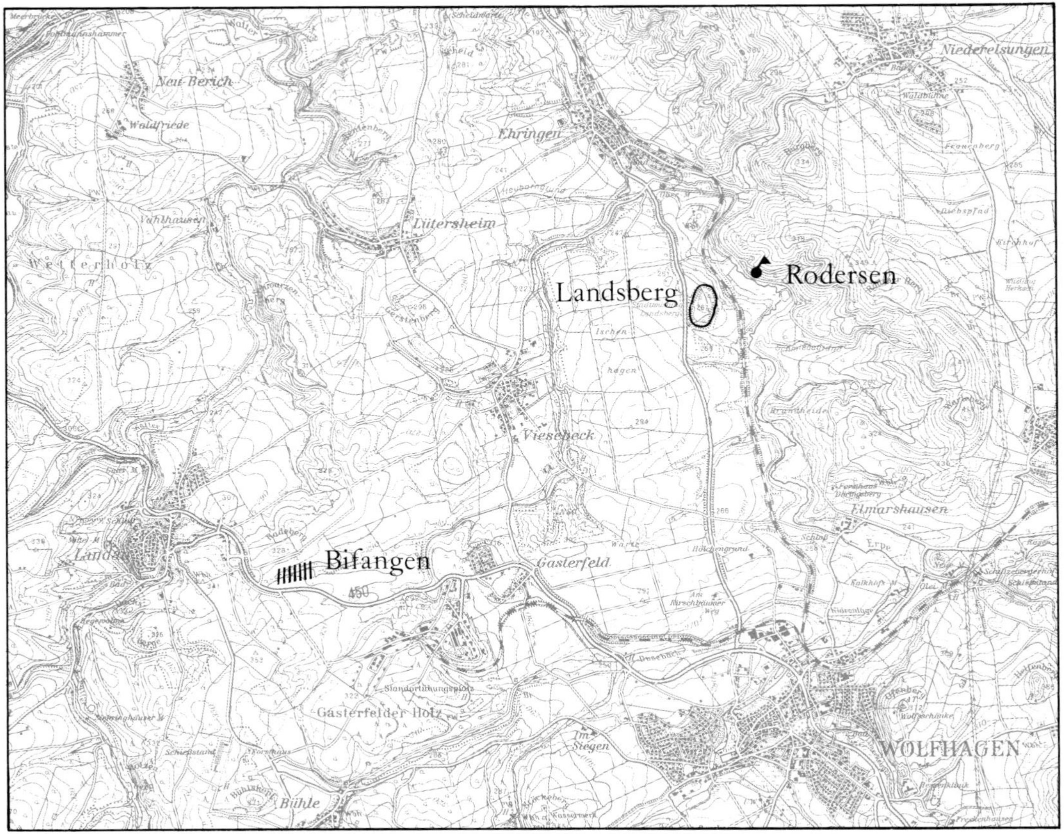

Abb. 1 Plan der Umgebung von Burg Rodersen und Landsberg an der Erpe. Ausschnitt aus Blatt 4720 der Topographischen Karte 1 : 50 000, mit Ergänzungen. – M = 1 : 75 000.

162

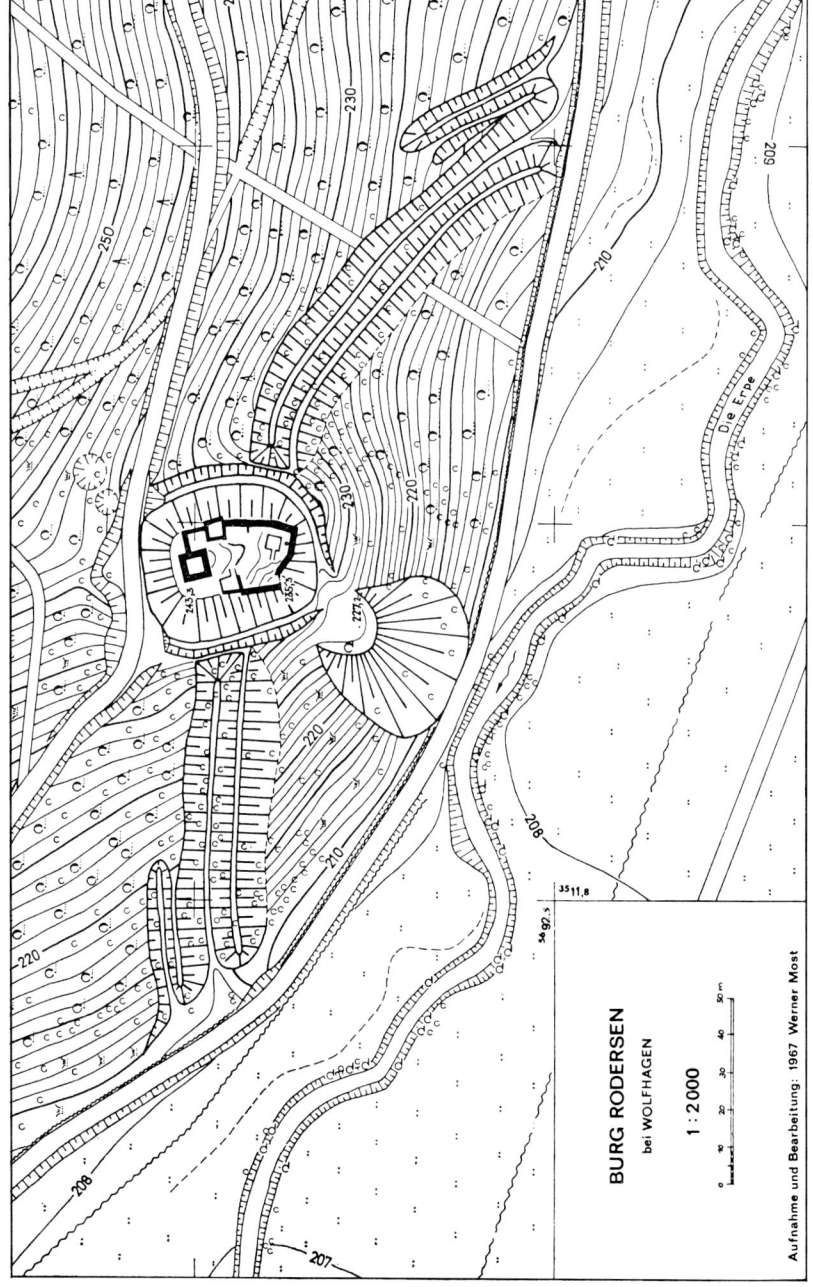

BURG RODERSEN
bei WOLFHAGEN

1 : 2000

Aufnahme und Bearbeitung: 1967 Werner Most

Abb. 2   Lageplan der Burg Rodersen (nach W. Most). – M = 1:2000.

163

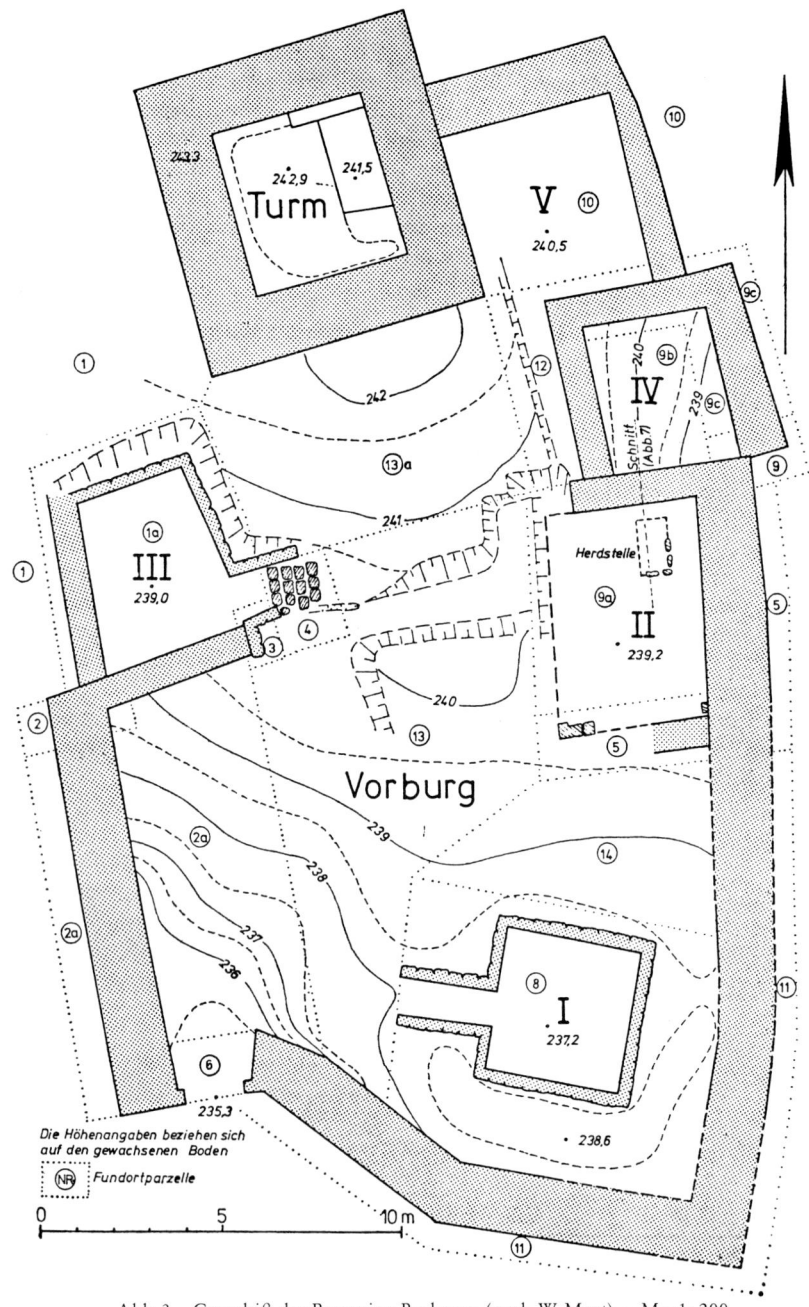

Abb. 3 Grundriß der Burgruine Rodersen (nach W. Most). – M = 1 : 200.

Abb. 4 Plan der Stadtwüstung Landsberg (vereinfacht nach W. Most). – M = 1 : 4000. ▶

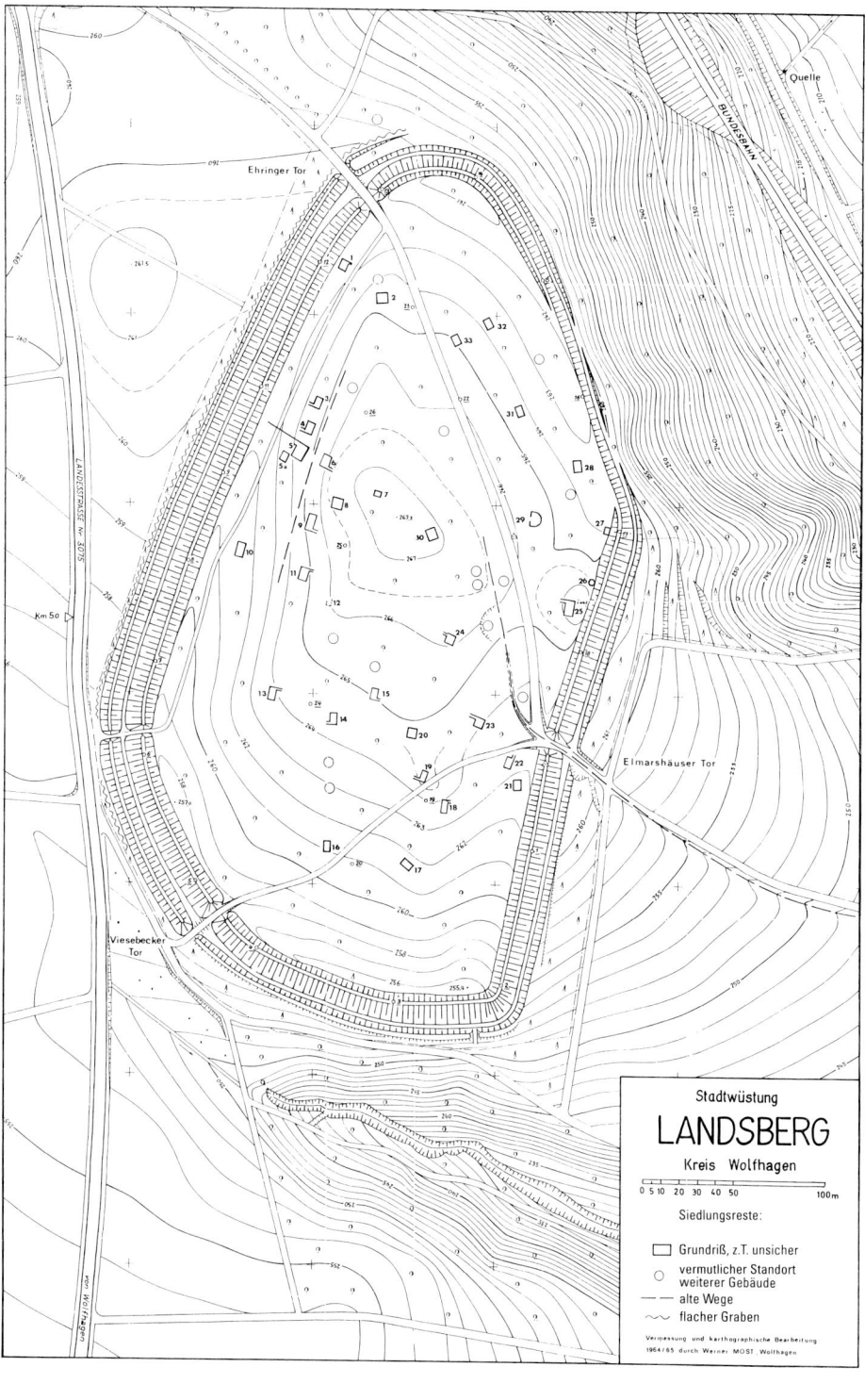

Stadtwüstung

LANDSBERG

Kreis Wolfhagen

0 5 10 20 30 40 50   100 m

Siedlungsreste:

☐ Grundriß, z.T. unsicher

○ vermutlicher Standort
 weiterer Gebäude

−− alte Wege

∿ flacher Graben

Vermessung und kartographische Bearbeitung
1964/65 durch Werner MOST, Wolfhagen

Die Ruinen der Burg Rodersen und der Stadt Landsberg sind Denkmäler aus der Zeit des hohen Mittelalters, als die Landgrafen von Thüringen und Hessen bemüht waren, eigene Territorien gegenüber den älteren Herrschaftsansprüchen des Erzbistums Mainz herauszubilden. In diesem Streit seit der Wende zum 13. Jh. war die Mainzer Kirche bemüht, Unterstützung durch kleinere Herrschaften im nordhessischen Raum zu gewinnen. Seit 1223 kam es so zu einem Bündnis zwischen den erstarkenden Grafen von Waldeck und dem Erzbistum.

In der Landschaft an der Erpe erhielt dieses Bündnis schon bald besondere Bedeutung, als der Landgraf von Thüringen auf Mainzer Besitz die Stadt Wolfhagen um 1226 anlegte. Er konnte dies tun, da er die Gerichtsbarkeit über das mainzische Kloster Hasungen besaß, zu dem auch der Ort Schützeberg mit der alten Bergkirche gehörte. Die neue Stadt Wolfhagen war denn auch kirchlich von Schützeberg abhängig. Herausgefordert durch die landgräfliche Stadtgründung am Rande des eigenen Territoriums, entschloß sich um die gleiche Zeit der Graf von Waldeck 5 km nördlich von Wolfhagen zur Gründung einer Gegenstadt – Landsberg. Die Neugründung erfolgte im Bereich der Waldeckschen Burg Rodersen, die östlich des ausgewählten Stadtareals auf dem gegenüberliegenden Erpeufer lag.

Die angespannte politische Situation führte nach 1230 zu einer heftigen kriegerischen Auseinandersetzung zwischen dem thüringischen Landgrafen und der Mainzer Kirche, die 1232 mit der Eroberung des Zentrums mainzischer Landesherrschaft in Nordhessen, der Stadt Fritzlar, ihren Höhepunkt erreichte. Schon 1231 allerdings war es dem Landgrafen gelungen, die Stadt Landsberg zu vernichten. Solange keine umfangreicheren Grabungen vorgenommen worden sind, muß offen bleiben, ob die neu gegründete Gegenstadt erobert wurde oder ihre Bewohner nur durch politischen Druck vertrieben worden sind. Die Grabungen in der Burg Rodersen haben immerhin Hinweise für eine ältere Zerstörung vor der endgültigen Vernichtung in der zweiten Hälfte des 13. Jhs. gegeben.

Nach der Vernichtung von Landsberg wenige Jahre nach seiner Gründung war der Graf von Waldeck gezwungen, den Siedlern ein neues Siedlungsgebiet anzuweisen. Offenbar wählte er dazu ein Gebiet im Ostteil der heutigen Gemarkung von Landau, in Luftlinie knapp 5 km südwestlich von Landsberg gelegen. Noch vor 1240 entstand dort in einem Talkopf am Südhang des Rade-Berges eine Neusiedlung, „novalis" genannt, im Bereich eines älteren talabwärts gelegenen Hofes Bifangen. Dieser Hof, seit dem Ende des 12. Jahrhunderts erwähnt, gehörte dem Kloster Arolsen, über dessen Gerichtsbarkeit der Graf von Waldeck verfügte. Den Einwohnern der Neusiedlung Bifangen privilegierte der Graf von Waldeck noch vor 1240 Rechte, wie sie sonst nur für Städte typisch waren – ein Hinweis dafür, daß es sich bei den Einwohnern wohl um die vertriebenen Siedler von Landsberg gehandelt hat. Die Lage von Bifangen in einer Talmulde zeigt allerdings an, daß es den Grafen von Waldeck nicht möglich war, sein eigentliches Ziel, eine herrschaftssichernde befestigte Stadtsiedlung zu gründen, weiter zu verfolgen.

Erst gegen Ende des 13. Jhs. kam es zu neuen Veränderungen. Nun durch ein Bündnis mit den Landgrafen in gutem Einvernehmen, gründeten um 1290 die Grafen von Waldeck westlich von Bifangen auf einem Plateauberg über dem Wattertal die Stadt Landau. Die Bewohner der Neusiedlung Bifangen siedelten dorthin um, was darin sichtbar wird, daß der Besitz der Kirche von Bifangen nun Eigen der Stadtkirche von Landau wurde.

Auch die Burg Rodersen konnte von den Waldecker Grafen auf Dauer nicht gehalten werden. Den hessischen Landgrafen gelang es in der zweiten Hälfte des 13. Jhs. die Waldeck'schen Burgleute an sich zu ziehen, so daß diese stadtsässige Burgmannen im hessischen Wolfhagen wurden. Ihre Burg über der Erpe wurde zerstört und aufgelassen. An den Waldeck'schen Besitzrechten erfolgte jedoch keine Veränderung. Zwei Wirtschaftshöfe im Bereich der Ruinen von Landsberg und Rodersen blieben weiterhin im Besitz der Waldecker Grafen, die diese als Lehen bis ins späte Mittelalter vergaben.

Literatur:
U. Bockshammer, Ältere Territorialgeschichte der Grafschaft Waldeck (1958). – Die Stadtwüstung Landsberg bei Wolfhagen (Beiträge von K. Günther, G. Wittenberg, R. Haarberg, W. Hess und W. Most). Zeitschr. Ver. hess. Gesch. Landeskde. 77–78, 1966–67, 71 ff. – Die Ausgrabungen auf der Burg Rodersen (mit Beiträgen von R. Haarberg, G. Wittenberg, W. Pickel, W. Most, K.H. Schier, I. Most und C. Hartmann). Zeitschr. Ver. hess. Gesch. Landeskde. 84, 1974, 123 ff. – G. Landau, Der Landsberg und die Burg Rödersen. Zeitschr. Ver. hess. Gesch. Landeskde. 2, 1840, 1 ff. 342 ff. – A. Schroeder-Petersen, Die Ämter Wolfhagen und Zierenberg (1936). – R. Weteham, Landau. Die Geschichte einer Waldeckischen Festungsstadt (1964).

K. Weidemann

Museum Wolfhagen

Alter Renthof beim ehem. Landratsamt. – Öffnungszeiten: Sonntag 15–18 Uhr.

Das Museum des Vereins für Heimatforschung und Heimatpflege „Kreisheimatmuseum Wolfhagen e.V." hat nach seiner im Jahre 1976 erfolgten Ausquartierung aus dem früheren Museumsgebäude „Alte Wache" rechtzeitig zum 750-jährigen Jubiläum der Stadt eine würdige Unterkunft in dem im 17.Jh. erstellten kreiseigenen Rentamt im Bereich der ursprünglichen Burg und des früheren Landratsamtes von Wolfhagen erhalten. Das Gebäude wurde innen durch Freilegung der Sandsteinwände, der Holzbalkenkonstruktion und der Decken hervorragend museal gestaltet. Als Ausstellungsräume stehen neben dem Außenbereich ein gewölbter Keller, zwei Räume im Erdgeschoß, zwei große, durch Holzgefache geteilte Räume im Obergeschoß und das durch Gefache und Gespärre unterteilte offene Dachgeschoß zur Verfügung. Ein weiterer Raum im Erdgeschoß dient als Archiv und Arbeitsraum.
Bei dem grundlegenden Neuaufbau des Museums konnten bis-

Abb. 1   Der Menhir-Bildstein von Istha. H. 0,95 m.

her die Abteilungen „Kirche im Mittelalter", „Burg und Stadt im Mittelalter" und „Handwerk und Zünfte in Wolfhagen" fertiggestellt werden. Derzeit wird die Abteilung „Vor- und Frühgeschichte" eingerichtet. Ältere, mittlere und jüngere Steinzeit sind neben der textlichen und bildlichen Dokumentation durch eine Reihe schöner Einzelfunde von Steingeräten aus dem Wolfhagener Raum belegt. Schwerpunkte der Vorgeschichtsabteilung bilden zwei Steine des bekannten Altendorfer Steinkammergrabes – Leihgaben des Kasseler Landesmuseums –, die aneinandergestellt ein sog. „Seelenloch" aufweisen, sowie ein erst vor wenigen Jahren bei Istha gefundener Menhir-Bildstein (Abb. 1), der wahrscheinlich zur Gruppe jener spätneolithisch-frühbronzezeitlichen Bildsteine und Grabwandplatten gehört, wie sie durch das bekannte Steinkammergrab von Züschen vertreten wird.

Die bronzezeitliche Hügelgrabkultur des Wolfhager Raumes wird durch einige Funde sowie durch Grabungsfotos dargestellt. Einige schöne Gefäße aus Gräbern der Urnenfelderzeit runden den vorgeschichtlichen Bestand ab, während die frühgeschichtlichen Epochen vorwiegend durch kartographisches Material vom Hohen Dörnberg und durch Schaubilder veranschaulicht werden.

Ein großer Teil der steinernen Denkmäler der Sammlung ist in der Abteilung „Kirche im Mittelalter" untergebracht, so u.a. ein großer romanischer Taufstein aus der Dorfwüstung Immenhausen, ein schwerer romanischer Steinsarg aus der Dorfwüstung Lutwardessen, eine Basis und zwei Kapitelle von Säulen aus dem Kloster Hasungen, ein Türsturz aus dem Wolfhager Hospital sowie eine Glocke der Annenkirche aus dem 14. Jh. Eine ausführliche Darstellung ist der weltlichen Entwicklung des Wolfhager Landes im Mittelalter gewidmet. Ausgrabungsfunde aus fränkisch-karolingischen Dorfwüstungen belegen diese frühe Epoche unserer Geschichte, die Funde von der Weidelsburg und vor allem von der systematischen Ausgrabung der Burg Rödersen dokumentieren zusammen mit Karten und Fotos die Bedeutung der Burg und das Leben des damals die

Gesellschaft bestimmenden niederen Adels. Neben Architekturteilen, Keramik, Waffen und Gebrauchsgegenständen interessieren vor allem Fragmente von Schmuckstücken aus kostbarem Metall und von Spielzeuggeschirr. Der Besucher erkennt in diesem Raum ferner durch Grabungsfunde aus der Stadtwüstung Landsberg und durch die Darstellung der Anfänge Wolfhagens die große Bedeutung der hochmittelalterlichen Stadtgründungen. Sehenswert sind besonders die Funde aus dem Bürgermeisterwohnhaus oder Rathaus der von dem Grafen Adolf I. von Waldeck unter Mainzer Einfluß um 1225 gegründeten und bereits 1231 von den hessisch-thüringischen Truppen zerstörten Stadt Landsberg, die u.a. ein als Bruchstück geborgenes Typar, den Siegelstempel der neuen Stadt, enthalten.
Die Ausstellung bietet auch sehenswerte neuzeitliche Bestände wie Ofenplatten, Truhen, Waffen, Fahnen, Schandpfähle u.a., sowie Dokumente über Zünfte und Handwerk (Stoffdruck, Zinngießerei). Weitere Museumsabteilungen sind geplant, darunter eine Darstellung des Bauern- und Bürgerhauses, da diese in besonderem Maße geeignet erscheinen, das Wolfhager Land als ein Grenzland, einen Überschneidungsraum von Sachsen/Falen und Franken/Hessen, zu veranschaulichen.

Literatur:
Museen in Hessen. Ein Handbuch der öffentlich zugänglichen Museen und Sammlungen im Lande Hessen (Hrsg. Hessischer Museumsverband e.V.; 2. Aufl. 1979) 452-453.

W. Halfar

Die „Schanze" im Stöckeberg bei Wolfhagen

Zufahrt: Die sogenannte „Schanze" im Stöckeberg liegt etwas über 2 km west-
südwestlich von Wolfhagen. Von der nach Südwesten Wolfhagen verlassenden
Landstraße zweigt nach Norden die Straße nach Bühle und etwas später nach
Süden die nach Leckringhausen winklig ab. Die geradeaus nach Südwesten
zum Wolfhagener Stadtwald führende Straße erreicht nach etwa 1,4 km einen
Park- und Spielplatz am Waldrand. Von den drei von hier aus in den Wald nach
Südwesten und Westen führenden Wegen führt der nördliche mit den gelb
angebrachten Wanderwegbezeichnungen 1, 2, 3 als tiefer Hohlweg nach
Westen. Bevor von diesem sehr breiten Hohlweg nach 200 m ein Weg nach
Norden abbiegt, liegt über dem nördlichen Steilhang das als „Schanze"
bezeichnete Gelände.

Ob es sich bei der sogenannten Schanze im Stöckeberg wirklich
um eine Befestigungsanlage handelt, ist anzuzweifeln. Angelehnt an den tief eingeschnittenen nach Westen herabführen-
den Hohlweg, in dem heute eine Waldstraße entlangläuft, liegt
auf dessen Nordseite eine sich von Ost nach West abdachende
Waldfläche, die von einem im Westen beginnenden nach Norden und dann hufeisenförmig nach Osten und wieder nach
Süden herumziehenden und dort 15 m vor der Steilkante aus-
laufenden Graben umzogen wird. Von der Steilkante im Süden
bis zum Scheitel des Grabens im Norden beträgt der Abstand
60 m, während der Ost-West-Durchmesser der Fläche 55 m lang
ist. Dieser Graben, der im etwas flacheren und durch spätere
Erdabtragungen veränderten Gelände im Südwesten beginnt,
hat im Nordwesten bei einer Breite von etwa 10–12 m eine Tiefe
von etwa 4,30 m. Im Nordwesten und Norden zieht innerhalb
des Grabenbogens eine schmale wenig eingetiefte Rinne parallel zur inneren Grabenkante entlang, die so einen ganz schmalen Wall vortäuscht. Da im Norden eine weitere noch schwä-
chere Rinne ebenfalls im Bogen folgt, dürfte es sich dabei um
Wegespuren handeln. Da der als zur Befestigung gehörend
angesehene tiefe Graben ebenfalls schon vor dem südlichen
Steilhang des die Straße aufnehmenden hier fast 30 m breiten
Hohlweges endet, wird es sich bei dem tiefen Graben ebenfalls

172

um einen Hohlweg handeln. Dieser hat dann, um die Steigung leichter zu überbrücken, zunächst den bogenförmigen Verlauf genommen. Der von Ost nach West herabführende ganz breite Hohlweg ist dann jünger und hat die Steigung vom Talgrund im Westen aus durch seine unten größere Breite ausgeglichen. Ein weiterer Grund, in der Anlage der sog. Schanze einen Hohlweg zu sehen, ist in einem weiteren, den tiefen Graben des Nordwestbogens außen begleitenden schwächeren Hohlweg zu sehen, der sich nach Nordosten hangaufwärts gabelt und dann ausläuft.

Funde sind vom Gelände der sog. Schanze nicht bekannt. Zusammen mit dem heute die Straße aufnehmenden breiteren Hohlweg sind die Spuren des Grabens ein eindrucksvolles Zeugnis, wie der Verkehr hier durch seinen bogenförmigen Verlauf den Höhenunterschied von etwa 10 m überbrückt hat.

Literatur:
W. Lange, Hessen in vor- und frühgeschichtlicher Zeit. In: C. Heßler, Hessische Landes- und Volkskunde (1908) 311 Nr. 75, 316 Nr. 27. – O. Uenze, Wolfhagen. In: Handb. hist. Stätten Deutschlands 4: Hessen (3. Aufl. 1976) 479.

R. Gensen

Ein bronzezeitliches Hügelgräberfeld im Stadtwald von Wolfhagen

Zufahrt: Von Wolfhagen in westlicher Richtung auf der Straße nach Bühle fahren. Kurz vor dem Ort (wo auch die Grenze zum Kreis Waldeck-Frankenberg verläuft) trifft man in etwa 100 m Entfernung links von der Straße auf das westliche Ende des Hügelgräberfeldes.

In den Waldgebieten westlich von Wolfhagen liegen in einer bei uns für bronzezeitliche Hügelgräber typischen Höhenlage von 300-330 m über NN sechs Hügelgräberfelder. Ihre Gesamtdistanz beträgt sechs Kilometer, die jeweilige Entfernung von einem zum anderen Feld unter oder über 1 km. Die Nordgrenze der ganzen Gruppe liegt südlich der Straße von Viesebeck nach

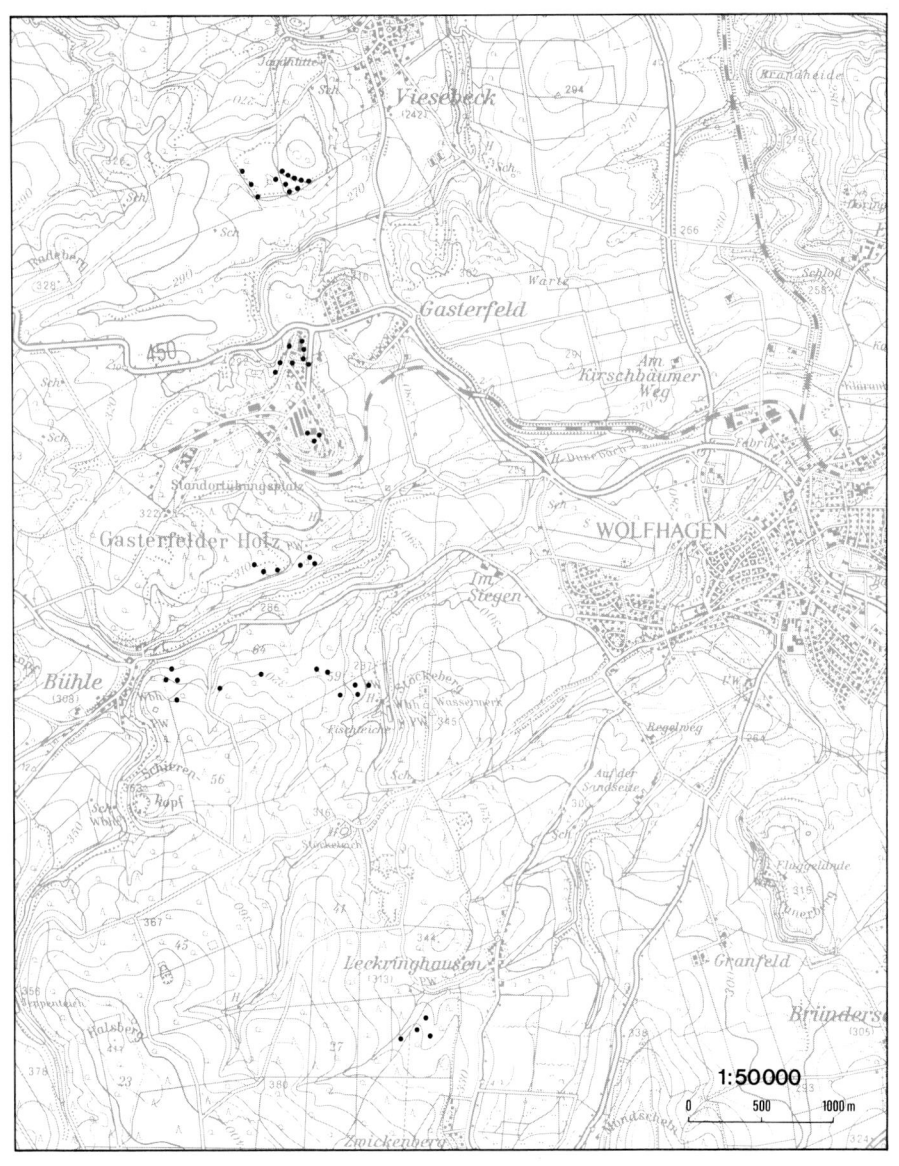

Abb. 1   Grabhügel bei Viesebeck, Gasterfeld (früher Philippinendorf – heute großenteils überbaut), im Wolfhagener Stadtwald und bei Leckringhausen im Gebiet westlich von Wolfhagen. M = 1 : 50 000.

174

Landau, die südliche auf der Höhe von Leckringhausen. Man hat den Eindruck, daß hier mit einer solchen Verteilung ein alter Zustand vorliegen könnte (Abb. 1).

Die aufgrund von Ausgrabungen nachgewiesenen Bauelemente der Hügel, nämlich ein aus senkrechten Platten sorgsam gebauter Steinkranz und ein Steinkern in der Mitte, unter dem sich die normalerweise gleichfalls steinumsetzten Gräber befinden, reihen sie in die westhessische Hügelgräberbronzezeit ein. Hinzu kommt die fast immer nur geringe Anzahl von Bestattungen, oft nur zwei bis drei. Die Anzahl der Hügel beträgt maximal zwölf und minimal vier; dabei ist es durchaus möglich, daß einzelne Hügel im Laufe der Zeiten zerstört wurden. Für das aus zwölf Hügeln bestehende Gräberfeld im Wolfhager Stadtwald, von dem anschließend Grabungsbefunde vorgestellt werden, würden sich theoretisch etwa 36 Bestattungen ergeben. Unter diesen Gräbern befinden sich in unserem Raum im Gegensatz zu anderen Regionen, wie etwa Osthessen, viele Bestattungen ohne Beigaben aus Bronze. Unter Berücksichtigung dieser allgemeinen Bronzearmut brauchen die in solchen Gräbern Bestatteten nicht unbedingt von niedrigerem sozialem Status gewesen zu sein. Die sorgsame und ebenso arbeitsaufwendige Bauart dieser Grabstellen, die derjenigen von Gräbern mit Bronzebeigaben gleicht, könnte sehr wohl gegen eine solche Vermutung sprechen.

Die Anzahl der Bestattungen in einem Hügel und damit auf dem ganzen Gräberfeld läßt sich nicht ausschließlich anhand der mit Steinen gekennzeichneten Grabstellen erfassen. Durch Beobachtungen an anderen Stellen des Landes konnten z.B. weitere Gräber in einem Hügel festgestellt werden, die nur einen geringen oder gar keinen Ausbau der eigentlichen Grabstelle aufwiesen und (bei fehlenden Beigaben) nur deshalb bemerkt wurden, weil sich wegen günstiger Bodenart die Skelette der Toten mehr oder weniger erhalten hatten.

Die Gesamtzahl der Toten eines Gräberfeldes wird man aus Gründen der demographischen Repräsentanz aber noch höher ansetzen müssen, weil Gräber von Kindern in viel geringerem

Maße aufzufinden sind, als es ihrem Anteil an der lebenden Gemeinschaft entsprochen haben dürfte – ein Problem, das hier nicht näher behandelt werden kann.

All diese uns wichtig erscheinenden Überlegungen wurden deshalb angestellt, weil sie erlauben, solche Friedhöfe der Hügelgräberbronzezeit jeweils einzelnen Familien als Bestattungsgemeinschaften zuzuordnen. Als Siedlungsform könnten Einzelhöfe hinter den einzelnen Hügelgräberfeldern stehen. Die höher angesetzte Gräberanzahl pro Friedhof gestattet es, die Belegungsdauer der Friedhöfe – und damit die Siedlungskonstanz – auf Jahrhunderte auszudehnen, die vielleicht einem Hauptteil der Hügelgräberbronzezeit entsprechen könnten.

Von den zwölf Hügelgräbern des Friedhofs im Wolfhager Stadtwald wurden vier Hügel genauer ausgegraben. Verf. untersuchte den Hügel 10 am Westende des Feldes. Dieser Hügel gehörte zu den größeren des Friedhofs und ließ vor Grabungsbeginn einen Durchmesser von etwa 12–16 m und eine Höhe von 0,75 m erkennen. Nach erfolgter Grabung ergab sich für den früheren Zustand dieses Totendenkmals ein Durchmesser von 13 m und eine Höhe von sicherlich 1,50 m. Für die Bauart wurde im einzelnen folgendes festgestellt. Ein mächtiger, teils einreihiger, teils zwei- und dreireihiger Steinkranz aus Sandsteinplatten umgab den Hügel von außen. Die Höhe der Platten betrug oft 0,75 m, so daß von einer richtigen Mauer gesprochen werden konnte (Abb. 2).

Im Innern des Totendenkmals befand sich ein Steinkern von rund 8 m Durchmesser und einer ursprünglichen Höhe von mindestens 1 m über der hier vorher etwas vertieften Basis. In diesem Kernbau wurden die Reste einer kurz zuvor durch Waldarbeiten beschädigten Grabkammer festgestellt, die sich von Nordost nach Südwest erstreckte. Am nordöstlichen Ende der Kammer wurde eine Goldspirale aufgefunden. Sie stellt einen Kopfschmuck dar und zeigt, daß der Tote mit dem Kopf im Nordosten lag mit Blickrichtung nach Südwest. Skelettreste hatten sich wie üblich im luftdurchlässigen Buntsandsteinboden nicht erhalten. Als zweiter Fundgegenstand kam ein Bron-

Abb. 2 Wolfhagen, Stadtwald. Grundriß und Profil des Grabhügels 10.

zeschwert zutage, das schräg auf der Brust des, wie wir nun wissen, hier bestatteten Mannes lag. Schräg vor dieser Grabstelle
fand sich eine ostwestlich ausgerichtete zweite Totenkammer,
die also zu Füßen des wegen der Zentrallage in Hügel und Stein-
bau wohl zuerst bestatteten männlichen Toten errichtet war.

177

Diese Kammer war der neueren Zerstörung völlig entgangen. Sie hatte eine Länge von 3,50–4,00 m, eine Breite von 1,50–2,00 m und eine Höhe, die ursprünglich wohl nur wenig unter 1 m lag; sie zeigte eine sehr sorgsame Bauart (Abb. 2). In der Mitte war sie auf fast die ganze Länge hin eingesunken, so daß man damit rechnen muß, daß sich darunter ursprünglich der wohl hölzerne, eigentliche Behälter der verstorbenen Person befand, vermutlich, wie in der Epoche üblich, ein Baumsarg. Bodenproben einer moderartigen Masse unter den eingestürzten Steinen der Mitte ergaben bei der chemischen Untersuchung den Nachweis von vergangenem Fleisch, also ein übriges Zeugnis dafür, daß hier ein Toter beigesetzt worden war. Da Mann und Frau öfter in einem Grabhügel bestattet wurden, könnte hier also eine Frauenbestattung vorliegen. Erhaltene Beigaben fanden sich nicht, doch können nicht erhaltene Ausstattungsstücke, etwa Textilien u. a., von beträchtlichem, den Stand einer solchen Person durchaus betonendem Wert gewesen sein. Von Beobachtungen zum Totenkult sei hier nur erwähnt, daß sich außen am Rande des Steinkranzes im Südosten eine steinüberdeckte Grube befand, die möglicherweise eine Anlage für Opferungen an die Toten darstellte.
Die Hügel 5, 6 und 8 im östlichen und mittleren Teil des Gräberfeldes, durch R. von Uslar untersucht, ergaben nur eine Bestattung mit Bronzen, nämlich ein Frauengrab mit einer Doppelradnadel. Das Grabdenkmal und die Grabanlagen waren jeweils aber in gleicher Sorgfalt und mit gleichen Konstruktionselementen wie unser Hügelgrab erbaut, so daß auch hier das Fehlen von Bronze nicht mit Armut verwechselt werden darf. Der Charakter der Gräber spricht auch hier für eine wie auch immer geartete, herausgehobene Gesellschaftsschicht.
Handelt es sich also um sicherlich großartige Grabdenkmäler und aufwendige Grabbauten – wohl auch in Verbindung mit einem verpflichtenden Totenkult – so stellt dies insgesamt eine enorme Arbeitsleistung der Hinterbliebenen dar. Zur Erfüllung solcher Leistungen war aber eine einzelne Familie wahrscheinlich überlastet. Man darf vielmehr annehmen, daß diese Arbei-

ten von einer darüber hinausgehenden Gemeinschaft erstellt werden mußten. Da bietet sich die Annahme an, daß eine solche Gemeinschaft etwa aus den sechs Familien bestand, die wir als Träger dieser sechs Gräberfelder sehen: Familien, die vielleicht analog zu den Gräberfeldern in Entfernungen von unter oder über einem Kilometer auf Einzelhöfen lebten, welche insgesamt eine Streusiedlung bildeten. Dabei tut es einer solcherart entworfenen Vorstellung wenig Abbruch, wenn etwa nördlich und südlich unseres heutigen Waldbezirkes vielleicht wenige durch neuzeitliche Zerstörung verschwundene Gräberfelder die Gemeinschaft noch etwas vergrößert hätten. Wie man eine solche übergeordnete Gemeinschaft bezeichnet (der sicher noch andere Aufgaben zufielen), ob Sippe, Klan oder Splitterklan, ist relativ unwichtig, da auch nicht ohne weiteres von uns archäologisch erforschbar. Man kann aber vielleicht annehmen, daß solche oder ähnlich große Gemeinschaften das Land erfüllten, wenn nicht besondere Voraussetzungen – und dies wohl nur an wenigen Plätzen – eine größere Macht- oder Siedlungskonzentration ermöglichten. Unsere Vorstellung würde sich vor allem auf die Grundstruktur der Bevölkerung richten. Ob ein solches Bild die zwar neuerlich umstrittene, aber auch noch nicht gänzlich widerlegte Vorstellung stärkt, daß die Hügelgräberbronzezeit wirtschaftlich vorrangig von einem Viehzüchtertum getragen war, ist sicher noch eine offene Frage, die längerer künftiger Untersuchungen bedarf.

Literatur:
J. Bergmann, Bronzezeitliche Hügelgräber im Stadtwald von Wolfhagen. Fundber. Hessen 2, 1962, 102 ff.

J. Bergmann

Das Steinkammergrab von Altendorf

Zufahrt: Auf der Straße Altendorf-Züschen, kurz vor der Brücke über die Elbe lag rechts im Feld das Steinkammergrab.

Entgegen gelegentlichen unkorrekten Angaben war das Altendorfer Steinkammergrab bei der Auffindung bereits weitgehend zerstört und ist daher heute im Gelände nicht mehr zu sehen.

Literatur:
W. Jordan, Das Steinkammergrab von Altendorf, Kr. Wolfhagen. Kurhessische Bodenaltertümer 3 (1954) 5 ff. – W. Schwellnus, Wartberg-Gruppe und hessische Megalithik. Ein Beitrag zum späten Neolithikum des Hessischen Berglandes. Mat. z. Vor- u. Frühgesch. Hessen 4 (1979).

Irene Kappel

Der Heiligenberg bei Altendorf

Zufahrt: Von der Straße Altendorf-Züschen bei km 4,7 rechts in den Feldweg nach Westsüdwesten einbiegen. Nach 300 m Weg bergauf nach Nordwesten bis zum Jagdhaus am Waldrand. Von dort Schneise steil bergauf vorbei an den beiden unteren Wällen über die Felsgruppe mit dem „Riesenstein" zur Bergkuppe, oder auf ausgebautem Weg an der südwestlichen Bergflanke entlang, der nach etwa 900 m das südliche Ende des oberen Walles erreicht.

Der Heiligenberg erhebt sich als langgestreckter Buntsandsteinrücken über dem Elbetal am Südrand des Elbergrundes. Seine steile Kuppe liegt um 155 m über dem Talgrund (Abb. 1). An ihrem südöstlichen Abhang, gegen den Bergausläufer des „Ziegenrück" hin, läuft mit etwa 150 m Länge ein zerrissener Wall aus teils recht großen Sandsteinblöcken. Er endet im Süden am steilen Hang, im Norden hört er unvermittelt auf. Ein wirksamer Schutz der Bergkuppe war damit kaum gegeben. Zwei weitere flache Wälle, der untere mit kleinem Graben, liegen 750–800 m davon am steilen südöstlichen Abhang des „Ziegenrück". Auch sie konnten höchstens partiell einen Zugang sperren. Beim Fehlen jeglichen Fundmaterials und dem desolaten

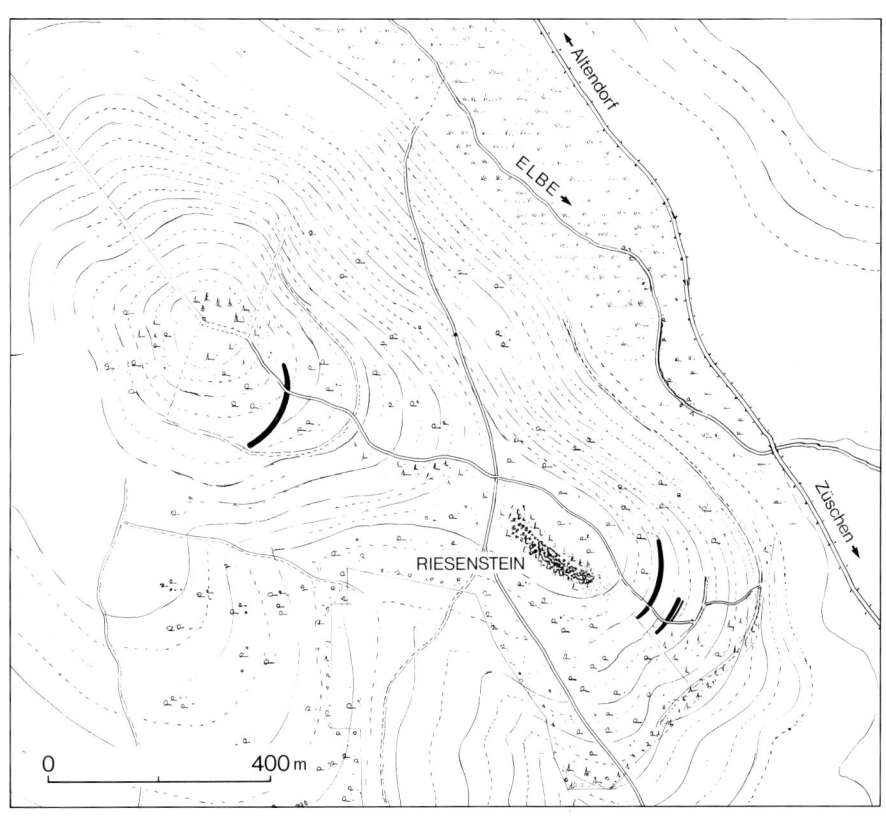

Abb. 1 Planskizze der Anlagen auf dem Heiligenberg bei Altendorf (nach der Aufnahme von G. Eisentraut und W. Lange 1908).

Zustand der Befestigungslinien läßt sich über die Zeitstellung der Anlage noch nichts sagen.

Der südwestliche Abhang des „Ziegenrück" wird von einer Felsgruppe eingenommen, dabei der „Riesenstein", ein gewaltiger freistehender Felsblock. Auf ihm befindet sich eine schüsselförmige Vertiefung mit Abflußrinne, als „Opferschale" bezeichnet, deren Entstehung und Zweck jedoch völlig unklar sind. An einem 150 m davon im Norden frei aus dem Abhang ragenden Felsen werden „runenartige Zeichen" gezeigt, die aber ausnahmslos natürlicher Entstehung sein dürften.

181

Literatur:
F. Debus, Zur Gliederung und Schichtung nordhessischer Ortsnamen. Hess. Jahrb. Landesgesch. 18, 1968, 27 ff. bes. 58 ff. – I. Kappel, Vor- und frühgeschichtliche Geländedenkmäler des Stadt- und Landkreises Kassel. Jahrbuch '78 Landkreis Kassel (1977) vor S. 31. – R. Mauer, Heimarshausen (Hrsg. Stadt Naumburg zum 800jährigen Bestehen des Stadtteils; 1980) 7 ff. – H. Wendel, Welches Geheimnis birgt der Heiligenberg bei Altendorf? Jahrbuch '75 Landkreis Kassel (1974) 106.

F.-R. Herrmann

Der Schützeberg bei Wolfhagen

Zufahrt: Der Schützeberg liegt 2,5 km nordöstlich von Wolfhagen, Ldkr. Kassel. Von der am Ortsrand von Wolfhagen vorbeiführenden B 450 zweigt die nach Zierenberg führende Straße nach Osten ab. Diese führt nach gut 1 km in einem Bogen nordwestlich um den Schützeberg herum. Unmittelbar nach der Abzweigung Richtung Nothfelden führt ein zunächst an einer Wiese entlanglaufender Weg im spitzen Winkel nach Südwesten auf den Schützeberg.

Der im Süden von mehreren Mühlen im Erpetal umgebene Schützeberg ist aus einem steilen Kalksteinkegel gebildet. Von der früher auf der Kuppe gelegenen Kirche ist nur noch Bauschutt erhalten. In den die Bergkuppe umgebenden Terrassenkanten deutet sich eine kleine Befestigungsanlage an, die im einzelnen wegen der späteren Geländeveränderungen nicht zu erkennen ist. Die Terrasse östlich der höchsten, ursprünglich die Kirchenlage bestimmenden Kuppe dient den umliegenden Mühlenbewohnern als Friedhof.

Die St. Peter geweihte Kirche auf dem Schützeberg war der Sitz eines zum Archidiakonat Fritzlar gehörenden Erzpriesters. Von den bis zur Reformation aus 20 Pfarreien kommenden Einkünften kam Anfang des 11. Jhs. ein beträchtlicher Teil dem Propst und den Chorherren von Fritzlar zu. 1074 kam die Kirche durch eine Schenkung des Erzbischofs von Mainz an das 6 km südöstlich gelegene jüngere Kloster Hasungen, wodurch ihre Bedeutung aber kaum eingeschränkt wurde. Auch die Kirchen der Städte Wolfhagen (um 1226) und Zierenberg (um 1290) waren als landgräfliche Gründungen zunächst Filialkirchen von Schützeberg. Mit der Verlegung des Sitzes des Erzpriesters in die Stadt Wolfhagen verlor der Platz an Bedeutung. Das unterhalb gelegene Dorf Schützeberg wurde durch den Abzug der Bewohner in die Stadt Wolfhagen im 14. Jh. wüst, obgleich die Kirche bis zur Reformation Wallfahrtsort blieb. Danach wurden die Steine der Kirche ausgebrochen und für den Turm der Stadtkirche von Wolfhagen verwendet.

Literatur:
K. Lyncker, Die Wüstung Schützeberg bei Wolfhagen, Zeitschr. Ver. hess. Gesch. u. Landeskde. 6, 1870, 105 ff. – G. Siegel, Geschichte der Stadt Wolfhagen in Hessen (1929) 104. – G. Ganßauge, W. Kramer u. W. Medding, Die Bau- und Kunstdenkmäler im Regierungsbezirk Kassel, N.F. 1: Kr. Wolfhagen (1937) 2.5.6.10.54.203.205.251. – K. Demandt, Geschichte des Landes Hessen (2. Aufl. 1972) 130.134.168.183. – W. Hallwachs, Schützeberg. In: Handb. hist. Stätten Deutschlands 4: Hessen (3. Aufl. 1976) 409 f.

R. Gensen

Wallanlage und Kloster auf dem Burghasunger Berg

Zufahrt: Aufstieg zur Berghochfläche auf verschiedenen Wegen, vorbei an der Kirche, aus dem Ort Burghasungen, der an der Ost- und Nordostflanke des Berges liegt.

Der landschaftsbeherrschende abgestumpfte Basaltkegel des Burghasunger Berges besitzt ein fast ebenes Plateau von annähernd 3 ha Größe. Seine steilen Flanken werden besonders im Westen und Süden von Felsabstürzen gebildet, auf den anderen Seiten ist der Abfall stufig, doch kaum weniger steil. Der Zugang zum Plateau liegt etwa in der Mitte der Ostseite, wo auch heute, südlich oberhalb der Kirche, der Aufweg zur Berghochfläche führt.
Nach Lage und Gestalt des Berges ist eine Befestigung in vor- oder frühgeschichtlicher Zeit sehr wahrscheinlich; die Wasserversorgung war durch einen in der Westhälfte des Plateaus liegenden Teich, jetzt zum Fischweiher umgestaltet, gesichert. Es

finden sich jedoch keine völlig eindeutigen Spuren einer Befestigung entlang den Bergkanten, da wallartige Reste auch auf spätere ackerbauliche Nutzung zurückgehen könnten. So muß auch die Annahme W. Görichs, daß auf dem Berg eine frühgeschichtliche Großburg (sog. „Stadtberg" der Merowingerzeit) gelegen habe, vorerst Vermutung bleiben.

Auffallend sind Befestigungsspuren auf der Westseite am Fuß des Berges. In weitem Bogen zieht hier, etwa der Höhenlinie 430 m folgend, eine teils als Terrasse ausgebildete, teils aber auch deutlich als Absatz mit vorliegendem Graben ausgeprägte Befestigungslinie, die auf den anderen Seiten im bebauten Gelände nur andeutungsweise zu verfolgen ist. Die zu erschließende, doch wohl frühgeschichtliche Anlage würde zu den größten in Nordhessen gehören.

Überregionale Bedeutung erlangte der Berg im Mittelalter, als sich dort „über der Grabstätte des frommen Einsiedlers Heimerad von der 2. H. 11. Jh. bis zur Reformation das Benediktinerkloster Hasungen erhob. Nach einem unsteten Wanderleben war Heimerad hier – ‚in monte, qui dicitur Hasungun' – 1019 gestorben. Zu seiner Erinnerung erbaute Erzbischof Aribo von Mainz ein Gotteshaus. Da sich Heimerads Grab zu einem viel besuchten Wallfahrtsort entwickelte, begründete Erzbischof Siegfried I. von Mainz 1074 hier ein Kanonikerstift. Aber schon 1081 wandelte er dieses in ein Benediktinerkloster um. Zu den bisherigen Stiftsherren holte er Mönche aus dem Schwarzwaldkloster Hirsau; an die Spitze stellte er den Hersfelder Mönch Lambert, der als der bedeutendste deutsche Geschichtsschreiber des 11. Jh. bekannt ist" (Heinemeyer). Nach der Säkularisation 1527 wurden Kirche und Kreuzgang 1617 als baufällig abgebrochen, die übrigen Gebäude verfielen. Nur die Grundmauern des Turmes der Klosterkirche, der 1876 und 1896 einstürzte, sind ruinös erhalten. Die Trümmerstätte des Klosters findet sich in der Südostecke des Bergplateaus.

Literatur:
W. Görich, Frühfränkische Zeit. Karte 7 a in: Geschichtlicher Atlas von Hessen (1960 ff.) – W. Heinemeyer, Burghasungen (Kr. Wolfhagen). In: G. W. Sante (Hrsg.), Hessen. Hdb. hist. Stätten Deutschlands 4 ³ (1976) 69 f.

F.-R. Herrmann

Die Burgen auf dem Gudenberg bei Zierenberg

Zufahrt: Aus Zierenberg auf der Straße nach Ober-/Niederelsungen, am nordwestlichen Ortsausgang im Straßenknick genau nach Westen ca. 1300 m auf Fahrweg unter der Autobahn durch zu Parkplatz am Waldrand. Von dort relativ steiler Aufstieg zum Großen Gudenberg und weiter zum Kleinen Gudenberg; oder weiter auf Fahrweg, der nach großer Schleife nach Süden am Südwesthang des Berges entlangführt, von ihm aus Aufstieg zum Sattel zwischen den beiden Gipfeln.

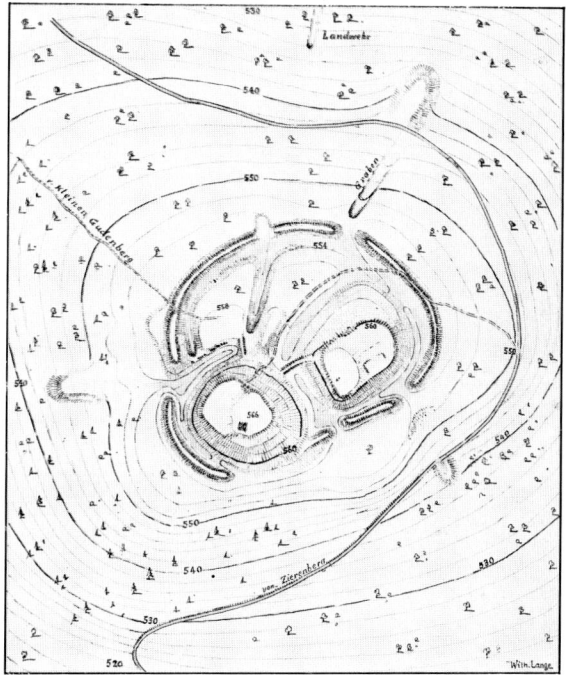

Abb. 1   Plan der Burg auf dem Großen Gudenberg bei Zierenberg (Aufnahme W. Lange). – M = 1 : 3000.

185

Westlich über Zierenberg liegt der steile Bergrücken des Gudenberges, dessen beide Gipfel, der Große Gudenberg mit 568,7 m
NN und der 500 m nordwestlich davon entfernte Kleine
Gudenberg mit 531,1 m NN, mittelalterliche Burgen trugen, die
heute völlig zerfallen sind. Die genaue Erbauungszeit der Burgen ist unbekannt. Die Herren von Gudenberg, die auf dem
Kleinen Gudenberg saßen, sind 1175 erstmals erwähnt, in die
Burg auf dem Großen Gudenberg teilten sich die 1209 genannten Groppe von Gudenberg und die seit 1213 erwähnten Wolff
von Gudenberg. Beide Burgen, die von Mainz lehnbar waren,
wurden wahrscheinlich 1279 von Hessen zerstört, dessen Landgraf Heinrich I. um 1290 die Stadt Zierenberg gründete und u. a.
damit seine Herrschaftsansprüche und sein Vordringen nach
Norden sicherte.

Von den Burgen zeugen umfangreiche Befestigungsanlagen,
wenn auch aufgehendes Mauerwerk kaum mehr vorhanden ist.
Die Burg auf dem Großen Gudenberg (Abb. 1) nimmt eine
Fläche von 125 zu 90 m ein. Ein mächtiger Außenwall
umschließt die gesamte Anlage, die durch Gräben viergeteilt ist;
er ist nur an den Stellen unterbrochen, an denen das Aushub-
material aus den Gräben transportiert und zu Schuttkegeln am
Hang aufgeschüttet wurde. Am steilsten erhebt sich die Hauptburg im Südwesten 10–12 m über die Grabensohlen und überragt mit ihrem Plateau von etwa 20 x 27 m auch den etwas größeren Burgteil im Südosten. Zwei Unterburgen sind nördlich
vorgelagert. Im Nordosten setzt ein Graben an, der wohl den
Beginn einer weiteren, größeren Befestigung andeutet, die das
Hanggelände einbeziehen sollte, aber nicht zur Ausführung
kam (Versuch einer Stadtgründung?). Am Nordhang der Kuppe
beginnt die Landwehr „Kellergraben", die bis in das Tal hin-
unterzieht.

Noch ausgedehnter, in ihren einzelnen Teilen im Gelände
schwieriger zu überschauen ist die Burg auf der steilen Kuppe

Abb. 2 Plan der Burg auf dem Kleinen Gudenberg bei Zierenberg (Aufnahme ▶
W. Lange, Ausschnitt). – M = 1 : 3000.

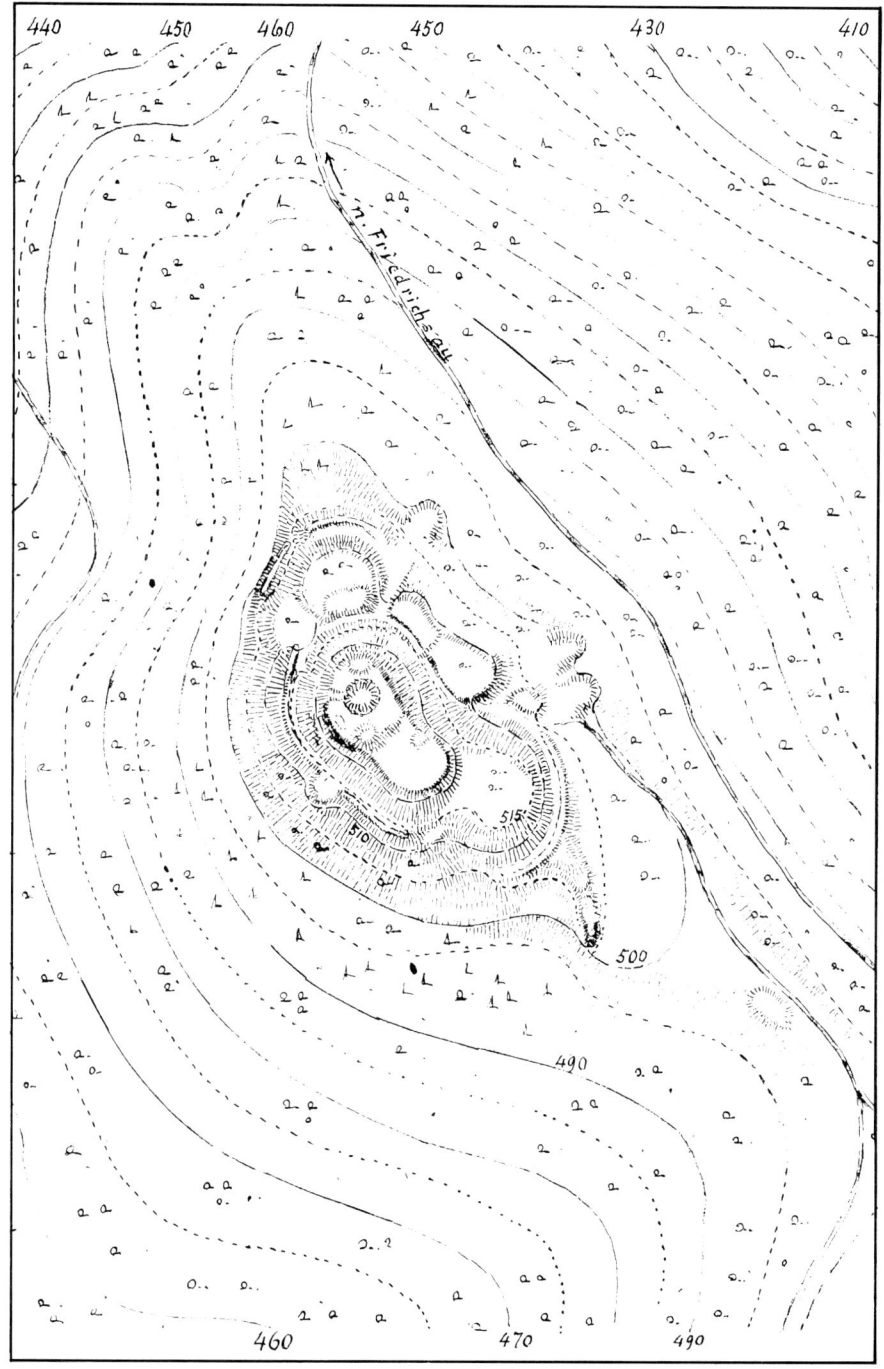

n. Friedrichsau

440 450 460 450 430 410

515
510
500
490
460 470 490

des Kleinen Gudenberges mit einer Länge von 160 m bei etwa 80 m Breite (Abb. 2). Die Gesamtanlage ist gegen den vom Großen Gudenberg herziehenden Berggrat durch einen halbrund geführten Halsgraben mit Außenwall abgeriegelt. Hinter ihm liegt ein unterer Burgteil, über dem sich die zweigeteilte Hauptburg von 60 zu 25 m Größe erhebt. Weitere Burgteile, jeweils wieder durch Gräben voneinander getrennt, befinden sich, rund 20 m tiefer, am Hang im Norden und Nordosten. Auch hier sind wieder die Schuttkegel des aus den Gräben geräumten, nicht zum Befestigungsbau benötigten Erd- und Steinmaterials auffällig.

Literatur:
W. Hallwachs, Der Gudenberg (Gem. Zierenberg, Kr. Wolfhagen). In: G. W. Sante (Hrsg.), Hessen. Hdb. hist. Stätten Deutschlands 4³(1976) 191 f.

F.-R. Herrmann

Der Burgberg bei Zierenberg-Laar

Zufahrt: Der Burgberg liegt 4,5 km nördlich von Zierenberg. In Laar führt ein geteerter Weg nach Osten durch den ausgedehnten Gutshof, überquert die Warme, um dann nach Süden umzubiegen. Von diesem Wegeknick aus führt ein Weg 250 m am Waldrand entlang, dann etwa 180 m an einem Wasserriß entlang nach Ostnordosten in den Wald. Folgt man dem zweiten, nach links abzweigenden und nach Westen hangaufwärts führenden Waldweg, so gelangt man nach etwa 170 m durch den Vorwall und anschließend durch die alte Toranlage in das Burginnere.

Aus dem das Warmetal auf der Ostseite begleitenden, aus Kalkstein bestehenden Bergrücken des Hagen springt ein breiter Bergsporn als Laarwand nach Westen vor. Er wird im Norden und Süden von zwei Quertälern begrenzt. Dieser Bergsporn wird von der Hochfläche zunächst durch einen im Norden an der Steilkante beginnenden, nach Süden und dann nach Südwesten ziehenden 225 m langen mächtigen Wall mit vorgelagertem Graben abgetrennt, wobei der Wall nach Südwesten etwa

35 m tiefer zum steiler werdenden Hang hin leicht einbiegend endet (Abb. 1).

Im Norden nach 50 m, im Süden nach etwa 80 m folgt dann die fast gerade Ostseite des inneren Mauerringes mit vorgelagertem Graben, der wiederum am Steilhang im Norden beginnt und im Süden zum Haupttor hin dem Mauerwall folgend leicht einbiegend endet. Die nördliche Torwange biegt in sanfter Rundung rund 15 m weit nach Westen um. Die vom Wall, bzw. von der Terrassenkante der Südseite durch scharfes Umbiegen geschaffene gegenüberliegende südliche Torwange zieht zunächst ebenfalls als kleiner Wall nach Westen, um am Ende nochmals nach Norden umzuknicken und dann den eigentli-

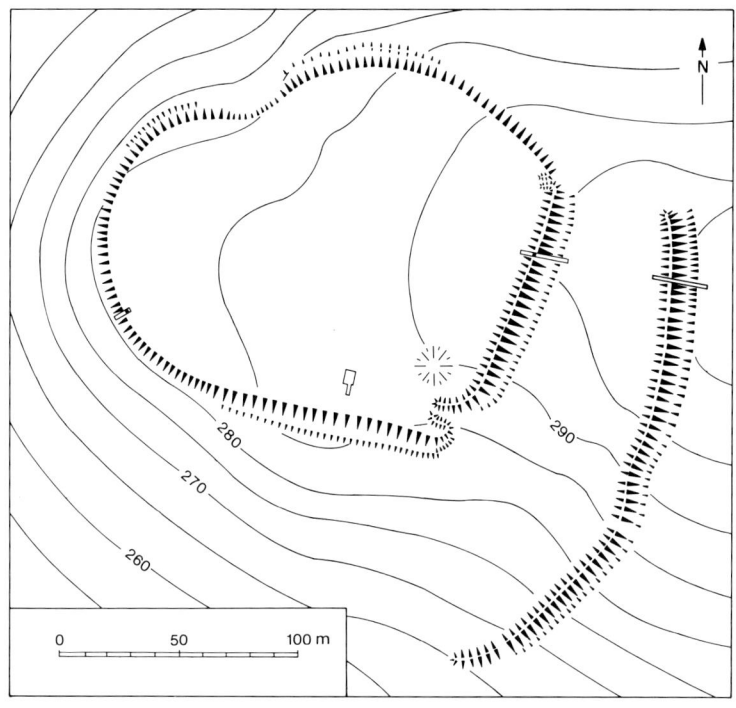

Abb. 1   Plan des Ringwalles auf dem Burgberg bei Laar.

chen Tordurchlaß, durch den heute der Waldweg ins Innere führt, freizulassen.

Auf der Südseite verläuft die als Terrassenkante erkennbare Befestigungslinie zunächst fast gradlinig nach Westen. Ein ursprünglich trotz des recht steilen Hanges anzunehmender Graben deutet sich hier nur noch als vorgelagerte zweite Terrassenkante an. Die obere Terrassenkante der Befestigungslinie biegt dann gerundet nach Norden und schließlich wieder nach Osten um, wobei auf der Nordwestseite und im Norden wiederum hauptsächlich durch eine vorgelagerte Geländekante ein Graben anzunehmen ist. Entsprechend dem Hangverlauf ist die Befestigungslinie im Nordwesten in einem Bogen nach innen eingezogen und dort weniger deutlich ausgeprägt.

Im Nordosten biegt dann die Terrassenkante zu dem die innere Burg abschirmenden östlichen Wall nach Süden um. Der hier hereinführende Waldweg und erste Grabungsversuche können den Befund gestört haben. Nach den heute erkennbaren, sicher nicht den ursprünglichen Befund wiedergebenden kurzen, wie einbiegende Wallenden wirkenden Erdanhäufungen ist nicht auszuschließen, daß sich auch im Nordosten des inneren Mauerringes ein kleines Tor befand. Die Gestalt des inneren Befestigungsringes ist unregelmäßig birnenförmig mit einer stumpfwinkligen Linienführung im Südosten. Die Größe beträgt etwas über 2 ha.

Während auf der Ostseite der Sperrwall des inneren Beringes nicht stark gestört erscheint, ist auf weiten Strecken der übrigen Befestigungslinie im Norden, Westen und Süden immer wieder ein auf der Planskizze nicht berücksichtigter Mauerausbruchs-graben zu erkennen.

In dem sanft von Osten nach Westen abfallenden Gelände des inneren Mauerberinges fällt nördlich des inneren Endes der Torwange des Südosttores eine trichterförmige im Durchmesser etwa 15 m große Eintiefung auf, deren Funktion – wie in vielen anderen frühmittelalterlichen Anlagen – immer noch nicht geklärt ist.

In den Jahren 1937/38 führte W. Görich im Auftrag des jetzigen

Hessischen Landesamtes für geschichtliche Landeskunde in Verbindung mit der damaligen archäologischen Denkmalpflege (G. Merhart v. Bernegg) erste planmäßige Ausgrabungen durch, deren Ergebnisse hier skizziert werden können.

Ein 23 m langer und 2 m breiter Schnitt durch den gut 2 m hohen Vorwall in dessen Nordteil erbrachte einen etwa 10 m breiten und 3,80 m tiefen Spitzgraben, in dessen unterer Verfüllung so viel verkohlte Holzteile vorgefunden wurden, daß anzunehmen ist, daß der Wall ursprünglich eine hölzerne Brustwehr hatte. Diese muß dann bei einer Zerstörung in den Graben geraten sein.

Ganz anders war der Befund im Wall des inneren Beringes, der in Verlängerung des Vorwallschnittes im Nordteil der Ostseite untersucht wurde. Bei der Befestigung handelt es sich hier um eine fast 1,70 m dicke gemörtelte Mauer, die auf den gewachsenen Boden ohne Fundamentierung aufgesetzt ist. Sie ist auf der Innenseite über 1,50 m hoch hinterschüttet. Auf der Außenseite folgt vor der Mauerfront zunächst eine knapp 2 m breite Berme, davor befindet sich ein knapp 9 m breiter und 2,80 m tiefer Spitzgraben.

Der ganze innere Bering bestand also aus einer gemörtelten Mauer, die außer auf der Ostseite fast überall dem Steinausbruch zum Opfer gefallen und heute nur noch als Ausbruchsgraben zu erkennen ist. Die nur schwach ausgeprägten, der heutigen Steilkante im Norden, Westen und Süden vorgelagerten Terrassenkanten deuten an, daß dieser Ringmauer auch dort ein umlaufender heute weitgehend verfüllter Graben vorgelagert war.

Bei den Untersuchungen wurde im Süden des inneren Mauerringes 35 m westlich des Tores ein Steinkeller ausgegraben. Er besteht aus sorgfältig gesetzten plattigen Kalksteinen und hat eine Breite von etwas über 4 m und eine Länge von 6 m. Etwas zur Mittelachse nach Osten versetzt, besitzt der Keller im Süden einen 5 m langen Kellerhals als Zugang. Schon 1905 hatten W. Lange und G. Eisentraut im Bereich des Kellers zwei hartgebrannte gelbliche Scherben von Pingsdorfer Machart gefunden.

Bei der Untersuchung durch W. Görich fanden sich dagegen auf dem Kellerboden in der Nähe der Längswand auch handgemachte rötlich-braune Scherben von wohl karolingischer Keramik und eine eiserne Sichel.

Bei Anfang der 70er Jahre erfolgten Schürfungen im Innern des Mauerringes, vor allem im Nordwesten, wurden dann weitere Keramik und ein eisernes Messer gefunden. Dabei handelt es sich einmal um weißlich-gelbliche Drehscheibenkeramik – darunter ein Gefäßteil mit Ausgußtülle und eins mit wellenförmiger rotbrauner Bemalung –, zum anderen um handgemachte, z.T. im Randbereich mit einem Formholz nachgearbeitete Kugeltopfkeramik.

Nach der Anlage der Befestigung und nach dem Fundmaterial handelt es sich hier um einen Befestigungstyp, der in Nordhessen entlang alter Fernwege häufig anzutreffen ist. Alle diese Anlagen, von denen ausreichendes Fundmaterial vorhanden ist, beginnen am Ende des 8. Jhs. W. Görich hat sie als Etappenstationen eines Befestigungssystems angesprochen und mit den fränkisch-sächsischen Auseinandersetzungen in Zusammenhang gebracht.

Widukind von Corvey berichtet für das Jahr 938 recht ausführlich vom Fall der Burganlage von Laar. Ein Graf Eberhard war in Gegensatz zu König Otto geraten, und es kam zum offenen Kampf zwischen Eberhard mit seinem fränkischen Gefolge und dem König, wobei des Königs Halbbruder Thankmar sich auf die Seite Eberhards stellte. Zunächst hielten die Aufständischen die Eresburg besetzt, bis der König selbst mit einem Heer erschien, worauf sich die Eresburg ergab. Der in die Kirche geflüchtete Thankmar fiel.

Daraufhin wandte sich das königliche Heer gegen Laar, das schon vorher von einem königlichen Heer bestürmt worden war. Die Verteidiger – Gefolgsleute des Grafen Eberhard – leisteten zunächst hartnäckigen Widerstand, um nach einem Waffenstillstand schließlich die Burg dem König zu überlassen.

Der Vorgang zeigt recht deutlich, daß die karolingischen Befestigungen durchaus im 10. Jh. noch oder wieder in Benutzung waren, worauf ja auch schon der Burgenerlaß Heinrichs I. hindeutet. Danach wurden allerdings all diese Plätze, soweit sie nicht in späteren Städten aufgingen, endgültig aufgelassen.

Literatur:
W. Görich, Rast-Orte an alter Straße? In: Festschr. E.E. Stengel (1952) 488 Anm. 1. – W. Lange, Laar, die Burg des Herzogs Eberhard von Franken. Korrbl. Gesamtver. dt. Gesch.- u. Altertumsver. 61, 1913, 345 ff. – K. Weidemann, Archäologische Zeugnisse zur Eingliederung Hessens und Mainfrankens in das Frankenreich vom 7.–9. Jahrhundert. In: W. Schlesinger (Hrsg.), Althessen im Frankenreich. Nationes 2 (1975) 109.111 Abb. 5.

R. Gensen

Burg Schartenberg bei Zierenberg

Zufahrt: Von Ehrsten – zwischen Zierenberg und Calden gelegen – Fahrweg vom nordwestlichen Ortsausgang nach Westen bis zu Wasserbehälter am Waldrand. Der Fahrweg führt weiter bis zum Sattel zwischen Schreckenberg und Schartenberg, von dort nach Nordwesten auf dem Fulda-Diemel-Weg (X 17), der an der Ruine vorbeiläuft. – Die im Westen ins Warmetal hinabziehenden Wallanlagen erreicht man leichter von der Straße Zierenberg – Obermeiser aus, beim Gut Rangen nach Osten über die Warme und auf mäßigem Weg oder durch das Gelände zum Fuß des Schartenberges hinter dem Waldrand.

Die Ruine Schartenberg liegt 2,5 km nördlich von Zierenberg auf einem westlichen Bergsporn des Schartenberges hoch über dem Warmetal. Es handelt sich um eine Doppelburg mit einer Gesamtausdehnung von 150 m Länge in Südost-Nordwest-Richtung und 50–80 m Breite, die auf dem felsigen, stark gegliederten Sporn mit Höhenunterschieden bis zu 30 m angelegt war (Abb. 1). Ein gemeinsamer Graben, der am Zugang auf der Ostseite besonders mächtig mit hohem Vorwall ausgebildet ist, trennt sie von der Berghochfläche. Die kleinere, völlig zerfallene Burg, die auf drei Ebenen angelegt war, nimmt die Spornspitze im Nordwesten ein. Von der größeren Burg auf der höchsten Stelle des Spornes steht im inneren Burghof noch der rui-

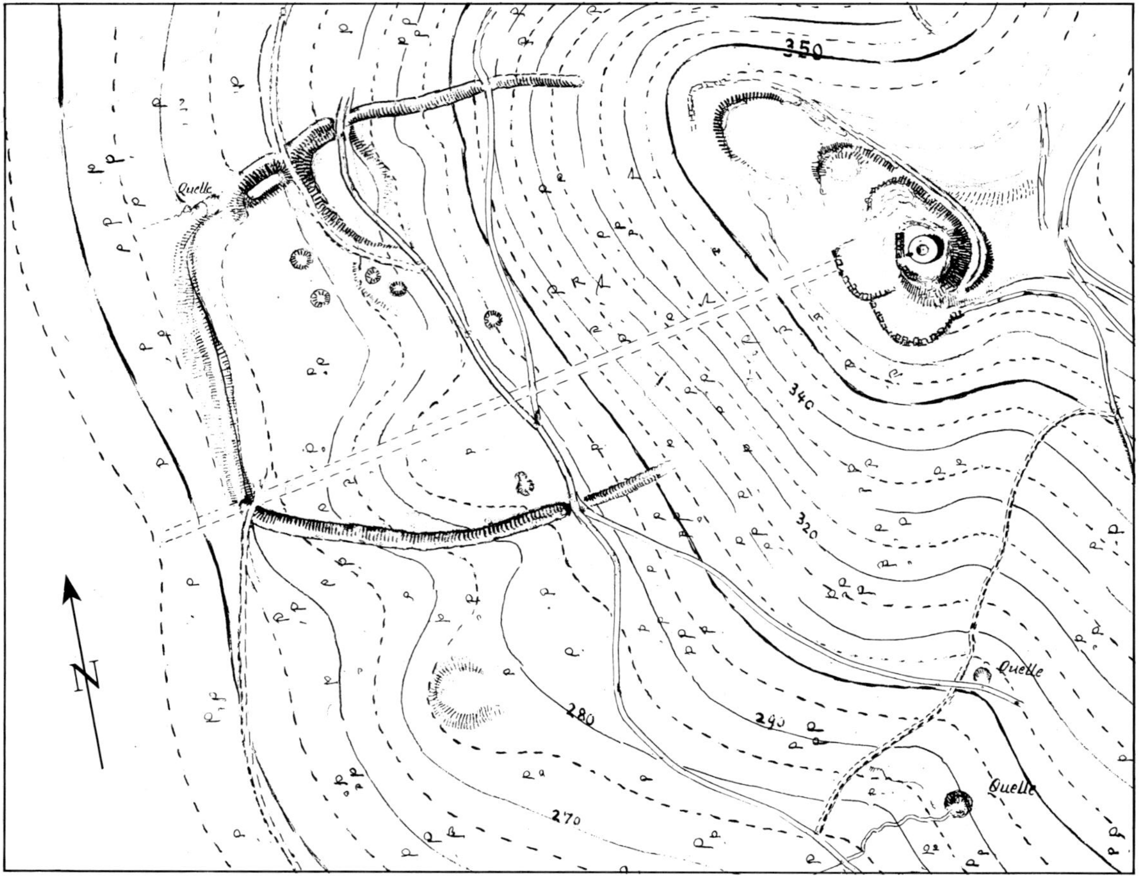

Abb. 1   Plan der Burg und der Wallanlagen am Schartenberg (Aufnahme W. Lange, Ausschnitt). – M = 1:5000.

194

nöse Bergfried 24 m hoch aufrecht. Ebenso sind die Mauern zweier großer Burghöfe, die westlich unterhalb davon liegen, noch teilweise erhalten.

Was die Anlage, die „die von Kassel nach Westfalen vorbeiführende Straße beherrschte und Mittelpunkt der Grafschaft Meiser-Schartenberg war" (Ersterwähnung 1124, Zerstörung in der ersten Hälfte des 16. Jhs.), landesgeschichtlich besonders bedeutsam macht, ist der Übergang der bis dahin unter Mainzer Lehnsoberhoheit stehenden Burgen an den Landgrafen von Hessen durch Kauf in den Jahren 1294 und 1307. „Damit gelang Hessen die entscheidende Verdrängung von Mainz aus diesem Raum" (Hallwachs). Archäologisch zeugen von den Kämpfen und politischen Bemühungen dieser Zeit zwei unterhalb der Burgmauern an der Nord- und Südecke ansetzende Wallgräben – sie sind, anders als auf dem Plan Abb. 1 dargestellt, im Gelände bis zur Burgmauer erhalten –, die über eine Länge von 300 m tief den Steilhang hinab ins Tal ziehen und auf der Hochterrasse der Warme durch einen verschliffenen Querwall verbunden sind. Dabei überwinden sie einen Höhenunterschied von mehr als 100 m. Der so geschaffene Raum von 200 m Breite war allerdings nur in Teilen, vom Tal her gegen den Berg in etwa 150 m Länge, nutzbar, da der außerordentlich steile Hang eine Bebauung verbot.

Hier haben wir offenbar den gescheiterten Versuch einer Stadtgründung vor uns.

Literatur:

W. Hallwachs, Burg Schartenberg (Gem. Laar, Kr. Wolfhagen). In: G. W. Sante (Hrsg.), Hessen. Hdb. hist. Stätten Deutschlands 4 ³(1976) 398 f.

F.-R. Herrmann

Helfensteine

Zufahrt: Von der Straße Zierenberg-Ehrsten führt auf der Höhe eine Zufahrtsstraße zum Dörnberghaus mit vielen Parkmöglichkeiten. Von dort zu Fuß am „Jugendhof" vorbei in südöstlicher Richtung zur Kuppe mit Basaltfelsen, den Helfensteinen (Höhe 510 m, d.h. ca. 70 m tiefer als die Ringwallanlage auf dem Hohen Dörnberg; Abb. 1).

Der größte der Felsen, der oben plattformartig abgeschlossen ist, wird auf der nicht steil abfallenden Nordseite von einem kleinen Wall umgrenzt, der sich im Osten an den Steilhang, im Westen an wohl natürliche Steinhalden anschließt (Durchmesser etwa 70 m; Abb. 2–3). In den Klüften der N-Seite des Felsens, ebenso in der nordwestlichen Felsgruppe, fanden sich vorgeschichtliche Scherben, die sich z.T. gut an das spätlatènezeitliche Material aus dem Gelände innerhalb des Ringwalls auf dem Hohen Dörnberg anschließen lassen. Einige Scherben wurden seit Jahren als neolithisch angesehen, wobei m.E. eine genauere Zuweisung nicht sicher möglich ist. Die Funktion des Platzes – ein Siedlungsplatz kann es nicht sein – läßt sich nicht eindeutig bestimmen. O. Uenze vermutete, daß es sich wahrscheinlich um ein „Natur-Heiligtum" handele. Das ist aber wohl nicht die einzige Deutungsmöglichkeit. Außer den vorgeschichtlichen Scherben fand sich Keramik des 11.–13. Jhs.

Literatur:
R. Haarberg, Die mittelalterliche Keramik in Niederhessen. Hess. Jahrb. Landesgesch. 23, 1973, 1 ff. bes. 5 Nr. 12. – O. Uenze, Dörnberg. In: Handb. hist. Stätten Deutschlands 4. Hessen (3. Aufl. 1976) 93 f.

Irene Kappel

Abb. 1   Geländedenkmäler im Dörnberggebiet westlich und nordwestlich von Kassel ▶
(Helfenstein, Dörnberg, Hohlestein, Igelsburg). M = 1 : 25 000.

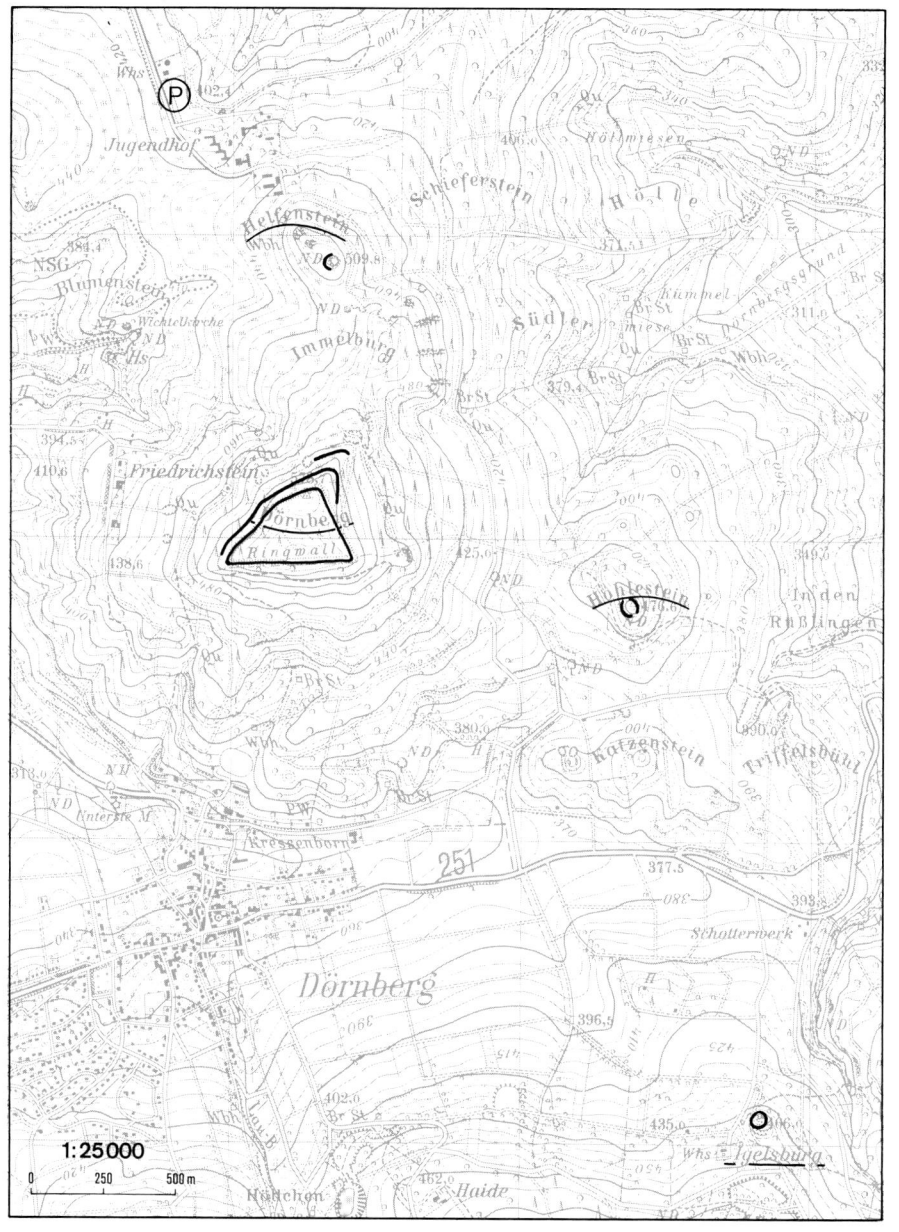

1:25000

0   250   500 m

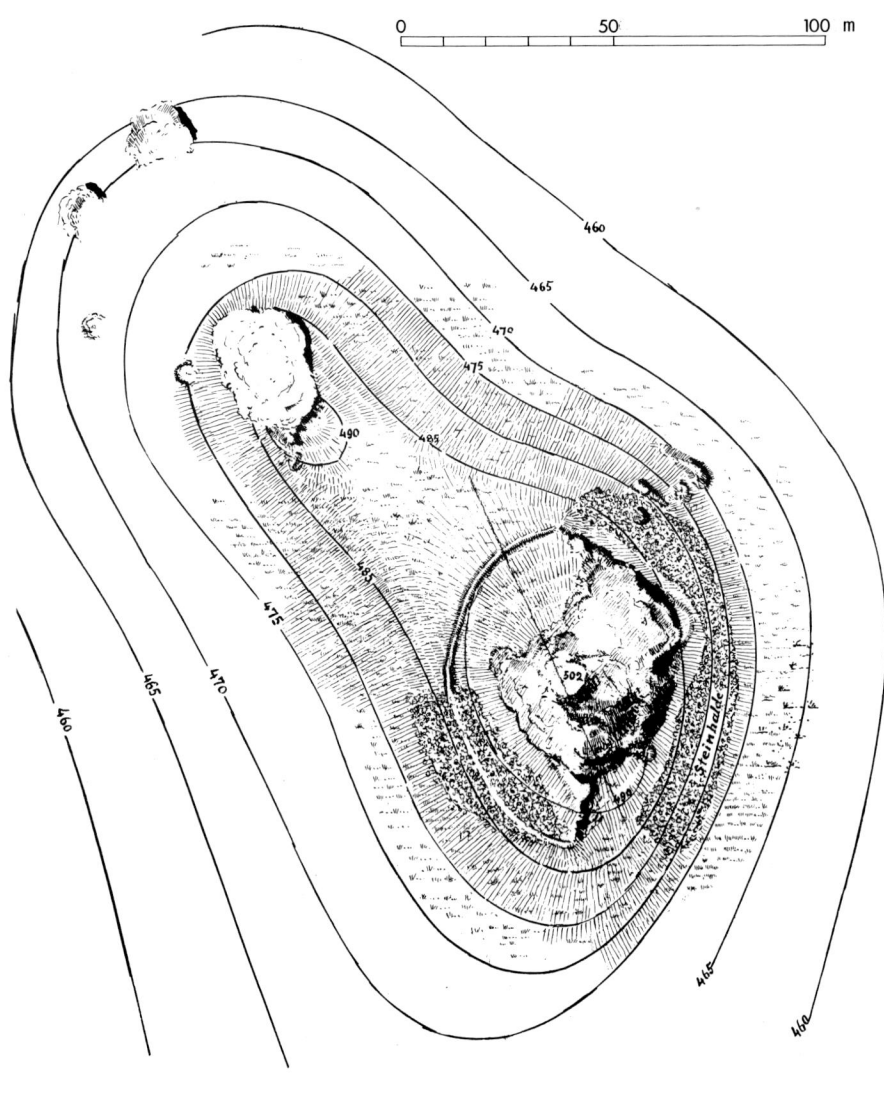

Abb. 2   Plan der Helfensteine.

Abb. 3   Ansicht der Helfensteine vom Hang des Dörnbergs aus.

Dörnberg bei Zierenberg

Zugang: Zufahrt wie Helfensteine (siehe dort). Von dort hat man den interessanteren Aufstieg zum eigentlichen Dörnberg, den man nach ca. 800 m – in südlicher Richtung wandernd – erreicht. Wenn die Beleuchtung nicht allzu ungünstig ist, kann man die schwächeren Wälle des Nordhangs gut erkennen (Abb. 2). Zur Topographie vgl. S. 197 Abb. 1.

Der weithin sichtbare und die Landschaft westlich und nordwestlich Kassels bestimmende Dörnberg bzw. Hohe Dörnberg (Höhe 579 m) trägt außer einer Siedlung der jungsteinzeitlichen Michelsberger Kultur auch eine bedeutende Ringwallanlage (Abb. 1–2).
Um die plateauartige dreieckige Kuppe zieht ein Wall aus Steinen und Erde, der trotz der steilen Hänge des Dörnbergs oft noch durch einen außenliegenden Graben, der durch Versturz heute kaum noch zu erkennen ist, verstärkt war. Auf der Ost-

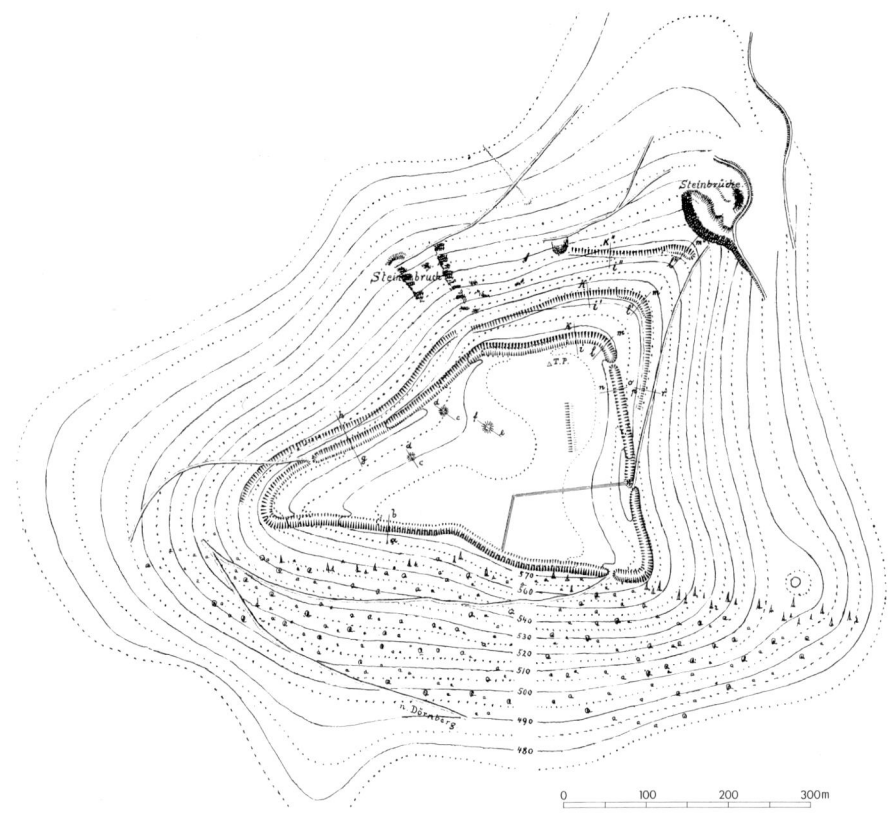

Abb. 1   Plan des Dörnbergs (Aufnahme von G. Eisentraut aus den Jahren 1900-1902).

seite befindet sich ein Tor, das durch geringes Ein- und Ausbie-
gen der Wallenden gebildet wird (Abb. 3). Hier hindurch führt
auch der heutige Weg auf das Plateau. Die NO-Seite schützen
zwei weitere, am Hang liegende Wall- und Grabenstrecken.
Auch auf der SO-Seite lassen sich noch tiefer liegende Wallteile
erkennen. Vom Dörnberg stammen außer den Funden der
Michelsberger Kultur vor allem solche aus der Spätlatènezeit,
ferner karolingerzeitliche Scherben des 8. Jhs. und zwei frühmittelalterliche Perlen, schließlich hochmittelalterliche Keramik (11. und 12. Jh.). Wann die Wallanlagen angelegt worden
sind, kann ohne Ausgrabungen nicht sicher gesagt werden. Grä-

Abb. 2   Ansicht des Dörnbergs von Westen.

Abb. 3   Ansicht des Tores auf der Ostseite des Dörnbergs.

ben am Hang sind aus vorgeschichtlicher Zeit nicht bekannt. Dem Aussehen nach möchte man am ehesten vermuten, daß es sich um eine frühmittelalterliche Anlage – ähnlich der Büraburg – handelt.

In der SO-Ecke des umwallten Plateaus sind die Reste einer mittelalterlichen Schanze (Wall und Graben, rechteckige Anlage) zu erkennen. Man vermutet, daß der spätere Einbau zur Zeit des Krieges König Heinrichs IV. gegen Otto v. Northeim (1071), der sich auf dem westlich gelegenen Hasunger Berg verschanzt hatte, angelegt wurde.

Literatur:
U. Dahmlos, Archäologische Funde des 4. bis 9. Jahrhunderts in Hessen. Untersuchungen und Materialien zur Verfassungs- und Landesgeschichte 7 (1979) 228. – R. Haarberg, Beobachtungen an vor- und frühgeschichtlichen Höhensiedlungen Niederhessens. Zeitschr. Ver. hess. Gesch. u. Landeskde. 74, 1963, 9ff. bes. 12 ff. 18f. Abb. 2. – Ders., Die mittelalterliche Keramik in Niederhessen. Hess. Jahrb. Landesgesch. 23, 1973, 1 ff. bes. 5 Br. 13. – O. Uenze, Dörnberg. In: Handb. hist. Stätten Deutschlands 4. Hessen (3. Aufl. 1976) 93 f.

Irene Kappel

Der Hohlestein bei Ahnatal-Weimar

Zufahrt: Von der B 251 biegt etwa 1100 m östlich der Ortsmitte von Dörnberg ein ausgebauter Feldweg nach Norden ab (für Kfz. gesperrt). Rechts von diesem liegen zwei kleine bewaldete Kuppen (Katzenstein), 500 m nördlich davon die 476,6 m hohe Kuppe des Hohlesteins. Besser parkt man an der B 251 etwa 2,4 km östlich Ortsmitte Dörnberg bzw. 300 m unterhalb des Schotterwerks nach einer scharfen Linkskurve (Parkplatz) und folgt von dort dem Waldrand erst in westlicher, dann in nördlicher Richtung bis zum Hohlestein (ca. 1 km). Auch vom Dörnberg (siehe dort) aus ist der Hohlestein gut erreichbar (Waldweg, beginnend zwischen Ringwall und „Immelburg"). Zur Topographie vgl. Abb. 1, S. 197.

Der 1 km südöstlich des Dörnberg-Ringwalls gelegene Hohlestein – eine kleine Kuppe, deren höchste Erhebung ein steiler Basaltfelsen bildet – ist von einem Steinwall umgeben, der sich

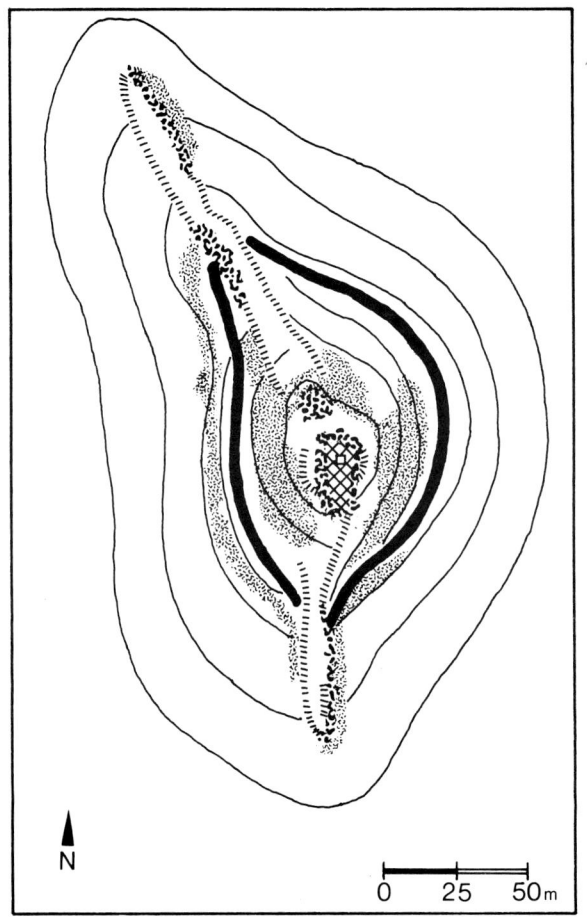

Abb. 1   Plan der Wallanlage auf dem Hohlestein östlich des Dörnbergs.

stellenweise an natürliche Felsrippen anschließt (Abb. 1). Der Basaltfelsen trägt ganz oben auf einer nur wenige Quadratmeter großen Fläche eine künstlich hergestellte, annähernd quadratische Vertiefung von ca. 2 m Seitenlänge und 1,20 m Tiefe (Abb. 2–3). Außer in sehr trockenen Sommern enthält dieses Becken fast immer Regenwasser. Eisenzeitliche Scherben (Hall-

203

Abb. 2   Ansicht des Hohlesteins.

Abb. 3   Wasserbecken auf dem Hohlestein.

204

stattzeit), auch ein Stück „Hüttenlehm" mit Gewebeabdruck, bezeugen die Anwesenheit des vorgeschichtlichen Menschen an diesem Platz. Daneben fand sich viel mittelalterliche Keramik („Frankenzeit" sowie 12. und 13. Jh., nach R. Haarberg). Die Funktion der kleinen ringwallgeschützten Anlage ist unklar. Man hat vermutet, daß es sich um ein Naturheiligtum handeln könnte. Das ist aber wohl nicht die einzige Deutungsmöglichkeit. Das Alter der bereits 1697 erwähnten beckenförmigen Vertiefung ist völlig ungewiß.

Literatur:
R. Haarberg, Beobachtungen an vor- und frühgeschichtlichen Höhensiedlungen Niederhessens. Zeitschr. Ver. hess. Gesch. u. Landeskde. 74, 1963, 9 ff. bes. 14.16.21 Abb. 6. – Ders., Die mittelalterliche Keramik in Niederhessen. Hess. Jahrb. Landesgesch. 23, 1973, 1 ff. bes. 5 Nr. 14. – O. Uenze, Dörnberg. In: Handb. hist. Stätten Deutschlands 4. Hessen (3. Aufl. 1976) 93 f.

Irene Kappel

Die Igelsburg bei Dörnberg

Zufahrt: Von der B 251 zwischen Dörnberg und Kassel-Harleshausen Abzweig nach Süden bei km 12,5 (ausgeschildert). Von dort 800 m zu Parkplatz am Fuß der Anlage. Zur Topographie vgl. S. 197 Abb. 1.

Die kleine, hochmittelalterliche Burganlage der – urkundlich nicht belegten – Igelsburg liegt auf einem Basaltfelsen am Westrand des tief eingeschnittenen Ahnatales, in das die Ostseite des Felsens steil abfällt. Gegen den ansteigenden Berghang im Süden ist die Burg mit einer Gesamtausdehnung von nur etwa 60 zu 70 m durch einen Halsgraben mit vorgelagertem Wall abgetrennt. Das eigentliche Burggelände ist dreifach gestaffelt mit einem oberen Felsplateau von nur knapp 4 zu 5 m, das sich um 2 m über das Burgplateau von rund 13 m Durchmesser erhebt. Am Hang liegt im Südwesten ein dreieckiges unteres Plateau von maximal 10 zu 20 m Ausdehnung, dem am Nord-

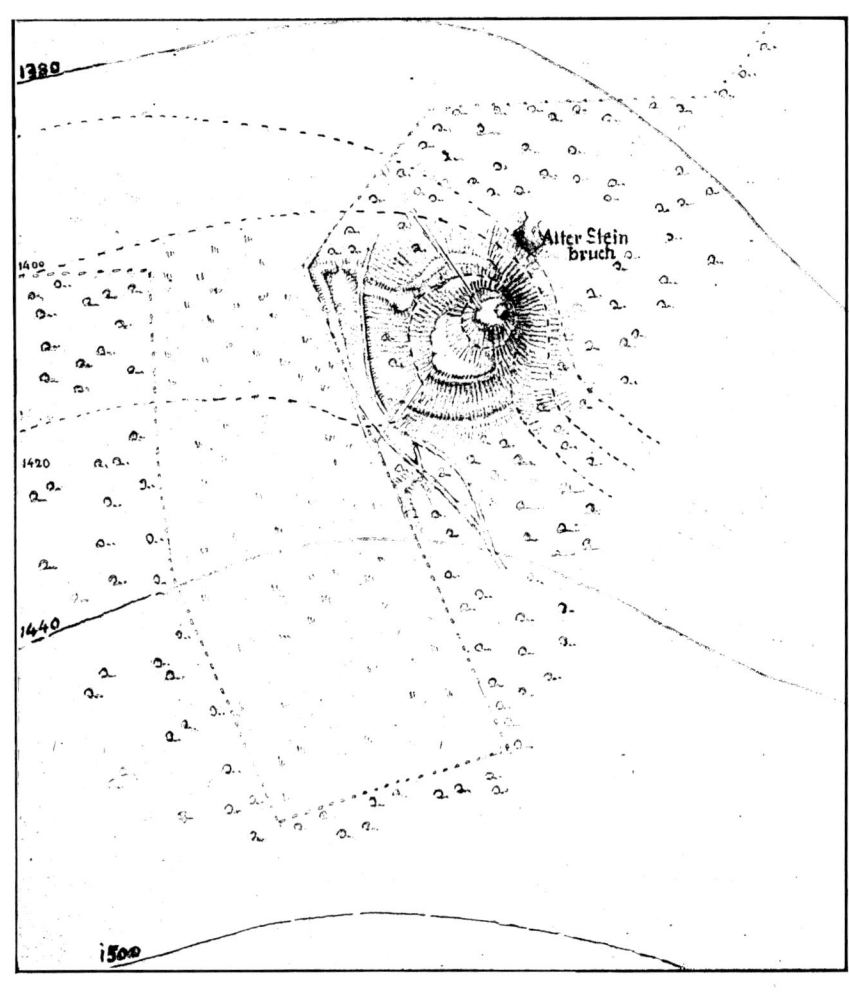

Abb. 1   Plan der Igelsburg (Aufnahme W. Lange, Ausschnitt). – M = 1 : 3000.

hang nur ein kleiner zwingerartiger Absatz entspricht. Mauerreste sind nicht mehr vorhanden (Abb. 1).

Der gesamte Westhang unterhalb der Burg, ein Gelände, auf dem sich eine kleine Vorburg befunden haben könnte, ist durch alten Steinbruchbetrieb nachhaltig verunklart und zerstört. Auf den Wiesen westlich der Anlage liegt die Töpfereiwüstung Igelsburg, die reiches Fundmaterial von der Mitte des 13. Jhs. bis zum ersten Drittel des 14. Jhs. geliefert hat. (Zu dieser vgl. R. Haarberg, Die mittelalterliche Keramik in Niederhessen. Hess. Jahrb. Landesgesch. 23, 1973, 1 ff.).

F.-R. Herrmann

Der Hunrodsberg bei Kassel

Zufahrt: Den Hunrodsberg kann man über verschiedene Wanderwege erreichen, ausgehend von der Löwenburg im Park Wilhelmshöhe oder von Parkplätzen an der von Kassel in Richtung Herkules führenden Druseltalstraße (oberhalb der Seniorenheime oder beim Hotel „Neue Drusel"). Man folge dem Hinweis „Asch" – gemeint ist der kleine See auf dem Hunrodsberg, entstanden im Zusammenhang mit der Anlage der Wasserspiele im Park (Abb. 1).

Bei der Anlage auf dem ca. 430 m hohen Hunrodsberg handelt es sich um eine plateauartige Fläche, die nach Süden und Westen, zum Druseltal hin, von Steilhängen begrenzt und im Osten und Nordosten von einem bogenartig verlaufenden Abschnittswall mit Graben geschützt wird (Abb. 2–3). Die breitere der beiden Lücken im Wall – durch sie führt der heutige Weg – ist wahrscheinlich als Tor anzusehen; der südlich des Weges gelegene Teil liegt jedenfalls nicht in der Flucht des von Norden herankommenden Walls, sondern ist insgesamt etwas nach Westen versetzt. Auf der NW-Seite des Berges sind keine Spuren einer Befestigung zu erkennen. Seltsamerweise wurden Scherbenfunde bisher nur außerhalb des Walles auf einer spornartig vorspringenden Fläche („Möllers Ruh") gemacht, während solche im Inneren noch fehlen. Die Scherben gehören der Hallstatt- und Latènezeit an.

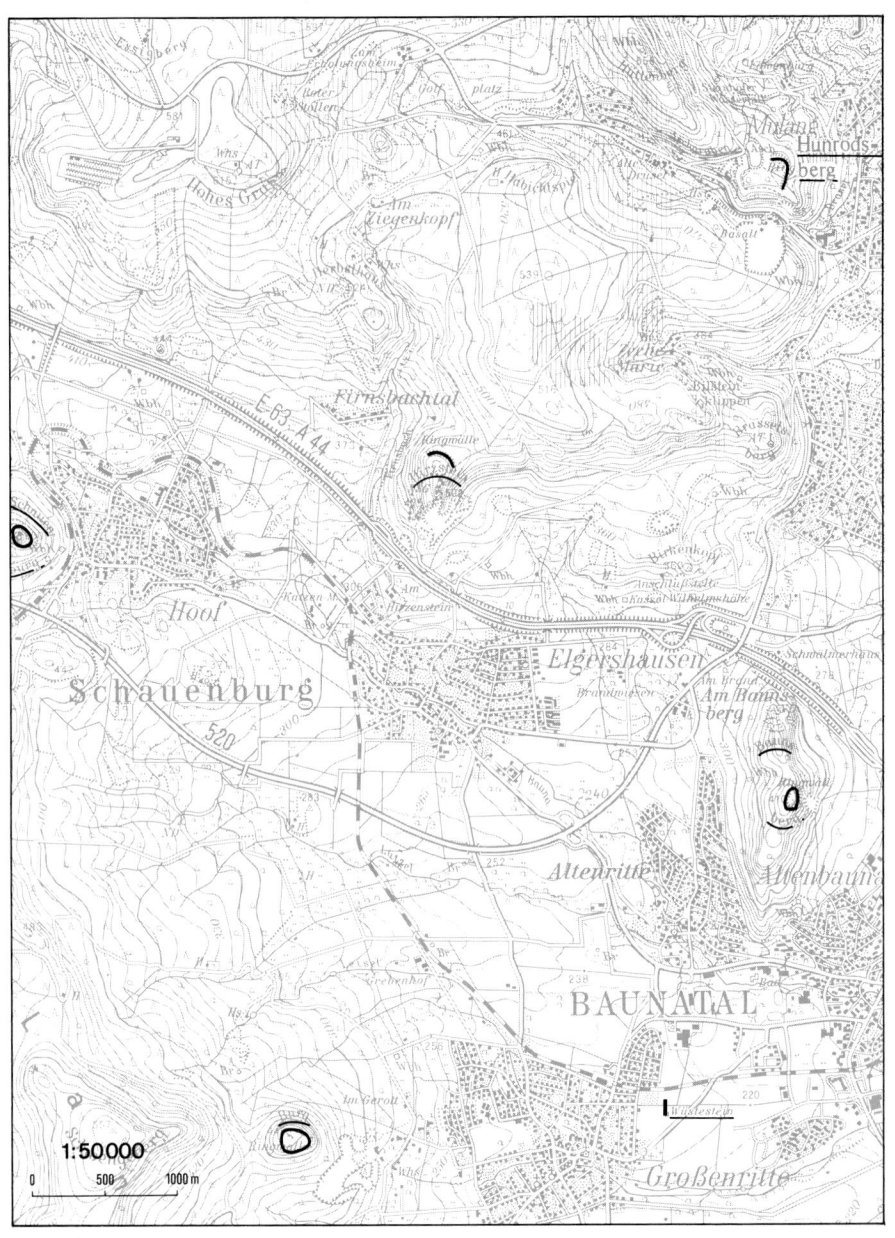

1:50000

0   500   1000 m

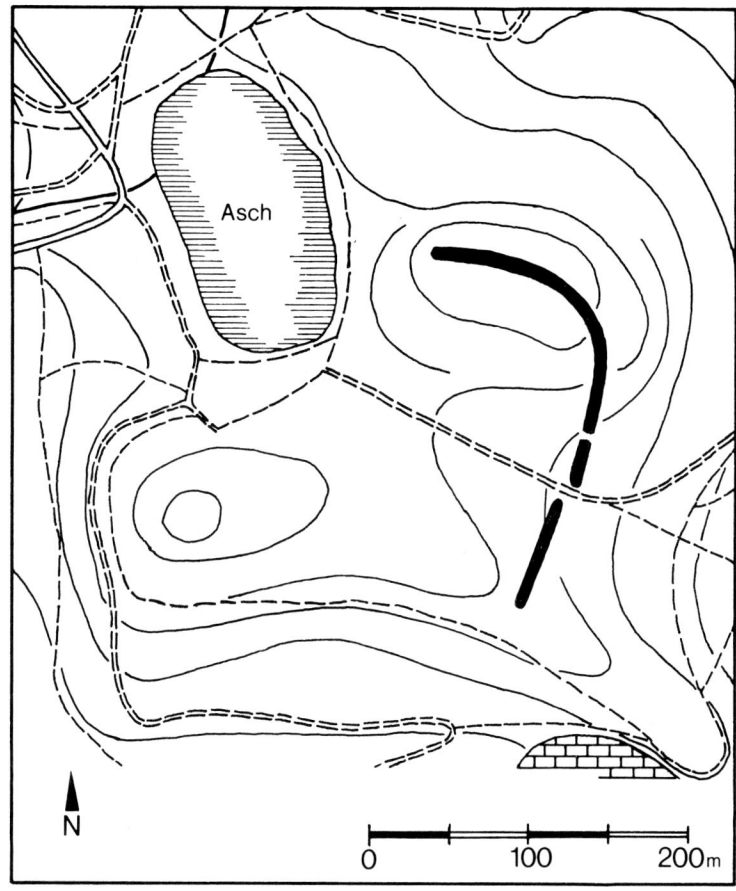

Abb. 2   Plan des Abschnittswalles auf dem Hunrodsberg in Kassel-Wilhelmshöhe.

◄   Abb. 1   Vor- und frühgeschichtliche Geländedenkmäler im Gebiet westlich von Kassel und Baunatal: Menhir „Wüstestein" bei Großenritte und Wallanlagen auf dem Hunrodsberg bei Kassel, dem Hirzstein bei Elgershausen, der Schauenburg (Schaumburg) bei Hoof, dem Baunsberg bei Altenritte und der Burg bei Großenritte. – M = 1 : 50 000.

Abb. 3   Ansicht von Wall und Graben auf dem Hunrodsberg.

Literatur:
J. Bergmann, Urgeschichte des Stadtkreises Kassel. Führer z. nordhess. Ur- u. Frühgesch. 2 (2. Aufl. 1981) 68 Abb. 44. – R. Haarberg, Beobachtungen an vor- und frühgeschichtlichen Höhensiedlungen Niederhessens. Zeitschr. Ver. hess. Gesch. u. Landeskde. 74, 1963, 9 ff. bes. 18.24. – O. Uenze, Hunrodsberg. In: Handb. hist. Stätten Deutschlands 4. Hessen (3. Aufl. 1976) 240.

Irene Kappel

Der Baunsberg bei Altenritte

Zufahrt: Auf der Landstraße von Wilhelmshöhe bzw. von der Löwenburg nach Süden in Richtung Baunatal fahren. Nach Überquerung der Autobahn liegt auf der linken Seite am Fuße des Baunsberges ein Parkplatz, von dem aus man diesen am besten besteigt. Zur Topographie vgl. Abb. 1, S. 208.

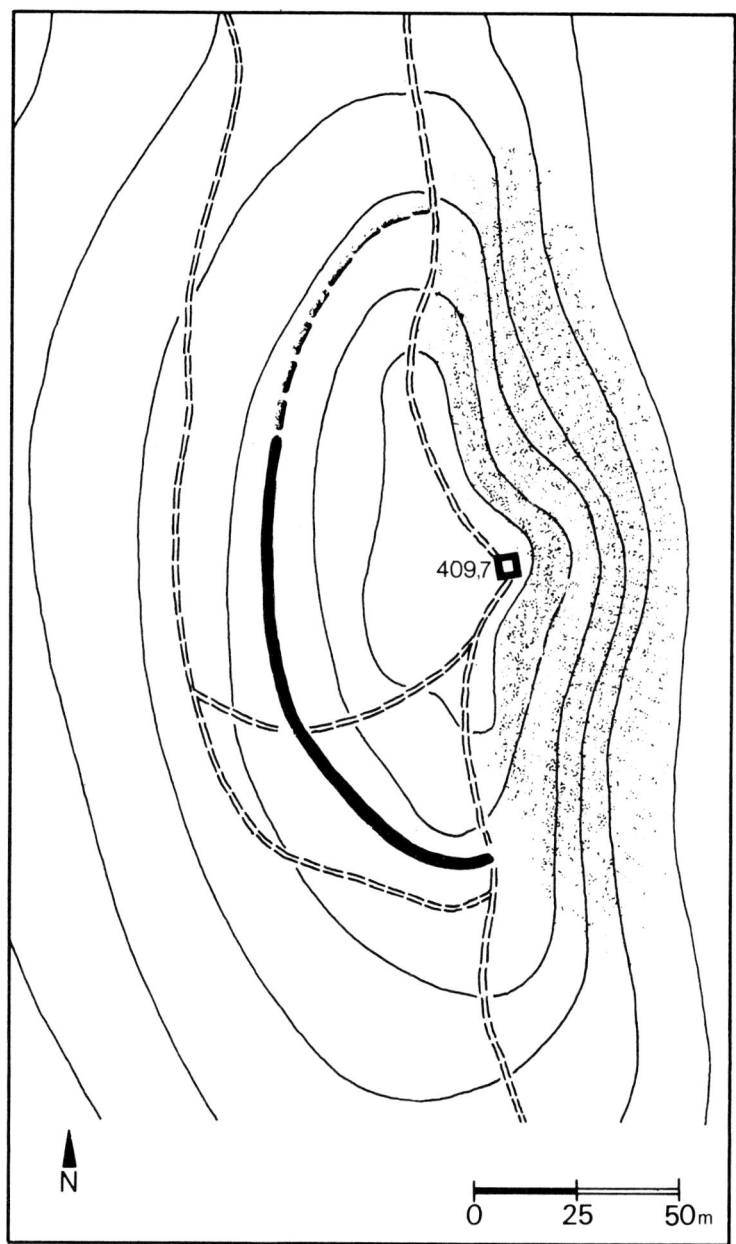

409,7

N

0   25   50 m

Abb. 1   Plan des Abschnittswalles auf dem Baunsberg bei Altenritte.

211

Abb. 2   Der Baunsberg bei Altenritte von Südwesten.

Von den zwei Kuppen des Baunsbergs ist die südlichere und mit 409,7 m auch höhere nach Osten zu durch einen Steilhang von Natur aus geschützt. Nach Westen hin ist sie durch einen Abschnittswall befestigt, der teilweise, allerdings schwach sichtbar, erhalten ist (Abb. 1–2). Die Innenfläche ist nur klein (ca. 50 m x 150 m), besteht fast nur aus Hangfläche und scheint zum Siedeln nicht eben günstig. Trotzdem fanden sich reichlich Keramik der Hallstatt- und Latènezeit, ferner vereinzelte, wohl becherzeitliche Steingeräte.

Literatur:
J. Bergmann, Urgeschichte des Stadtkreises Kassel. Führer z. nordhess. Ur- u. Frühgesch. 2 (2. Aufl. 1981) 44 f. Abb. 28; 68 Abb. 46. – R. Haarberg, Beobachtungen an vor- u. frühgeschichtlichen Höhensiedlungen Niederhessens. Zeitschr. Ver. hess. Gesch. u. Landeskde. 74, 1963, 9 ff. 18.24. – O. Uenze, Baunsberg. In: Handb. hist. Stätten Deutschlands 4. Hessen (3. Aufl. 1976) 39.

Irene Kappel

Der Hirzstein bei Elgershausen

Zufahrt: Von der Autobahnausfahrt Kassel-Wilhelmshöhe bzw. vom Parkplatz am Baunsberg fährt man nach Schauenburg-Elgershausen. Im Ort biegt man 200 m nach der Kirche rechts ab in Richtung Firnsbachtal. Nach ca. 800 m erreicht man eine Autobahnunterführung, dahinter – am Fuße des Hirzsteins – einen Parkplatz. Aufstieg von dort oder vom Parkplatz im Firnsbachtal aus (vor der Unterführung nach links weiterfahren). Zur Topographie vgl. Abb. 1, S. 208.

Der Hirzstein am Südrand des Habichtswaldes ist nach Westen, Süden und Osten durch steile Hänge geschützt (Abb. 1). Auf der wenig abfallenden Nordseite des 502 m hohen Berges befinden sich zwei Abschnittswälle (Abb. 2). Felsrippen und Basaltklippen erschweren an manchen Stellen eine Aussage darüber, ob wallartige Erhebungen als natürlich oder künstlich anzusehen sind. Die Bedeutung einer torähnlichen Anlage am SO-Ende des inneren Walles sowie einer Lücke im äußeren Wall ist noch unklar. Zwischen den beiden Wällen konnten Terrassierungen beobachtet werden. Scherbenfunde wurden teils in die Hallstattzeit, teils in die Spätlatènezeit datiert. Die Südseite des Berges ist durch Basaltabbau stark beeinträchtigt.

Abb. 1   Ansicht des Hirzsteins von Westen.

213

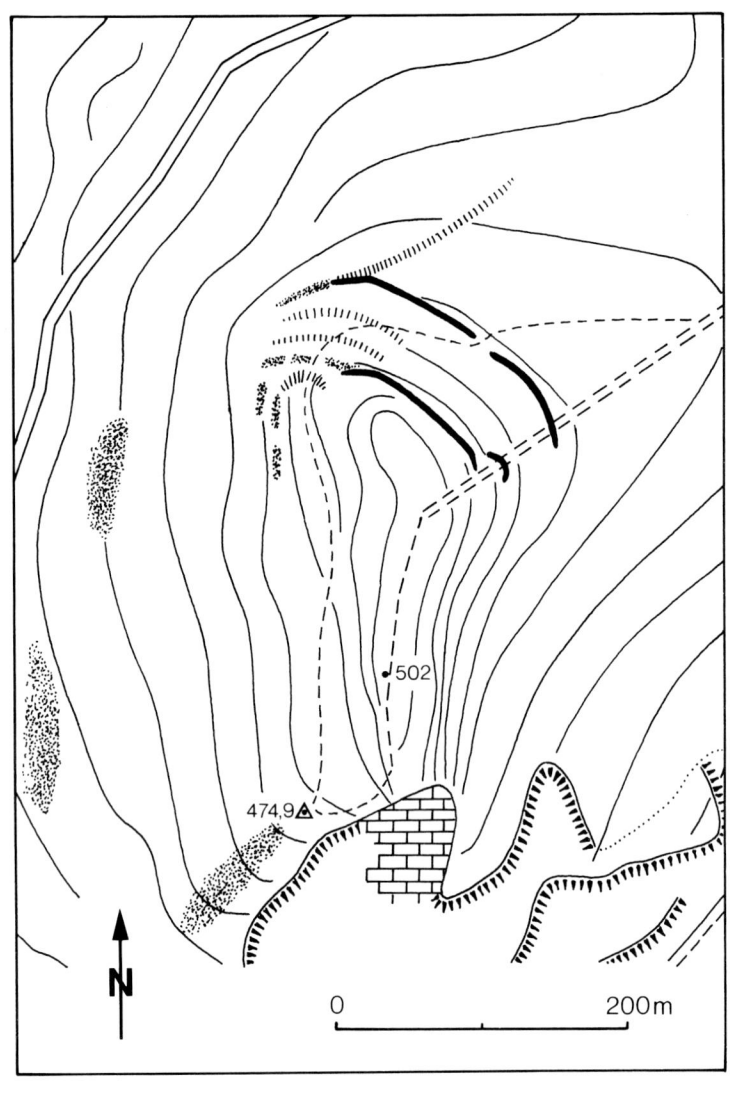

Abb. 2   Plan des Hirzsteins.

214

Literatur:
J. Bergmann, Urgeschichte des Stadtkreises Kassel. Führer z. nordhess. Ur- u. Frühgesch. 2 (2. Aufl. 1981) 68 Abb. 45. – R. Haarberg, Beobachtungen an vor- und frühgeschichtlichen Höhensiedlungen Niederhessens. Zeitschr. Ver. hess. Gesch. u. Landeskde. 74, 1963, 9 ff. bes. 15.22. – O. Uenze, Hirzstein. In: Handb. hist. Stätten Deutschlands 4. Hessen (3. Aufl. 1976) 224 f.

Irene Kappel

Die Schauenburg (Schaumburg) bei Hoof

Zufahrt: Die Burgruine Schauenburg liegt 600 m westlich der Kirche von Hoof, Gde. Schauenburg. Biegt man von der B 520 in den Ort Hoof ein, so zweigt nach etwa 150 m die Straße zum Bahnhof nach Westen ab. Diese endet nach dem Überqueren der Bahngleise in einem ausgedehnten Parkplatz. Von dessen Westende führt ein befestigter Weg 200 m weit nach Norden in Richtung Schauenburg. Vom Waldrand aus gelangt man über eine Holzbohlentreppe bis zum Höhenweg, der im Osten den Bergkegel umzieht und – im oberen Teil ebenfalls getreppt – zur Burgruine führt. Zur Topographie vgl. Abb. 1, S. 208.

Die Schauenburg liegt auf einem 500 m (über NN) hohen, nach allen Seiten zunächst steil und dann sanfter abfallenden Basaltkegel. Die Burgruine wird von einem kreisrunden, sehr tiefen Graben mit mächtigem Außenwall, der nur im Nordwesten flacher ausgeprägt ist, umzogen. Von der Ringmauer der Befestigung, einem auf dem Gipfel befindlichen Turm und weiteren Gebäudemauern sind nur noch geringe Reste erhalten, deren Gleichzeitigkeit unsicher ist.

Auf einem vom Ende des 18. Jhs. stammenden, heute im Herrenhaus von Dalwigksthal in der Gde. Lichtenfels aufbewahrten Gemälde sind noch Teile der Ringmauer und weiterer Gebäude erkennbar. Danach ist die hier mitgegebene Federzeichnung (Abb. 1) entstanden.

Im Nordteil zieht vom Außenwall aus eine z.T. als schwacher Wall, größtenteils aber als Terrasse ausgebildete künstliche Geländekante etwa 60 – 80 m weit nach Nordosten. Ob sich in

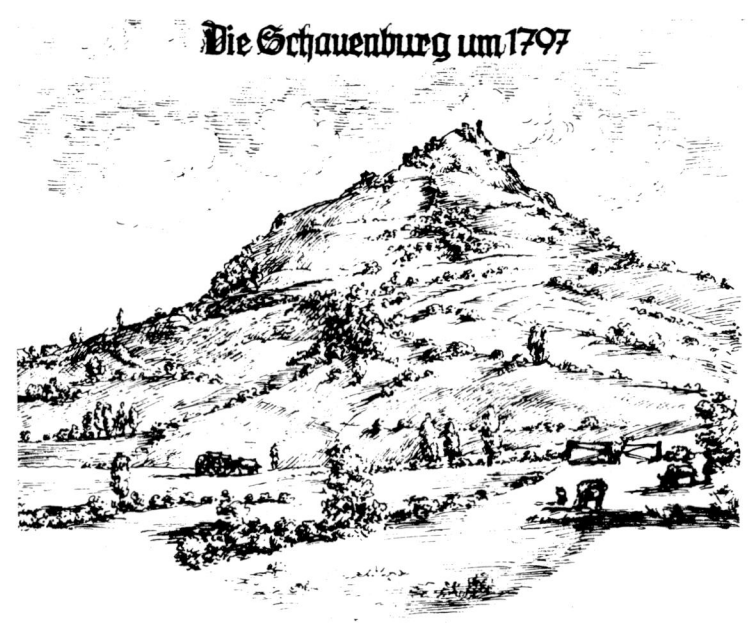

Die Schauenburg um 1797

Abb. 1   Ansicht der Schauenburg. Federzeichnung von 1797.

der durch Wegebau oft gestörten, fast das ganze bewaldete Gebiet des Berges umziehenden Terrassenkante eine ältere Befestigung verbirgt, bleibt ungewiß.

Auf dem Gelände der Burgruine wurden bei verschiedenen Erdaufschlüssen neben Scherben des hohen und späten Mittelalters immer wieder erheblich ältere Funde aufgelesen, von denen hier eine Auswahl abgebildet ist. Besonders auffällig ist zunächst eine Terra-Sigillata-Scherbe wohl des 2. Jhs. n. Chr. (Abb. 2, 6). Weiterhin kommen in größerer Zahl Scherben von steilwandigen Wölbwandtöpfen mit teils ausladenden Rändern (Abb. 2, 2) und dicke Böden mit innen schneckenartigen Drehspuren (Abb. 2, 11) vor, die dem 7. oder frühen 8. Jh. zugehören dürften. Zur Keramik des 8. oder 9. Jhs. gehören dann scheibengedrehte Gefäßteile (Abb. 2, 1.8). Daneben kommen Scherben

216

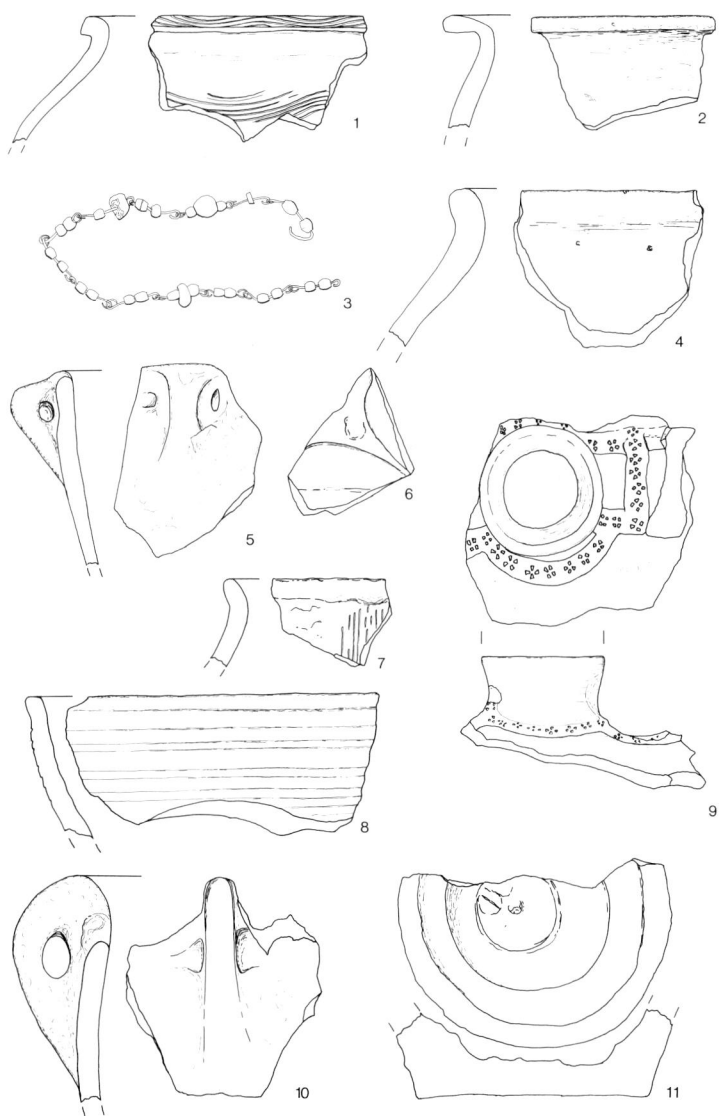

Abb. 2   Funde aus der Schauenburg. 1-2. 4-5. 7-11 Mittelalterliche Keramik. – 6 Terra Sigillata. – 3 Bronzene Drahtkette mit Glas- und Bernsteinperlen. – Landesmus. Kassel.
M = 1 : 3.

217

von ebenfalls frühmittelalterlichen handgeformten Kümpfen und Gefäßen vor, z.T. mit angesetzten Henkeln oder Ösen (Abb. 2, 4.5.7.10). Weiterhin gibt es das Halsstück einer innen hellen und außen dunkelgrauen Reliefbandamphore mit Radkreuzstempel auf den Bändern, außerdem eine Kette aus noch 13 jeweils 2–2,5 cm langen Bronzedrahtgliedern mit aufgesetzten Perlen, von denen die kleineren wohl aus Bein, die drei erhaltenen größeren aus dunklem Glas bestehen (Abb. 2, 3). Die Zeitstellung der Kette ist unbestimmt.

Die exponierte Lage der Fundstücke auf der Burgruine zeigt, daß der Platz doch schon in den oben angegebenen Zeitabschnitten befestigt war. Ob es sich dabei um eine jener kleinen, neuerdings in Hessen öfter erkannten Höhenburgen handelt, oder ob der gesamte Bergkegel am Fuße ehemals schon umwallt war, ist nicht zu entscheiden.

Der Name der Grafen von Schauenburg wird 1073 erstmals genannt, als Adalbert I. von Schauenburg und dessen vier Söhne zusammen mit dem Grafen Giso auf der Burg Hollende, nordwestlich von Marburg, im Kampf mit Otto von Northeim fielen. 1089 wird der Edle Adalbert II. von Schauenburg genannt, der 1123 mit dem Grafentitel erscheint und in der Folgezeit Vogt von Kaufungen und der Mark Ditmold mit dem zugehörigen Zentgericht war. Dieses Grafengeschlecht, das sich enger an den Mainzer Erzbischof anschloß, vermochte seine Stellung gegenüber den Landgrafen von Thüringen nicht zu behaupten. Wohl schon vor 1223 kam die Burg durch Kauf an das Erzstift Mainz, das sie mehrfach verpfändete. Anfang des 14. Jhs. baute Reinhard von Dalwigk ein neues befestigtes Haus unterhalb der Burg aus, woraus sich der Ort Hoof entwickelte. Im 16. Jh. war die Burganlage bereits verfallen.

Literatur:

U. Dahmlos, Archäologische Funde des 4. bis 9. Jahrhunderts in Hessen. Untersuchungen u. Materialien z. Verfassungs- u. Landesgesch. 7 (1979) 128. – K.E. Demandt, Geschichte des Landes Hessen (2. Aufl. 1972) 107. 169.172.175. – W.A. Eckhardt, Schaumburg. In: Handb. hist. Stätten Deutschlands 4. Hessen

(3. Aufl. 1976). – R. Haarberg, Die mittelalterliche Keramik in Niederhessen. Hess. Jahrb. Landesgesch. 23, 1973, 6 Nr. 26. – K. Weidemann, Archäologische Zeugnisse zur Eingliederung Hessens und Mainfrankens in das Frankenreich vom 7. bis zum 9. Jahrhundert. In: W. Schlesinger (Hrsg.), Althessen im Frankenreich. Nationes 2 (1975) 109.

R. Gensen

Der Menhir von Großenritte

Zufahrt: Von Hoof über Elgershausen und Altenritte fährt man auf der Landstraße nach Baunatal-Großenritte. Bald hinter dem Ortseingang, kurz nach Überqueren der Bahngleise, biegt man nach links ein in die Hünsteinstraße, die sich nach den letzten Häusern in einem Feldweg fortsetzt, an dem der Stein steht. Zur Topographie vgl. Abb. 1, S. 208.

Einen vorgeschichtlichen Menhir haben wir mit Sicherheit in dem östlich von Großenritte stehenden Hünstein vor uns (Abb. 1). Bis 1911 hatte der etwa 2,50 m hohe, aus Quarzit bestehende Stein aufrecht gestanden, wurde dann von dem Besitzer des Ackers in den Boden versenkt, angeblich, weil seine jungen Pferde so oft davor scheuten, im Jahre 1932 aber von Wilhelm Jordan wieder ausgegraben und unweit der Fundstelle neu aufgestellt. Bei dieser Ausgrabung fanden sich in unmittelbarer Nähe des Steins eine größere Zahl von Scherben, eine Bernsteinperle und das Bruchstück eines Steinbeils. Die Scherben sind nach Uenze eisenzeitlich. Bemerkenswert ist, was in der Bevölkerung vom Hünstein überliefert wurde. Die Bauern erzählten, ein Riese habe ihn vom Hirzstein bei Elgershausen losgerissen, um damit den Kirchturm von Kirchbauna zu zerschmettern, aber der Stein sei ihm zu früh aus der Hand gefahren, eine Stunde weit geflogen und bei Großenritte ins Ackerland niedergefallen. Es seien daran noch die Eindrücke von den fünf Fingern des Riesen zu sehen (näpfchenförmige Eintiefungen).

Literatur:
A. Boley, Alte Steinmale im Chattenland. In: Heimatkalender Kreis Kassel 1950, 22 ff. – H. Kirchner, Die Menhire in Mitteleuropa und der Menhirge-

Abb. 1   Der Menhir von Baunatal-Großenritte. H. 2,5 m.

danke. Abh. d. Akad. d. Wiss. u. d. Lit. Mainz, Geistes- u. sozialwiss. Kl. (1955) 171 Nr. 9. – O. Uenze, Die ersten Bauern. Vorgeschichte von Nordhessen 2 (1956) 77 ff.

Irene Kappel

Der Burgberg bei Großenritte

Zufahrt: Von Baunatal-Großenritte fährt man auf der Landstraße in Richtung Niedenstein. Ca. 800 m nach der Einfahrt in den Wald, in einer starken Links-kurve, besteht Parkmöglichkeit. Von dort bequemer Zugang in nördlicher Richtung zum Burgberg. Zur Topographie vgl. Abb. 1, S. 208.

Der 439,6 m hohe Burgberg bei Großenritte scheint wie geschaffen für eine Höhensiedlung. Es handelt sich um ein auf drei Seiten von Steilhängen begrenztes Plateau. Stellenweise scheinen kurze verbindende Wälle die natürliche Befestigung zu verstärken. Die einzige flacher abfallende Seite im Westen ist durch einen Abschnittswall geschützt (Abb. 1–2). Fast über die gesamte Innenfläche verteilen sich Scherbenfunde, vor allem der Hallstatt- und Latènezeit, aber auch der Michelsberger Kultur. Die Anlage ist durch Steinbruchbetrieb stark gefährdet. Ausgrabungen konnten – abgesehen von einer kleinen Unter-

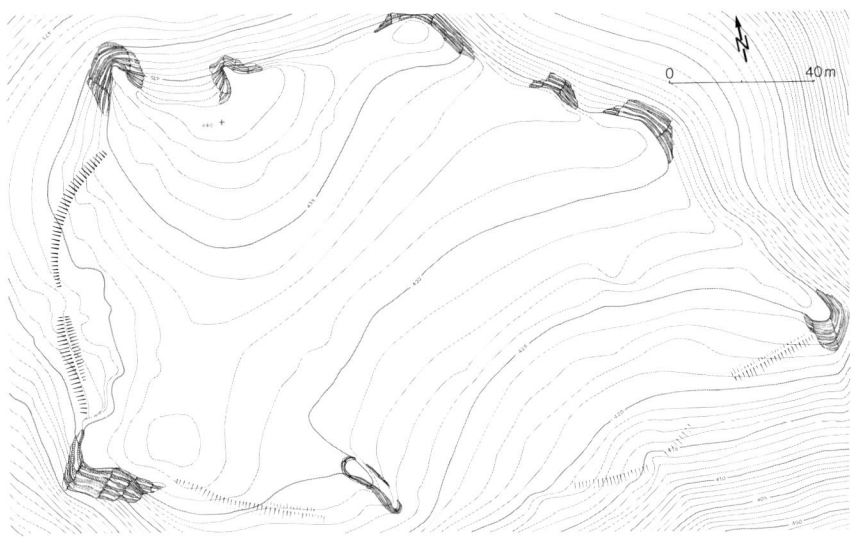

Abb. 1 Plan des Burgberges bei Großenritte (Aufnahme d. Vorgeschichtlichen Seminars Marburg).

221

Abb. 2   Der Burgberg bei Großenritte von Südosten.

suchung bei einer Quelle am Südrand des Plateaus – noch nicht
stattfinden.

Literatur:
R. Haarberg, Beobachtungen an vor- und frühgeschichtlichen Höhensiedlungen Niederhessens. Zeitschr. Ver. hess. Gesch. u. Landeskde. 74, 1963, 9 ff.
bes. 14.19 Abb. 5. – O. Uenze, Großenritte. In: Handb. hist. Stätten Deutschlands 4. Hessen (3. Aufl. 1976) 185.

Irene Kappel

Der Menhir (?) von Guntershausen

Zufahrt: Von Großenritte über Hertingshausen auf der Landstraße nach Guntershausen. Im Ort beginnt unmittelbar westlich der Stelle, wo die Bahnlinie die Bauna überquert, ein südlich an der Bauna entlang führender Wanderweg. Diesem folge man ca. 850 m und biege dann nach rechts in einen Weg ein, der die Bauna überquert und auf der anderen Seite hangaufwärts führt. Nach ca. 250 m erreicht man den Stein.

Der Riesenstein bei Guntershausen, obwohl nur 1 m hoch, wird von Kirchner zu den Menhiren gerechnet (Abb. 1). Auffällig sind die näpfchenförmigen Vertiefungen an seiner Oberfläche, die aber wohl nicht künstlich, sondern durch Verwitterung entstanden sind. Es liegt die Vermutung nahe, daß der Guntershäuser Stein gerade seiner Näpfchen wegen gewählt und aufgestellt

Abb. 1   Ansicht des Riesensteins bei Guntershausen. H. 1 m.

worden ist. Ursprünglich soll er mitten auf einem kleinen Hügel (Grabhügel?) gestanden haben, wurde aus Unkenntnis vorübergehend entfernt und auf Veranlassung des Rektors August Boley 1937 wieder etwa am ursprünglichen Standort aufgestellt.

Literatur:

H. Kirchner, Die Menhire in Mitteleuropa und der Menhirgedanke. Abh. d. Akad. d. Wiss. u. d. Lit. Mainz, Geistes- u. sozialwiss. Kl. (1955) 171 Nr. 9.

Irene Kappel

ORTSREGISTER

Fundstellenbezeichnungen sind kursiv angegeben. Wüstungen sind durch ein + gekennzeichnet. – Gde. = Gemeinde, St. = Stadt.

Ahlberg b. Mariendorf 129-132
Ahnatal siehe Weimar
Altenbauna, St. Baunatal 47, 93
Altenburg b. Niedenstein 43, 47
Altendorf, St. Naumburg 44, 170, 180
Altenritte, St. Baunatal 47, 210
Amöneburg 47; siehe auch Mardorf
Amöneburg 47
Arnsbach, St. Borken (Hessen) 44
Arolsen 167; siehe auch Landau

Bad Hersfeld 17, 49
Bad Karlshafen 108
Baunatal siehe Altenbauna, Altenritte, Großenritte, Guntershausen
Baunsberg b. Altenritte 210 ff.
Benterode 17
Bergshausen, Gde. Fuldabrück 13, 45, 77
+ *Bifangen* b. Landau 167
Borken (Hessen) siehe Arnsbach, Dillich, Kleinenglis, Bracht, St. Rauschenberg 44
Bramburg 99
Breuna 152-155; siehe auch Wettesingen
Büraburg 17, 43, 49, 202

Bürgel b. Gudensberg 44
Buhlen, Gde. Edertal 44
Burg b. Knickhagen 133 f.
Burgberg b. Großenritte 221 f.
Burgberg b. Laar 188-193
Burgberg b. Niederelsungen 155 ff.
(Burg-)Hasungen, St. Zierenberg 166, 170, 183 ff., 202

Calden 44, 136-140
Christenberg (Kesterburg) b. Münchhausen 47, 49

Deisel, St. Trendelburg 107, 114
Dillich, St. Borken (Hessen) 45
Dörnberg, Gde. Habichtswald 205
Dörnberg b. Zierenberg 170, 196, 199-202

Eberschützer Klippe 119 ff.
Edertal siehe Buhlen
Ehringen, St. Volkmarsen 158
Elgershausen, Gde. Schauenburg 213, 219
Ellenberg, Gde. Guxhagen 44

Ersen, St. Liebenau 147-151
Escherode 17
Eschwege 45; siehe auch Niederhone

Felsberg siehe Wolfershausen
Frielendorf siehe Lenderscheid
Fritzlar 20, 26, 43 f., 72, 166; siehe auch Geismar, Lohne, Wehren, Züschen
Fulda 47
Fuldabrück siehe Bergshausen
Fuldatal siehe Knickhagen

Geismar, St. Fritzlar 48
Goslar 19
Gottsbüren, St. Trendelburg 124
Grebenstein 123
Großenlüder siehe Oberbimbach, Unterbimbach
Großenritte, St. Baunatal 219 f., 221
Gudenberg b. Zierenberg 185-188
Gudensberg 22, 44; siehe auch Maden
Güntersberg b. Gudensberg 44
Guntershausen, St. Baunatal 223 f.
Guxhagen siehe Ellenberg

Habichtswald siehe Dörnberg
Hahn b. Deisel 107, 114-118
Hasenberg b. Lohne 44
Haueda, St. Liebenau 147-151
Heiligenberg b. Altendorf 180 ff.
Heiligenrode, Gde. Niestetal 93 f.
Helfensteine b. Zierenberg 196 ff.
Hemeln 99, 104
Herstelle 110-114
Hirzstein b. Elgershausen 213 ff., 219
Hochstadt, St. Maintal 49
Hofgeismar 44, 119, 122-125, 127 f.; siehe auch Hombressen, Kelze
Hohlestein b. Weimar 202-205
Hollende (Burg) b. Warzenbach 218
Hombressen, St. Hofgeismar 123, 126
Hoof, Gde. Schauenburg 215, 218
Hünengraben b. Hemeln 99-105
Hünfeld siehe Molzbach
Hünscheburg b. Kelze 127 ff.
Hunrodsberg b. Kassel 207-210
Igelsburg b. Dörnberg 205 ff.
Immenhausen 74, 123; siehe auch Mariendorf
+ *Immenhausen* b. Wolfhagen 170
Istha, St. Wolfhagen 170
Kassel 13-75, 77, 95, 195, 207
 – (Kirch-)Ditmold 16 f., 20
 – (Nieder-)Zwehren 13, 15

 – Vellmar 15
 – Waldau 15, 45
 – Wehlheiden 15, 47
 – Wolfsanger 13, 15, 17, 19, 67
Kaufungen 15, 17-21, 74
Kelze, St. Hofgeismar 128
Kirchberg, St. Niedenstein 44, 49
Kleinenglis, St. Borken (Hessen) 45
Knickhagen, Gde. Fuldatal 133 f.

Laar, St. Zierenberg 188, 192
Landau, St. Arolsen 167
+ *Landsberg* b. Wolfhagen 160-168, 171
Landwehrhagen, Gde. Staufenberg 95 ff.
Leckringhausen, St. Wolfhagen 175
Lenderscheid, Gde. Frielendorf 44
Liebenau 145 ff.; siehe auch Ersen, Haueda, Niedermeiser, Ostheim
Lippoldsberg, Gde. Wahlsburg 105
Lohfelden siehe Vollmarshausen
Lohne, St. Fritzlar 44
Lohra 44
+ *Lutwardessen* b. Wolfhagen 170

Maden, St. Gudensberg 42, 47 f.
Maintal siehe Hochstadt
Marburg 27, 30, 218; siehe auch Schröck
Mardorf, St. Amöneburg 48
Mariendorf, St. Immenhausen 129
Melsungen 45, 47

Meschede 17
Milseburg b. Fulda 47
Molzbach, St. Hünfeld 45, 47
Münchhausen 47
Münden 95

Naumburg siehe Altendorf
Niedenstein 43, 47; siehe auch Kirchberg
Niederelsungen, St. Wolfhagen 155 ff.
Niederhone, St. Eschwege 45
Niedermeiser, St. Liebenau 141
Niestetal siehe Heiligenrode

Oberbimbach, Gde. Großenlüder 47
Oberweser siehe Oedelsheim
Oedelsheim, Gde. Oberweser 105
Ostheim, St. Liebenau 142, 145

Rauschenberg siehe Bracht
Reutersruh b. Ziegenhain 44
Rodersen (Burg) b. Wolfhagen 160-168, 170
Rörshain, St. Schwalmstadt 44
Rosenberg b. Niedermeiser 141

Schartenberg (Burg) b. Zierenberg 193 ff.
Schauenburg siehe Elgershausen, Hoof
Schauenburg (Schaumburg) b. Hoof 215-219
Schröck, St. Marburg 47
Schützeberg b. Wolfhagen 166, 182 f.

Schwalmstadt siehe Rörshain, Ziegenhain
Sieburg b. Bad Karlshafen 108 f.
Speele, Gde. Staufenberg 95, 97 ff.
Spiekershausen, Gde. Staufenberg 13, 95 ff.
Staufenberg 95; siehe auch Landwehrhagen, Speele, Spiekershausen
Stenderberg b. Ostheim 142-145
Stöckeberg b. Wolfhagen 172 f.
Stromberg b. Ehringen 158 ff.

Trendelburg siehe Deisel, Gottsbüren

Unterbimbach, Gde. Großenlüder 45, 47

Viesebeck, St. Wolfhagen 173
Volkmarsen siehe Ehringen
Vollmarshausen, Gde. Lohfelden 43, 45, 47 f., 77-93

Wahlsburg siehe Lippoldsberg
Wahlsburg b. Lippoldsberg 105 ff.
Wartberg b. Kirchberg 44
Wehren, St. Fritzlar 47
Weidelsburg b. Ippinghausen 170
Werla (Pfalz) 19

Weimar, Gde. Ahnatal 15, 47, 202
Wettesingen, Gde. Breuna 152 f.
Wolfershausen, St. Felsberg 47
Wolfhagen 166 f., 168-171, 172, 173-179, 182 f.; siehe auch Istha, Leckringhausen, Niederelsungen, Viesebeck
Würgassen 113

Ziegenhain, St. Schwalmstadt 44
Zierenberg 182, 185 f., 188 f., 193, 196, 199; siehe auch Burghasungen, Laar
Züschen, St. Fritzlar 44, 170

BILDNACHWEIS

Deutsches Tapetenmuseum, Kassel: S. 65
Gesamthochschulbibliothek, Kassel: S. 73
Hessisches Staatsarchiv, Marburg: S. 26
K. Lange, Marburg: S. 138 oben
Naturkundemuseum der Stadt Kassel: S. 56, 60, 61, 63
Niedersächsisches Landesverwaltungsamt, Institut für Denkmalpflege, Hannover: S. 103
Staatliche Kunstsammlungen, Kassel: S. 33, 36, 37, 39, 41, 45, 46, 47, 48, 50, 53, 55, 138 unten, 139
Stadtmuseum, Kassel: S. 67

Die Wiedergabe der Topographischen Karten mit archäologischen Eintragungen: S. 78, 94, 100, 109, 153, 154, 162, 174, 197, 208 erfolgt mit Genehmigung des Hess. Landesvermessungsamtes, Wiesbaden.

Die nicht eigens nachgewiesenen Photos und Zeichnungen sind von den jeweiligen Autoren beigesteuert worden.

Die Geschichte Hessens

Hrsg. von Uwe Schultz. 400 S. mit 144 Abb. auf 80 Tafeln. Leinen. Aus der stark beachteten Sendereihe des Hessischen Rundfunks „Die Geschichte Hessens", einem historischen Panorama des heutigen Bundeslandes von den germanischen Chatten bis zu den Bundesbürgern des Industriezeitalters, ist dieses Standardwerk entstanden. Beiträge von 20 Historikern fügen sich zu einer vielseitigen Chronik des Hessenlandes zusammen, in dessen Schicksal sich deutsche und europäische Geschichte seit über 2000 Jahren spiegelt.

Die Römer in Hessen

Hrsg. von Dietwulf Baatz und Fritz-Rudolf Herrmann. 532 S. mit 486 Abb., zum Teil in Farbe, Zeichnungen, Kartenskizzen, Zeittafel, Orts-, Namen- und Sachregister. Leinen. Alles Wissenswerte über die Römer in Hessen von der Besetzung um Christi Geburt bis zur Spätantike: Geschichte, Kultur, Religion, Kunst, Alltag. Der große topographische Teil gibt eine umfassende, alphabetisch nach Städten und Gemeinden geordnete Übersicht aller sichtbaren Geländedenkmäler, mit wichtigen Grabungen und Funden. Das unentbehrliche Nachschlagewerk für den Fachmann und den interessierten Laien. Der praktische archäologische Führer zu den römischen Bodendenkmälern in Hessen.

Kassel – Hofgeismar – Fritzlar – Melsungen – Ziegenhain

Erschien als Band 50 (letzter Titel) der eingestellten Reihe „Führer zu vor- und frühgeschichtlichen Denkmälern" des Zabern Verlags. Er ergänzt den vorliegenden Band zusammen mit Band 8 „Der Schwalm-Eder-Kreis" und ist im Konrad Theiss Verlag erhältlich.

Konrad Theiss Verlag Stuttgart

Archäologie in Deutschland

Die Zeitschrift für den historisch und archäologisch interessierten Leser

- *Archäologie in Deutschland* wird jeder lesen wollen, der an der Geschichte sowie an den Themen und Aufgaben der Archäologie interessiert ist.
- *Archäologie in Deutschland* ist von Fachleuten für interessierte Bürger geschrieben.
- *Archäologie in Deutschland* informiert über die Ergebnisse der Forschung mit grundlegenden spannenden Berichten zur Archäologie und Kulturgeschichte der Menschheit.
- *Archäologie in Deutschland* bringt aktuelle Berichte über neue Funde in unserer Heimat, über gefährdete und gerettete Denkmäler, mit Tips für Museen, für archäologische Wanderungen und Ausstellungen.
- *Archäologie in Deutschland* lesen heißt:
  – mehr wissen über unsere Herkunft und die Ursprünge unserer Kultur
  – die Heimat und ihre Geschichte noch besser kennenlernen
  – an den Entdeckungen der Archäologie in unserer Heimat teilhaben.
- *Archäologie in Deutschland* erscheint vierteljährlich. Format 21 x 28 cm. Ca. 40 Seiten mit zahlreichen, teils farbigen Abbildungen.

Herausgeber: Professor Dr. Hugo Borger, Generaldirektor der Museen der Stadt Köln / Dr. Renate Eichholz, Westdeutscher Rundfunk Köln / Dr. Dieter Planck, Leiter der Archäologischen Denkmalpflege, Landesdenkmalamt Baden-Württemberg, Stuttgart/Dr. Joachim Reichstein, Leiter des Landesamtes für Vor- und Frühgeschichte von Schleswig-Holstein, Schleswig/ Dr. Willi Kramer, Landesamt für Vor- und Frühgeschichte von Schleswig-Holstein in Verbindung mit dem Verband der Landesarchäologen in der Bundesrepublik Deutschland.

Konrad Theiss Verlag Stuttgart